Herausgeber
LWL-Industriemuseum
Westfälisches Landesmuseum für Industriekultur

Versunkene Schiffe

Abenteuer Unterwasserarchäologie

Ausstellungskatalog

Herausgegeben von
Arnulf Siebeneicker

Klartext-Verlag, Essen 2014

Impressum

Herausgeber LWL-Industriemuseum
Westfälisches Landesmuseum für Industriekultur
Arnulf Siebeneicker

Versunkene Schiffe – Abenteuer Unterwasserarchäologie
Ausstellungskatalog

Redaktion Arnulf Siebeneicker, Linda Wilken
Gestaltung Leona Ulikowski
Objektfotografie Annette Hudemann, Martin Holtappels, Julia Marx

Bibliografische Information der Deutschen Bibliothek
Die Deutsche Bibliothek verzeichnet diese Publikation
in der Deutschen Nationalbibliografie;
detaillierte bibliografische Daten sind im Internet
über <http://dnb.ddb.de> abrufbar.

Druck und Verlag Rasch, Bramsche
Klartext Verlag
1. Auflage 2014

ISBN 978-3-8375-1302-8

www.klartext-verlag.de

www.lwl-industriemuseum.de

Seitenzahl Inhalt

Wracks

Objekte

Anhang

Zum Geleit

Regionale Identität braucht authentische Erinnerungsorte. Das Industriemuseum des Landschaftsverbandes Westfalen-Lippe (LWL) mit seinen acht Standorten ist seit seiner Gründung ein wichtiger Bestandteil nicht nur der Erinnerungskultur an die Arbeit im Industriezeitalter, sondern kulturelles Forum für aktuelle gesellschaftliche Diskussionen. Damals wurde ein zukunftsweisender Weg eingeschlagen. Der Erfolg des LWL-Industriemuseums lässt sich an seinen kontinuierlich hohen Besucherzahlen ebenso wie an der öffentlichen Wahrnehmung insgesamt ablesen. Mit seinen Ausstellungen und vielfältigen Veranstaltungen ist es „nah bei den Menschen" und erfüllt so ein zentrales Ziel des LWL.

Das LWL-Industriemuseum versteht sich als Forum und Labor und widersteht dabei der Versuchung, auf kurzlebige Eventkultur zu setzen. Stattdessen hat das Museum eine Sammlung von Objekten und Bilddokumenten der industriellen Vergangenheit und Gegenwart aufgebaut. Ein Archiv mit Zeitzeugeninterviews ist entstanden. Von diesen und anderen Ressourcen profitieren heute nicht nur die acht Standorte des LWL-Industriemuseums, sondern auch viele andere Häuser. Entsprechend beruht die Ausstellungsarbeit des Museums auf anwendungsorientierter Grundlagenforschung und auf nachhaltiger Wissenssicherung. Auf dieser Basis konnte eine überregionale Vernetzung des

Landesmuseums und Kompetenzzentrums mit anderen Häusern, mit Partnern aus der Wissenschaft und anderen Bildungsträgern erreicht werden.

Die Ausstellung „Versunkene Schiffe. Abenteuer Unterwasserarchäologie" greift ein Thema auf, das die Menschen seit jeher fasziniert. Wracks erinnern an die dramatischen Geschehnisse einer Schiffskatastrophe und wecken die Neugier auf Schätze, die sich in der Tiefe verbergen. Gleichzeitig sind sie Zeitkapseln, die einen intensiven Einblick in das Leben zum Zeitpunkt ihres Untergangs gewähren. Sie bieten daher ausgezeichnete Möglichkeiten für die archäologische Forschung. Leider kommen Raubgräber, die nur an der kommerziellen Verwertung ihrer Beute interessiert sind, den methodisch arbeitenden Wissenschaftlern oft zuvor. Die Ausstellung zeigt vorbildliche und abschreckende Beispiele für den Umgang mit den unter dem Wasserspiegel lagernden Zeugnissen unseres kulturellen Erbes.

Die Präsentation im Schiffshebewerk Henrichenburg ist Bestandteil des Ausstellungsprojekts „Über Unterwelten – Zeichen und Zauber des anderen Raums", das das Thema in unterschiedlichen Facetten an allen acht Standorten des LWL-Industriemuseums in ganz Westfalen beleuchtet. Neue Perspektiven werden darin ausprobiert, Wissens- und Bildungs-, Deutungs- und Orientierungs- und nicht zuletzt soziale Kompetenzen werden angesprochen und gefördert. Das Sonderausstellungsvorhaben bietet dabei zahlreiche Potenziale für Kooperationen und regionale Partnerschaften.

Mit seiner Ausstellung „Über Unterwelten" knüpft das LWL-Industriemuseum auf hohem Niveau an seine bisherigen Erfolge an. Ich wünsche der Ausstellung viele Besucherinnen und Besucher, die sich faszinieren lassen, die davon erzählen und wiederkommen.

Matthias Löb

Direktor des Landschaftsverbandes Westfalen-Lippe

Glück Auf!

Mit diesem Gruß verbindet der Bergmann den Wunsch, dass sich ertragreiche Erz- oder Kohlegänge auftun mögen, aber auch die Hoffnung, man möge wieder unbeschadet aus dieser unheimlichen und gefahrvollen Welt unter Tage zurückkehren.

Arbeit unter der Erdoberfläche, Mythen und Märchen rund um Höhlen, urbane Subkultur und Kriminalität, Hölle und Fegefeuer – die Unterwelt liefert uns vielfältige Geschichten, Bilder und Rituale. Sie gehören untrennbar zur menschlichen Kulturgeschichte und sind tief im kollektiven Gedächtnis verankert.

2018 endet der Steinkohlen-Bergbau in Deutschland – für die Menschen in Nordrhein-Westfalen ein symbolträchtiges Ereignis, für den Landschaftsverband Westfalen-Lippe (LWL) und das LWL-Industriemuseum ein Anlass, über den Bergbau und das Unterirdische im Allgemeinen nachzudenken.

Mit ganz unterschiedlichen Ansichten von Unterwelten begibt sich das LWL-Industriemuseum an seinen acht Standorten in Westfalen und Lippe auf eine außergewöhnliche Spurensuche. Sie führt an Orte der Wirklichkeit, der Fantasie und der Träume. Sie lädt dazu ein, den vertrauten Blick auf unsere Umwelt und sogar gelegentlich uns selbst in Frage zu stellen, neue Perspektiven einzunehmen und Möglichkeiten auszuprobieren.

Das Museum wird zum Experimentierraum. Unsere Ausstellungsteams präsentieren ihre ausgewählten Aspekte von Unterwelt – Schüler steuern mit eigenen Projekten ihre Sicht der Dinge bei, Studierende kuratieren, Künstlerinnen und Künstler intervenieren in unseren Ausstellungen und fordern uns zur Überprüfung der eigenen Sichtweisen auf.

Neugierig sein dürfen Sie auf die ungehobenen Schätze in den Regionen. Ob Laie oder Profi, Hobbygeologe oder Bunkerfreund, Bildungsinstitution oder Unternehmen – auch ihre Blicke auf das Unterweltliche sind in unser Projekt eingegangen, ganz im Sinne des Gedankens vom Museum als Forum.

Wir freuen uns besonders, dass die Ministerpräsidentin des Landes Nordrhein-Westfalen Hannelore Kraft unser Vorhaben als Schirmherrin begleitet.

Auch wenn der Bergbau geht, die Unterwelten werden bleiben. Wie viele Antworten auf unsere Fragen nach der Zukunft liegen unter der Erde? Begeben Sie sich gemeinsam mit uns auf Expedition in die Tiefe ...

... in diesem Sinne: Glück Auf!

Dirk Zache

Direktor des LWL-Industriemuseums
Westfälisches Landesmuseum für Industriekultur

Faszination Schiffswrack

Einführung in die Ausstellung

Arnulf Siebeneicker

Wracks in Meeren, Seen und Flüssen üben eine magische Anziehungskraft aus. Sie liegen in geheimnisvoller Tiefe unter dem Wasserspiegel und erzählen von der Tragödie eines Schiffsuntergangs, bei dem Menschen in große Gefahr geraten oder gar gestorben sind. Mit dem jeweiligen Schiff ist auch dessen Ladung verloren gegangen, was unweigerlich Träume von verborgenen Schätzen heraufbeschwört.

Aber in erster Linie sind versunkene Schiffe ein faszinierendes Forschungsgebiet für Archäologen. Wracks verraten viel über die Geschichte von Wirtschaft, Handel, Krieg, Religion und Kultur der Menschen an ihrem Start- und Zielhafen. Wie in einer Momentaufnahme dokumentieren sie das Leben und Arbeiten in ihrer Epoche.[1] An Land gibt es nur selten einen entscheidenden, exakt datierbaren Zeitpunkt, an dem das Leben stillsteht. Neue Gebäude verdrängen die alten; Gegenstände werden umgenutzt, weggeworfen oder zerstört. Eine solche Ausnahme war die Verschüttung von Pompeii und Herculaneum im Jahr 79 n. Chr. – eine Katastrophe, die so schlagartig eintrat, dass sich den Archäologen das komplette Panorama eines genau bestimmbaren Stichtags offenbart. Bei einem Schiffsuntergang ist diese Ausnahme die Regel.

Wracks haben noch einen weiteren Vorteil für die Archäologen, denn unter Schlick und Sand bleiben Gegenstände erhalten, die an der Erdoberfläche längst verrottet wären. Holz, Textilien, Flechtwerk und viele andere Materialien überdauern unter Wasser Jahrhunderte, wenn sie durch darüber liegende Sedimentschichten vor dem Kontakt mit Sauerstoff bewahrt werden. Deswegen spielt das Kulturerbe unter Wasser eine große Rolle bei der Erforschung unserer Vergangenheit.

1: Bug der „Titanic", 1985

Unterwasserarchäologie ist ein vielschichtiger Begriff.[2] Es geht dabei nicht nur um die

Untersuchung von Wracks, sondern sämtlicher Gegenstände, die sich ständig oder zeitweise unter Wasser befinden. Das können Siedlungen, Tempel oder Gräber sein, die durch Veränderungen des Wasserspiegels, z. B. durch Hochwasser oder Erdbeben, überflutet wurden. Aber der erste Gedanke, den diese Bezeichnung hervorruft, ist die Untersuchung versunkener Schiffe, weshalb wir uns in unserer Ausstellung darauf konzentrieren.

Forschung unter Wasser

Die Suche nach archäologischen Funden unter Wasser ist besonders aufwändig. Zunächst musste sich die Technik des Tauchens fortentwickeln, um ein sinnvolles Arbeiten in größeren Tiefen zu ermöglichen.[3] Den Tauchhelm erfanden die Gebrüder Deane 1830, und schon kurz darauf bemühten sie sich, Kanonen des 1545 in einem Seegefecht vor der Isle of Wight gesunkenen Schlachtschiffs „Mary Rose" zu bergen. Helmtaucher waren allerdings nicht sehr beweglich. Ein klobiger Anzug, starre Handschuhe und Bleigewichte an Schuhen, Brust und Rücken raubten ihnen das erforderliche Feingefühl. Oft zerstörten sie Funde beim Versuch, sie zu bergen. Hinderlich war auch, dass sie per Luftschlauch eine ständige Verbindung zum Forschungsschiff aufrechterhalten mussten.

2: Taucher am Wrack des 1869 im Roten Meer gesunkenen englischen Passagierdampfers „Carnatic", 2013

Einen großen Fortschritt für die Unterwasserarchäologie bedeutete 1943 die Entwicklung der „Aqualunge" durch die französischen Meeresforscher Jacques-Yves Cousteau und Émile Gagnan. Sie erlaubte schwereloses Gleiten in großen Tiefen. Mit Sauerstoffflasche und Schwimmflossen konnten entsprechend ausgebildete Archäologen nun erstmals selbst zu den Wracks vordringen.[4] Einer der ersten Wissenschaftler, der die neuen technischen Möglichkeiten und die methodischen Standards seiner Disziplin zusammenbrachte, war der Amerikaner George F. Bass, der mit seinem 1966 erschienen Buch „Archäologie unter Wasser" einen Bestseller landete. Von Cousteau inspiriert, träumte er davon, der Mensch werde sich zu einem „homo aquaticus" entwickeln, dessen Lungen statt mit Luft mit einer Flüssigkeit gefüllt seien, die der Wasserdruck nicht zusammenpressen könne, was ihn in die Lage versetze, „Tausende von Metern zu tauchen ohne zu atmen und ohne den Gefahren des Tiefenrausches und der Caissonkrankheit ausgesetzt zu sein"[5].

In den auf diese Utopie folgenden sieben Jahrzehnten hat die Tauchtechnik allerdings keine revolutionären Sprünge gemacht. Größere Fortschritte erzielte die Erkundungs- und Ortungstechnik. Versunkene Schiffe sind häufig so von Muscheln und anderen Organismen überwuchert, dass sie mit bloßem Auge nicht zu identifizieren sind, zumal unter Wasser oft schlechte Sichtverhältnisse herrschen. Bei der Wracksuche schleppt ein Forschungsschiff daher Messinstrumente wie Magnetometer (Kat. Nr. 1.18) oder Seitensicht-Sonare hinter sich her.

Die unter Wasser gewonnenen Erkenntnisse können oberhalb des Wasserspiegels

3: Die „Ubena von Bremen," ein originalgetreuer Nachbau der um 1380 in Bremen gesunkenen und im Deutschen Schifffahrtsmuseum in Bremerhaven präsentierten Kogge, nach 1991

erprobt werden, wenn die gefundenen Wrackteile vermessen werden und Nachbauten der versunkenen Schiffe entstehen. Solche Feldversuche sind Aufgabe der experimentellen Archäologie.[6] Bei Testfahrten werden Daten für Geschwindigkeit, Reichweite, Seetauglichkeit und Besatzungsstärke ermittelt. Auch liefert die Praxis Hinweise auf die Form fehlender Teile, die sich unter Wasser nicht erhalten haben.

Langwierige Konservierungsverfahren

Die ersten Unterwasserarchäologen fanden bald heraus, dass die von ihnen geborgenen Objekte sich selbst zerstörten, wenn sie mit Sauerstoff in Kontakt gerieten. Das galt auch für solche Gegenstände, die auf den ersten Blick in gutem Zustand zu sein schienen. Für die Konservierung von Unterwasserfunden mussten neue Verfahren gefunden und in jahrzehntelanger Arbeit perfektioniert werden.[7] Stark gefährdet sind ausgerechnet zwei Materialien, die im Schiffbau besonders wichtig waren: Holz und Eisen.

Nassholzfunde schrumpfen während des Trocknungsprozesses rapide, weil in der Zeit, in der sie unter Wasser lagen, Bakterien die Substanz der Zellwände angegriffen haben. Die dabei entstehenden Hohlräume füllen sich mit Wasser, das die durchlöcherten Zellwände stabilisiert, so dass man dem Gegenstand seine Schwäche zunächst nicht ansieht. Um die Konservierung zu ermöglichen, muss das Wasser aus dem Holz verdrängt werden. Dafür haben Restauratoren verschiedene Verfahren entwickelt. Besonders erfolgreich ist die Tränkung mit Polyethylenglykol (PEG), einem Kunstwachs, das in das Holz einzieht.[8]

Wracks, die in salzhaltigem Wasser liegen und nicht durch Sedimente geschützt sind, haben einen Feind, gegen den jeder Restaurator machtlos ist: gefräßige Holzbohrmuscheln, die stabile Holzkonstruktionen in wenigen Jahren durchlöchern können.[9] Die Ostsee hat sich nicht zuletzt wegen ihres relativ geringen Salzgehalts, der die Verbreitung dieser Schädlinge behindert, zu einem bevorzugten Forschungsgebiet für die Schiffsarchäologie entwickelt.

Eisen reagiert unmittelbar auf Luftfeuchtigkeit und Sauerstoff.[10] Wenn dieses Metall Rost ansetzt, "wächst" es: Der Umfang des Objekts dehnt sich stark aus, während der Kern an Substanz verliert. Schlick und Sand können die Korrosion verhindern, indem sie die Zufuhr von Sauerstoff abschließen. Wird ein Gegenstand aus dem Wrack geholt, verläuft dieser Prozess dann umso schneller. Aus Salzen, die sich im Metall angelagert haben, entstehen Chloride, die Salzsäure bilden und die Korrosion der an die Luft beförderten Objekte drastisch verstärken. Wenn nichts geschieht, beginnen sie zu zerbröseln. Eisenfunde werden daher in Entsalzungsbädern behandelt. Um die ursprüngliche Form des Gegenstands wieder erkennbar zu machen, kann die Korrosionsschicht abgelöst werden (vgl. Kat. Nr. 3.8).

Andere Metalle bereiten den Restauratoren weniger Kopfzerbrechen. Das reine Edelmetall Gold verändert sich nicht. Silber korrodiert zwar, der Materialverlust ist aber geringer als bei Eisen. Münzen aus Gold und Silber sind begehrte Funde bei der Erforschung von Wracks, nicht wegen ihres Materialwerts, sondern weil sie wichtige Anhaltspunkte für die Datierung liefern.[11]

Zu den verhältnismäßig widerstandsfähigen Materialien gehört Keramik. Allerdings gibt es große Unterschiede je nach der Zusammensetzung der Tonmasse. Porzellan, bei dem Masse und Glasur fest verbunden sind, übersteht die Bedingungen unter Wasser besser als Fayence, Steingut oder Irdenware. Ähnlich wie Münzen, können auch Gefäße gute Dienste bei der Datierung eines Wracks leisten, denn die Veränderungen bei der Gestalt und der Dekoration solcher Objekte sind gut erforscht.[12] Allerdings haben gerade asiatische Schiffsladungen immer wieder für Überraschungen gesorgt, weil der Inhalt der

4: Bronzekanne aus der um 1650 in der Ostsee gesunkenen Darßer Kogge, um 2002

Frachträume gezeigt hat, dass bestimmte Formen und Muster viel länger produziert wurden, als die Kunsthistoriker angenommen hatten.

Nicht nur Metallfunde und Tongefäße, sondern auch Steinobjekte sind häufig durch Anwachsungen von Korallen und Seepocken stark verkrustet, oft mit noch lebenden und schwammigen Partien. Diese Verkrustungen werden mechanisch entfernt. Auch bei Steinsorten gibt es Unterschiede: Während Granit und Basalt mit ihrer harten Struktur das Eindringen von Salz erschweren, sind Objekte aus Marmor oft stark zerfressen.[13]

Gefährliche Schatzsuche

Wie groß das Interesse an versunkenen Schiffen ist, zeigt die enorme Medienresonanz bei der Entdeckung entsprechender Fundstätten. Die Faszination, die von Wracks ausgeht, setzt sie einer großen Gefahr aus, denn dadurch geraten sie in das Visier von Schatzjägern. Durch die Verbesserung der Ortungs- und Tauchtechnik werden immer mehr Fundstätten zugänglich, die früher vor Ausplünderung geschützt waren, weil sie zu tief lagen.

Firmen, die mit dem Geld ihrer Anteilseigner gezielt auf die Suche nach attraktiven Wracks gehen, sind die größte Gefahr für maritime Fundstätten. Sie haben in den vergangenen Jahrzehnten immer wieder für Schlagzeilen gesorgt: Das Unternehmen „Odyssey Marine Exploration" musste 2012 nach einem verlorenen Prozess vor einem amerikanischen Bundesgericht etwa 600.000 Gold- und Silbermünzen an Spanien zurückgeben, die aus der 1804 versenkten Galeone „Nuestra Señora de las Mercedes" stammten. Nur wenige Monate später meldete das Unternehmen die erfolgreiche Bergung von 43 Tonnen Silber aus dem 1941 versenkten britischen Handelsschiff „Gairsoppa".[14] Im gleichen Jahr wurde ein aus Herten stammender Mann wegen Betrugs angeklagt, weil er mit seiner Firma „Deep Sea Exploration" 500 Anlegern insgesamt 15 Millionen Euro aus der Tasche gezogen haben soll, ohne dass das Unternehmen ernsthaft auf Schatzsuche gegangen sei. Sein Verteidiger beteuerte allerdings, dass tatsächlich Wracks aufgespürt worden seien und man sogar Porzellan gefunden habe, „wenn auch leider nicht aus der Ming-Dynastie".[15]

Auch neugierige Sporttaucher auf der Jagd nach Souvenirs können Fundstätten stören. Um sie besser zu informieren, hat sich 1991 die „Deutsche Gesellschaft zur Förderung der Unterwasserarchäologie e.V." (DEGUWA) gegründet, die außerdem Studierenden der Archäologie und der Vorgeschichte eine preiswerte Tauchausbildung ermöglicht.[16]

Archäologen halten nicht in jedem Fall die Bergung eines Wracks für die bestmögliche Option.[17] Wenn Wissenschaftler eine Hebung empfehlen, gelten dafür strenge Regeln. Jeder Schritt muss genau dokumentiert werden, um die Funde nicht aus dem Zusammenhang zu reißen. Der Rumpf der versunkenen Schiffe interessiert sie ebenso wie deren Ladung. Für die Versorgung der Funde an Bord und ihre spätere sachgerechte Konservierung an Land sind die organisatorischen Voraussetzungen zu schaffen. Die Funde sollen zusammenbleiben und in einer öffentlichen Institution mit Zugang für andere Forscher aufbewahrt werden. Über das Schiff und seine Ladung soll eine wissenschaftliche Publikation Auskunft geben, wie George F. Bass kurz und bündig feststellt: „Ein nicht publiziertes Schiffswrack, egal wie gründlich und glänzend es ausgegraben wurde, ist schlicht ein geplündertes Wrack."[18] In vielerlei Hinsicht beginnt die Arbeit der Archäologen an einem Wrack erst nach dem Ende der Grabung.

Für den vorbildlichen Umgang mit Wracks gibt es viele positive Beispiele. Einzelnen Schiffen wurden ganze Museen gewidmet, wie der 1628 untergegangenen Galeone „Vasa" in Stockholm und dem bronzezeitlichen Schiff von Uluburun in Bodrum.[19] Andere Wracks waren Gegenstand von Ausstellungs- und Forschungsprojekten von Museen, wie der 1613 gesunkene Ostindienfahrer „Witte Leeuw" im Rijksmuseum Amsterdam (1982) oder das antike Schiff von Mahdia in der Kunst- und Ausstellungshalle der Bundesrepublik Deutschland in Bonn (2004). Das Museum Schwedenspeicher in Stade stellte 2012 die Ergebnisse der Schiffsarchäologie in der Nord- und Ostsee vor.[20]

Das Gegenbeispiel zu den methodisch vorgehenden Archäologen sind die kommerziell orientierten Schatzjäger[21], die sich um keine der Regeln kümmern, die für eine wissenschaftliche Grabung gelten. Sie suchen nur nach verkäuflichen Stücken aus der Ladung und legen keine Dokumentation über den Ort der Funde im Wrack an. Die Gestalt des Schiffes interessiert sie nicht, oft wird die

5: Bergung eines Fundes aus einem um 1140 in der Schlei bei Karschau gesunkenen schwedischen Lastensegler, 2001

Hülle während der Bergung komplett zerstört. Ihr Hauptziel ist es, die geborgenen Stücke meistbietend zu verkaufen. Bei einer Auktion werden sie in alle Welt zerstreut. Forschung spielt nur insoweit eine Rolle, als es für das Marketing förderlich ist, den Namen des Schiffes zu ermitteln sowie den möglichst dramatischen Verlauf des Untergangs und das Schicksal der Besatzung zu recherchieren. Der Prototyp dieses Schatzjägers ist der Australier Mike Hatcher, der 1986 mit der „Geldermalsen"-Auktion bei Christie's in Amsterdam und 2000 mit der „Tek Sing"-Auktion bei Nagel in Stuttgart (Kat. Nr. 4.1–4.8) große Erfolge erntete. Bei Universitäts- und Museumsarchäologen stießen diese Versteigerungen auf erbitterten Protest.

Bei der Bergung von Wracks und der Vermarktung der gefundenen Schätze gibt es allerdings eine breite Grauzone. Nicht alle privaten Firmen verzichten auf die Einbeziehung von wissenschaftlichem Sachverstand und auf ein Arrangement mit den Regierungen der Länder, in deren Einzugsgebiet das Wrack lokalisiert wurde. In einer Reihe von Fällen einigten sich die Entdecker und die Behörden auf die Beteiligung von Archäologen und auf eine Fundteilung zwischen dem privaten Unternehmen und den nationalen Museen. Das gilt für das 1997 in vietnamesischen Gewässern entdeckte Wrack von Hoi An aus dem 15. Jahrhundert (Kat. Nr. 4.11) ebenso wie für das 2004 vor der Küste von Malaysia entdeckte „Wanli Shipwreck" aus der Regierungszeit des gleichnamigen chinesischen Kaisers (1573-1620).[22] Die Forschungskampagnen fallen in solchen Fällen allerdings oft sehr kurz aus, und der wissenschaftliche Tiefgang der anschließend erarbeiteten Publikationen hängt stark vom Erfolg des Verkaufs der dem privaten Unternehmen zugesprochenen Stücke ab.

Um den richtigen Umgang mit solchen privat-öffentlichen Partnerschaften gibt es daher immer wieder Konflikte, so zog 2011 die Smithonian Institution in Washington, D.C. ihre Beteiligung an einer Ausstellung mit Funden aus dem von der deutschen Firma „Seabed Explorations GbR" in Zusammenarbeit mit staatlichen Stellen in Singapur geborgenen Belitung-Wrack aus dem 9. Jahrhundert kurzfristig zurück, obwohl der Direktor der für Asiatische Kunst zuständigen Arthur M. Sackler Gallery noch ein Vorwort für den von ihm mit herausgegebenen Katalog geliefert hatte.[23] Die Staatlichen Museen Preußischer Kulturbesitz in Berlin zeigten dagegen 1997 eine Ausstellung mit Objekten aus der 1600 gesunkenen spanischen Galeone „San Diego", deren Bergung von französischen Sponsoren aus der Öl- und Medienbranche gemeinsam mit der Regierung der Philippinen vorangetrieben worden war, obwohl Forscher monierten, dass diese Grabung nicht mit der nötigen Sorgfalt durchgeführt worden sei.[24] Während die privaten Bergungsfirmen argumentieren, dass ohne die von ihnen bereitgestellten Mittel überhaupt keine Forschung erfolge und kulturelle Schätze schlicht ungehoben blieben, bleiben die meisten Wissenschaftler dem „principle of non-commerciality" treu und halten es nicht für akzeptabel, dass Unterwasserfunde Privatbesitz werden können.[25] Jede Kollaboration bleibt daher eine Gratwanderung.

Auf die Bedrohung des kulturellen Erbes unter Wasser hat auch die UNESCO reagiert. Denn Fundstätten werden nicht nur durch Schatzjäger, sondern auch durch Fischfang, Kiesabbau, Ölplattformen und Windparks gefährdet. Als Zusammenschluss souveräner Staaten kümmert sich diese Unterorganisation der Vereinten Nationen in erster Linie um den juristischen Schutz von Fundstätten, die in Gebieten außerhalb der – mit allen Rechten und Pflichten zum jeweiligen Staatsgebiet gehörenden – Zwölf-Meilen-Zone liegen. Die anschließende, bis zu 200 Meilen umfassende „Ausschließliche Wirtschaftszone" ist oft bereits ein Niemandsland für Archäologen. In dem entsprechenden Gebiet vor der deutschen Küste gilt das Denkmalrecht der Bundesländer nicht, so dass Wracks hier keinen Vorrang vor ökonomischen Aktivitäten genießen. Auf hoher See können einzelne Staaten gar keine allgemein bindenden Schutzregelungen mehr durchsetzen, auch wenn die betroffenen Wracks wichtige Zeugnisse ihrer Kultur sind.

Im November 2001 verabschiedete die UNESCO die „Konvention zum Schutz des Kulturerbes unter Wasser"[26]. Sie spricht sich dafür aus, Fundstätten möglichst nicht anzutasten und Bergungen nur in Sonderfällen durchzuführen, z.B. wenn ein Wrack den Verkehr auf einer Schifffahrtsroute behindert. Das Dokument verbietet außerdem jeglichen Handel mit Objekten, die unter Wasser gefunden wurden. Um den Schutz von Fundstätten auf hoher See zu verbessern, sollen sich die Staaten gegenseitig über neu aufgefundene Wracks informieren. Durch die Information der Bevölkerung sollen sie außerdem ein Bewusstsein für den Wert des Kulturerbes unter Wasser schaffen. In einem ausführlichen Anhang enthält die Konvention Empfehlungen für den geregelten Ablauf von Bergungen und für die Qualifikation der beteiligten Fachkräfte.

6: Illegal geborgene Funde aus einem Wrack aus dem 10. Jahrhundert in einem Lager auf der indonesischen Insel Java, 2010

Die Konvention trat 2009 in Kraft, nachdem ihr zwanzig Staaten beigetreten waren. Zu den Mitgliedern gehören heute unter anderem die Mittelmeeranrainer Italien, Spanien, Portugal und Frankreich. Sie ist aber nur in den Unterzeichnerländern gültig. Staaten, in denen der Kunsthandel eine wichtige Rolle spielt, z.B. Großbritannien, die USA und die Niederlande, haben das Dokument bis heute nicht ratifiziert. Auch in Deutschland steht dieser Schritt noch aus.

Immerhin fördert das Bundesforschungsministerium seit 2011 ein umfangreiches, am Deutschen Schifffahrtsmuseum in Bremerhaven angesiedeltes Pilotprojekt, das „Bedrohte Bodenarchiv Nordsee". Es soll die wichtigsten Fundplätze in der „Ausschließlichen Wirtschaftszone" erfassen. Dabei geht es nicht nur um die etwa 1.000 Schiffswracks in dieser potentiellen archäologischen Schatzkammer, sondern auch um zahlreiche vor- und frühgeschichtliche Siedlungen, denn dort, wo sich zwischen Deutschland, den Niederlanden, Dänemark und Großbritannien heute die Nordsee erstreckt, war bis vor etwa 10.000 Jahren noch trockenes Land. Erst als der Wasserspiegel am Ende der letzten Eiszeit durch das Abschmelzen der Gletscher stark anstieg, überflutete das Meer die Wohnstätten in dieser Region.

Fünf Wracks

Fünf Wracks stehen im Mittelpunkt unserer Ausstellung, die die ganze Bandbreite der Schifffahrt widerspiegeln – vom Mittelalter bis zum Ersten Weltkrieg und von der Weser bis zum Südchinesischen Meer. Sie bilden auch das gesamte Spektrum der Beteiligung von Archäologen an der Erforschung untergegangener Schiffe ab – vom minutiös geplanten methodischen Ablauf einer Bergung über die Schatzgräberei bis zum allmählichen Verrotten eines Wracks auf einer Sandbank.

Zu den Schiffen, die wir mit Originalfunden vorstellen, zählt das am besten erforschte Wrack der deutschen Seefahrtsgeschichte: die Mitte der 1960er Jahre geborgene „Bremer Kogge" von 1380. Mit dem Deutschen Schifffahrtsmuseum in Bremerhaven ist eigens ein – heute viel besuchtes – Haus gegründet worden, um diesen bedeutenden Fund über Jahrzehnte hin zu untersuchen und zu konservieren. Auch die 1999 erfolgte Bergung der 1769 gekenterten Weserlastkähne aus Rohrsen stellte eine archäologische Sensation dar. Sie befinden sich in der Obhut des Weserrenaissance-Museums Schloss Brake in Lemgo, das hofft, sie eines Tages angemessen präsentieren zu können. Die „Tek Sing", eine chinesische Dschunke, ging 1822 mitsamt ihrer Keramikladung unter und wurde 1999 von Mike Hatcher aufgespürt. Ihre Schätze sind heute in alle Winde zerstreut. Der Fünfmaster „Preussen", das größte und schönste Segelschiff der Welt, strandete 1910 vor Dover. Da es zu aufwändig gewesen wäre, diesen eleganten Segelfrachter wieder flottzumachen, wurde er an seinem Unglücksort zum Spielball der Wellen. Und vor der belgischen Küste, die im Ersten Weltkrieg unter deutscher Besatzung stand, ging 1916 der aus Bremerhaven stammende Fischdampfer PG 87 „Prangenhof" verloren, den die Kaiserliche Marine beschlagnahmt und zum Vorpostenboot umgebaut hatte.

Dass nicht nur die Untersuchung von Schiffswracks, sondern auch die Grabung in Feuchtbodengebieten zum Spektrum der Unterwasserarchäologie gehört, zeigen Funde vom Bremer Teerhof, einem 2007 von der Landesarchäologie Bremen erkundeten Terrain, das in früheren Jahrhunderten zum Flussbett der Weser gehört hatte.

Unsere Ausstellung findet im Rahmen des Themenschwerpunkts „Unterwelten" statt, dem das LWL-Industriemuseum an seinen acht Standorten im Jahr 2014 ganz unterschiedliche kulturhistorische Projekte von den Höllenvorstellungen der Weltregionen über den Bergbau bis hin zu den jugendlichen Subkulturen im Ruhrgebiet gewidmet hat. Im Schiffshebewerk Henrichenburg laden wir die Besucherinnen und Besucher zu einer faszinierenden Reise in die Welt unter Wasser ein. Ohne die Museen, die uns wichtige Objekte aus ihren Sammlungen als Leihgaben anvertraut und deren Mitarbeiterinnen und Mitarbeiter uns mit Rat und Tat unterstützt haben, wäre diese Reise nicht möglich gewesen. Dafür bedanken wir uns herzlich.

Das Wort „Abenteuer" im Untertitel unserer Ausstellung ist nicht ganz ungefährlich, denn es beschwört, wie sich George F. Bass beklagte, erneut „das Bild von abenteuerlustigen, wetterharten Männern mit athletischen Körpern und geringen Spezialkenntnissen"[27] herauf – und nicht von methodisch vorgehenden Wissenschaftlern. Mit unserer Ausstellung wollen wir aber darauf hinweisen, dass das eigentliche Abenteuer nicht im hektischen Buddeln nach wertvollen Schätzen besteht, sondern in der geduldigen Dokumentation und Konservierung der Funde, denn nur ein solches Vorgehen erlaubt einen tiefen Blick in unsere Vergangenheit.

---

1 Gould 1997, S. 109.

2 Mainberger/Weski 2014, S. 12.

3 Tauchgang 2004, S. 12–18.

4 Bass 2002, S. 804.

5 Bass 1966, S. 216.

6 Coates/Bill 1997.

7 Keith 2002, S. 745–747.

8 KUR-Projekt 2012, S. 10f; Hoffmann 2003, S. 81–85.

9 Müller/Shipway 2014.

10 KUR-Projekt 2012, S. 19–26.

11 Bass 1966, S. 218.

12 Majewski 1997, S. 94.

13 Martin 1995, S. 10; Berger 2009, S. 75f.

14 Schatz zurück in Spanien. Gold- und Silbermünzen waren über 200 Jahre versunken, in: WAZ, 27.02.2012; vgl. zu diesem Fall Dromgoole 2013, S. 149–152; Schatzsucher finden 43 Tonnen Silber. US-Firma birgt britisches Handelsschiff, in: Ruhr Nachrichten, 21.07.2012; vgl. allgemein zum Medienecho auf Schatzfunde Bass 2002, S. 804.

15 Schatzsuche am Meeresboden. Hertener vor Gericht, in: Waltroper Zeitung, 25.04.2012.

16 www.deguwa.org (abgerufen am 01.08.2014).

17 Zu den Grundregeln Green 1997; Keith 2002; Kahanov 2011.

18 Bass 2011, S. 10 (Übersetzung: AS).

19 Bass 1966, S. 83–87; Yalçin 2005.

20 Sténuit 1982; Hellenkemper-Salies 1994; Möllers/Kenzler 2012.

21 Zur Definition dieser Spezies Johnston 1997; Mather/Watts 2002, S. 598f; Bass 2011, S. 11–14.

22 Pope 2009, S. 321f; Sjostrand 2007, S. 47–49.

23 Raby 2010; vgl. die Presseerklärung des Museums vom 14.12.2011, www.asia.si.edu/press/2011/pr-ShipwreckedAdvisoryStmtDec142011.asp (abgerufen am 20.07.2014); Guérin 2014, S. 37.

24 Goddio 1997; vgl. Keith 1997.

25 Pope 2009, S. 117–122; Elia 1997; vgl. Dromgoole 2013, S. 218–223.

26 Der Text der Konvention in: www.unesco.org/en/underwater-cultural-heritage (abgerufen am 31.07.2014); vgl. Dromgoole 2013, S. 23–26, 59–64; Guérin 2014.

27 Bass 1966, S. 19.

Unterwasserarchäologie

Graben und Forschen am Meeresgrund

Hanz Günter Martin

Das Bild vom Taucher als Schatzsucher ist weit verbreitet und erfährt täglich in den Medien neue Nahrung. Dieses Bild ist jedoch nicht zutreffend, und so fragen wir uns erneut, was ist Unterwasserarchäologie?

Vor einigen Jahren war in Berlin und Bonn die Ausstellung „Ägyptens versunkene Schätze“[1] zu sehen. Tausende von Unterwasserfunden aus Alexandria und Heraklion, aus den Grabungen von Franck Goddio, ließen Besucher staunen und sich fragen, was das eigentlich ist, die Unterwasserarchäologie (Abb. 1). Einige Fragen versuchte ich in Expertengesprächen zu beantworten, jedoch standen viele der Sache recht ungläubig gegenüber, fanden es aber gleichzeitig faszinierend, wie viele Schätze die Taucher vom Meeresboden bergen konnten.

1: Taucher untersuchen Amphoren auf dem Meeresboden nordöstlich der griechischen Insel Samos, 2008

Die Geschichte beginnt im Altertum

Wertvolle Artefakte vom Meeresgrund wurden bereits im Altertum geborgen. Der erste mit Namen bekannte Taucher ist der Grieche Skyllis[2], der persischen Offizieren ihre bei einem Sturm über Bord gegangenen Gold- und Silberbecher wieder hochholte. Seit hellenistischer Zeit sind auf Rhodos sogar gewerbliche Taucher belegt. Sie arbeiteten im Hafen und bargen die beim Verladen der Schiffe ins Wasser gefallenen Waren. Auch Alexander der Große soll selbst im Kaspischen Meer in einer Taucherglocke getaucht sein, allerdings nur zum Beobachten der Fische.

Zur Zeit der Renaissance, als in Italien die großen Landgrabungen begannen, sammelte der Universalgelehrte Alberti in einem schlauchversorgten Helmanzug im Nemi-See Dekor-Stücke, die von den beiden dort versunkenen Prunkschiffen des Caligula stammten. Bis dato war das Interesse an der Antike ein rein antiquarisches. Die Historie spielte dabei noch keine Rolle.

Fast zeitgleich wurden in den Jahren 1900 bzw. 1901 vor Antikythera und vor dem tunesischen Mahdia[3] zwei Kunsttransporter gefunden. Die Statuen und Kunstwerke aus Bronze und Marmor wurden von Schwammtauchern gehoben. Bis heute sind diese beiden Funde die einzigen antiken Kunsttransporter geblieben, doch der Eifer, Kunstschätze dem Meer zu entreißen, prägt bis heute das Bild der Unterwasserarchäologie.

Erst ab Mitte des 20. Jahrhunderts war man durch die Erfindung der Aqualunge, dem Vorläufer der heutigen Pressluftflasche, technisch in der Lage, vom Versorgungsboot unabhängige Tauchgänge durchzuführen. Der große Pionier bei der Erschließung der Unterwasserwelt war Jacques-Yves Cousteau, der die damals bekannten archäologischen Plätze unter Wasser aufsuchte, selbst zwar nie grub, aber durch seine Filme das öffentliche Interesse weckte.

Die ersten wissenschaftlichen und noch gültigen Standards der Unterwasserarchäologie setzte der Amerikaner George Bass bei seinen Grabungen vor der türkischen Südküste. Wie er, waren es Menschen, die mit großem Enthusiasmus alle Widerstände überwanden und der Unterwasserarchäologie zur Geburt verhalfen: Bernabò Brea und Nino Lamboglia

2: Gerhard Kapitän, ein Pionier der Unterwasserarchäologie, Grabung in Ognina (Sizilien), 1972

in Italien, Honor Frost in England, Elisha Linder und Avner Raban in Israel, Gerhard Kapitän in der DDR, um nur einige zu nennen. Gerhard Kapitän ist auch der Gründungsvater der „Deutschen Gesellschaft zur Förderung der Unterwasserarchäologie" (DEGUWA), die sich vor 20 Jahren als erste in Deutschland wieder mit der Unterwasserarchäologie beschäftigte (Abb. 2).

Welche Methoden nutzt die Unterwasserarchäologie?

Der methodische Ansatz der Unterwasserarchäologie unterscheidet sich nicht von dem der Landarchäologen. Es geht um die Gewinnung historischer Daten und Materialien zum Verständnis antiken Lebens. Die Mittel zur Gewinnung dieser Daten sind jedoch ungleich aufwändiger: Man braucht meist ein Schiff, dann die Taucherausrüstungen, Kompressoren zum Flaschenfüllen, Pumpen für die Airlifte und Wasserstrahlpumpen, mit denen gegraben wird, dazu kommen Unterwasserroboter und schließlich eine funktionierende Rettungskette, an deren Ende eine Druckkammer in Bereitschaft stehen muss, um verunfallte Taucher zu kurieren.

Am einfachsten ist die Arbeit mit Tauchern, die bis 50 m Wassertiefe einsetzbar sind (Abb. 3 und 4). Da die Taucher aber höchstens zwei Stunden pro Tag unter Wasser arbeiten können, versucht man möglichst viel Arbeit durch Technik zu erledigen. Dies gilt u. a. bei der Prospektion und der Analyse größerer Gebiete. Hier scannen Sonare den Meeresgrund ab oder dringen in das Sediment ein, um so dem Archäologen mitzuteilen, wo er graben muss. Auch zur Ortung, Vermessung und Kommunikation unter Wasser werden ständig neue Verfahren entwickelt.

3: Die Grabungsstelle unter Wasser wird eingerichtet, DEGUWA-Grabung vor Santa Manza (Korsika), 2005

4: Mit dem Airlift werden Sand und Sediment weggesaugt, DEGUWA-Grabung vor Santa Manza (Korsika), 2005

Unterwasserarchäologie – ein vielseitiger Arbeitsbereich

Ob Römer, Griechen, Phönizier oder Karthager: Alle sind von Anfang an zur See gefahren. Sie waren auf der Suche nach neuem Land zum Siedeln, haben Handel getrieben, Kontakte gepflegt, sich gegenseitig überfallen und Kriege geführt. Für das Leben auf und am Wasser mussten Schiffe und Häfen gebaut werden, besondere Amphorenformen zur Verpackung der Handelswaren wurden massenweise hergestellt, und in den Hafenvierteln herrschte ein reger Kulturaustausch. Zur Lebenswelt des antiken Menschen gehörte das Meer mit seinen Segnungen und Schrecken dazu. Die konkreten Dinge dazu erforscht die Unterwasserarchäologie.

Dabei lassen sich einige Arbeitsfelder angeben, wie z.B. die Schiffsarchäologie. Es gibt keine Baupläne für Schiffe aus der Antike. Vor der Unterwasserarchäologie hatte man für die Rekonstruktion und Benennung antiker Wasserfahrzeuge nur die schriftlich überlieferten Typenbezeichnungen und bildliche Quellen auf zahlreichen Vasen, Reliefs und Münzen zur Verfügung, doch selten mit der erforderlichen technischen Genauigkeit. Durch Wrackfunde wie „Yassi Ada I", „Lilybaeum", „Kyrenia" oder „Michel Ma'agan" hatte man nun reale

Schiffe, um die Geschichte der Technik des Schiffbaus zu beginnen.[4]

Weiter trägt die experimentelle Archäologie Wesentliches zur Erforschung antiker Schiffstechnologie bei: Handwerkliche Techniken können oft erst im praktischen Experiment wiedergewonnen werden. Die Fahr- und Segeleigenschaften können nur durch den Nachbau realistisch ermittelt werden, wie bei der „Kyrenia", einem Handelsschiff aus dem 4. Jh. v. Chr., oder der „Olympias", dem Nachbau einer klassischen athenischen Triere[5], dem berühmtesten aller antiken Kriegsschifftypen. Zum Arbeitsfeld „Schiffe" gehört auch sämtliches Schiffszubehör, wie Anker und metallene Ausrüstungsteile der Takelage, sowie die Erforschung der materiellen Zeugnisse zum Leben an Bord, wie Angelgeräte, das Essgeschirr der Mannschaft oder die private Habe von Passagieren.[6]

Die Häfen bilden die Schnittstellen zwischen maritimer Kultur und dem Leben an Land. Vielfach liegen heute auch die Kaimauern und Molen durch Änderungen des Meeresspiegels teilweise oder sogar ganz unter Wasser, wie in Caesarea Maritima (Israel)[7] oder in Kenchreai (Griechenland). Unterwasserarchäologen untersuchen, wie die Häfen funktionierten, wie die Ware verstaut wurde und wie sich der Kulturtransfer auswirkte.

Das umfangreichste Arbeitsgebiet betrifft den Handel. Einer Aufstellung von 1992 zufolge wurden im Mittelmeer 1.259 antike Wracks festgestellt.[8] Inzwischen hat sich die Zahl wohl mehr als verdoppelt. Was die Schiffe an Wein oder Lebensmitteln trugen, war in Transportamphoren[9] untergebracht, der archäologischen Leitform zur Datierung eines Schiffsfundes. Durch die Analyse der Schiffsladungen ergeben sich auch Rückschlüsse für den Handel selbst. In archaischer und klassischer Zeit überwog der Emporionshandel, d.h. das Schiff fuhr keine feste Route, sondern von Hafen zu Hafen, wo es Waren verkaufte und neue an Bord nahm. Die gemischten Ladungen der frühen Handelsschiffe legen diese Vermutung nahe. Seit hellenistischer Zeit hat man den Point-to-point-Handel bevorzugt, bei dem die Schiffe eine einheitliche Ladung trugen. So machte sich z.B. ein Frachtschiff, beladen mit 7.000 Amphoren Wein aus Latium – das sind 182.000 Liter! – von Italien aus auf den Weg nach Marseille. Leider sank es vor Erreichen des Zieles bei Madrague-de-Giens[10] – ein Glück für die Archäologen.

Zur Handelsschifffahrt gibt es nur wenige schriftliche Quellen aus der Antike. So ist es eine der Hauptleistungen der Unterwasserarchäologie, Material und Daten zur Handelsgeschichte und damit auch zur Geschichte des interkulturellen Austausches zu erbringen. Wenn die Etrusker für ihre festlichen Gelage kunstvoll bemaltes Geschirr aus Athen verwendeten oder die römischen Besatzer in Gallien nicht auf italischen Wein verzichten wollten, so war dies nur möglich, wenn der Nachschub übers Meer kam. Dabei nutzen die Kapitäne die Gelegenheit, gewinnbringende Beiladung mit an Bord zu nehmen, wie Luxuswaren oder Kunstwerke. Fest steht,

5: Unterwasserfund des Kriegers von Riace, Reggio di Calabria, 5. Jahrhundert v.Chr.

dass nahezu alle originalen griechischen Bronzestatuen[11] im Meer gefunden wurden (Abb. 5). Ohne die Leistung der Unterwasserarchäologie würde sich unsere Kenntnis der griechischen Plastik fast ausschließlich auf römische Kopien stützen.

Unterwasserarchäologen am Schreibtisch

Die kurz umrissenen Arbeitsfelder der Unterwasserarchäologie zeigen, dass der Unterwasserarchäologe kein Schatzsucher sein kann – er ist ein Historiker. So verbringt er nicht das ganze Jahr unter Wasser und holt eine Amphore nach der anderen nach oben. Er sitzt vielmehr im Magazin und zeichnet und fotografiert Funde, er sitzt mit Spezialisten im Labor und bewertet Analysen – und vor allem sitzt er am Schreibtisch und forscht. Dennoch sind die wenigen Wochen im Jahr, an denen er mit der Tauchflasche auf dem Rücken die Vergangenheit ergräbt, das Faszinierendste, was die Unterwasserarchäologie zu bieten hat.

In leicht veränderter Form ist dieser Beitrag erstmals in der Zeitschrift „Antike Welt", Nr. 3, 2011, erschienen.

1 Ägyptens versunkene Schätze 2006.

2 Martin 1995.

3 Hellenkemper-Salies 1994.

4 Höckmann 1985.

5 Morrison/Coates/Rankov 2000.

6 Beltrame 2002.

7 Raban 1995.

8 Parker 1992.

9 Sciallano/Sibella 1994.

10 Tchernia/Pome/Hesnard 1978.

11 Martin 2001/02.

Bedrohtes Bodenarchiv Nordsee

Aktuelle Forschung unter Wasser

Ursula Warnke

Das aktuell größte Forschungsprojekt in Deutschland zur Archäologie unter Wasser ist das vom Bundesministerium für Bildung und Forschung (BMBF) geförderte Pilot-Projekt „Bedrohtes Bodenarchiv Nordsee" am Deutschen Schifffahrtsmuseum (DSM) in Bremerhaven. Es befasst sich mit der Ermittlung und Digitalisierung der Denkmäler in der deutschen Nordsee. Von 2011 bis 2014 kartieren, erforschen und dokumentieren zwei Wissenschaftler des DSM, unterstützt von einer Fachkraft für Datenverarbeitung, das archäologische Potenzial der Nordsee. Zu diesem Zweck wurde das DSM mit geophysikalischem Prospektionsgerät ausgestattet. Es greift in diesem Projekt auf die lange und enge Kooperation mit dem Bundesamt für Seeschifffahrt und Hydrographie (BSH) mit seiner „Wrackdatenbank" und auf andere Kooperationspartner zurück (Abb. 1).

Die Nordsee birgt ein hohes Potenzial für die archäologische Forschung. Das Spektrum der Kulturgüter reicht von Überresten der ur- und frühgeschichtlichen Landschaften, die Aufschluss über die Lebensgrundlagen steinzeitlicher Jäger- und Sammlerkulturen ermöglichen, über Schiffswracks aller Perioden bis zu den Kulturdenkmälern der Neuzeit und der Moderne, wie U-Booten, Luftschiffen und Flugzeugen.

1: Der „Boomer", ein Schall-Messgerät, wird von Wissenschaftlern des MARUM bereitgemacht, 2013

Die besonders harten Arbeitsbedingungen in der 200 Seemeilen umfassenden, von Deutschland genutzten „Ausschließlichen Wirtschaftszone“ (AWZ) in der Nordsee erschweren jedoch unterwasserarchäologische Arbeiten stärker als in anderen Gewässern, wie der Ostsee. So schränken die Gezeitenströmungen Taucheinsätze zeitlich ein. Zudem bauen sich in der Nordsee hohe Wellen auf, und die offene See erlaubt nur bei gutem Wetter Forschungs- und Messfahrten. Daher erfolgen die Arbeiten überwiegend von Bord eines Schiffs aus, mit Sonar-Geräten, die eine Darstellung des Meeresbodens und der darauf befindlichen Funde ermöglichen (Abb. 2 und 3).[1]

Mit der Überlassung des großen Schiffsfundes „Bremer Kogge“ begannen am DSM bereits 1972 erste Forschungen zur Schiffsarchäologie und zur Archäologie unter Wasser, die seit 2010 kontinuierlich ausgebaut wurden. Dies führte zum Aufbau eines digitalen Dokumentationslabors für archäologische Schiffsfunde und zur verstärkten interdisziplinären Zusammenarbeit mit den Naturwissenschaften im Rahmen der Schiffsanalyse – und ab 2011, mit der Förderung des BMBF, zur Ausstattung des Forschungsmuseums mit geophysikalischem Prospektionsgerät.

Die Erhaltungsbedingungen in der Nordsee sind für Funde auf dem Meeresboden nur bedingt gut. Der hohe Salzgehalt und die

2: Das Sediment-Sonar über Wasser an Bord der „LEV Taifun“, 2013

3: Das Sediment-Sonar unter Wasser an Bord der „LEV Taifun“, 2013

relativ hohen Durchschnittstemperaturen fördern die Vermehrung Holz zersetzender Mikroorganismen. Die starke Gezeitenströmung unterstützt die Erosion von Fundplätzen und von Objekten, die nicht im schützenden Sediment lagern.

Für Funde, die nicht auf dem Meeresboden liegen, sondern von Schlick und Sand bedeckt sind, gelten bessere Bedingungen. Hinweise auf heute versunkene ur- und frühgeschichtliche Landschaften sind unter der Sedimentabdeckung in der Nordsee gut bewahrt geblieben. Auch die Chancen für die Bewahrung organischer Materialien unter Sedimentabschluss sind sehr gut, was für den Erhalt von Siedlungsresten und älteren Schiffswracks mit den an Bord befindlichen Objekten eine besondere Rolle spielt.

Versunkene Landschaft „Doggerland"

Das Gebiet der heutigen Nordsee war einst eine uralte, besiedelte Landschaft. Etwa vor 12.000 Jahren, in der Mittleren Steinzeit (Mesolithikum), verlief die Küstenlinie noch zwischen Schottland und der Nordspitze Dänemarks – ein interessanter Lebensraum für steinzeitliche Jäger und Sammler. Dieses Gebiet wird heute „Doggerland" genannt, nach der Doggerbank, einer langgestreckten Untiefe in der Nordsee, die damals eine Hügelkette war (Abb. 4). Zu dieser Zeit bot Helgoland für die umherstreifenden Jäger und Sammler wahrscheinlich einen imposanten Anblick als weithin sichtbarer, rot leuchtender Sandsteinfelsen, ähnlich dem heutigen Ayers Rock in Australien. Faustkeile und Feuersteinklingen, die beim Fischen an die Wasseroberfläche kamen, belegen die Besiedlung Doggerlands bereits in der Alt- und Mittelsteinzeit.

4: Karte von Doggerland, erstellt von MARUM, 2014

Spätestens nachdem die so genannte Weichsel-Kaltzeit vor etwa 28.000 bis 22.000 Jahren ihren Höhepunkt überschritten hatte, wandelte sich mit dem Klima auch das Gebiet, das die heutige deutsche Nordsee sowie Norddeutschland umfasst, allmählich von einer eiszeitlichen Kaltwüste zu einem Lebensraum für Mensch und Tier.[2] Dies belegen Bohrkerne mit Resten der ehemaligen Vegetation.[3] Die Gletscher zogen sich zurück, und große Wassermassen wurden durch das schmelzende Eis freigesetzt. Die Vegetation wechselte langsam von einer Tundra zu einer feuchten Graslandschaft mit Birkenhainen oder Kieferwäldern, die von einem Netz flacher Seen, Bächen und Flüssen durchzogen wurde. Auch die Küstenlinie verschob sich durch diesen Anstieg des Meeresspiegels immer weiter landeinwärts. Vor etwa 10.500 Jahren verlief sie ungefähr auf Höhe der Doggerbank.

Gegen Ende der Weichseleiszeit ließ der ansteigende Meeresspiegel auch das Grundwasser steigen, was im Gezeitenbereich einen Moorstreifen entstehen ließ, der mit der Küstenlinie immer weiter ins Landesinnere wanderte.[4] Doggerland begann zu versinken.

Küsten und Flussufer waren in den Zeiten vor Ackerbau und Viehzucht ein begehrter Siedlungsraum, denn dort boten Jagd und Fischfang ein gutes Auskommen. Gleichzeitig waren die Fließgewässer ein natürliches Wegenetz durch Marschen-, Moor- und Sumpfgebiete. In Booten konnten große Strecken auch in unwirtlichem Gelände mühelos zurückgelegt werden.

Ist der Verlauf von Küstenlinien und Flüssen bekannt und rekonstruierbar, kann auf frühe Lager- und Jagdplätze, die heute noch unter den Sedimenten in der Nordsee erhalten sind, rückgeschlossen werden. Dazu arbeitet das DSM mit dem Zentrum für Marine Umweltwissenschaften (MARUM) in Bremen zusammen. Als Ausgangspunkt für den in Deutschland erstmaligen Versuch der Rekonstruktion dieser alten Landschaft bietet sich das Elbe-Urstromtal an, da hier mehrere Flüsse mündeten. Das gut 150 Kilometer lange und an seinem schmalen südlichen Ende 25 Kilometer breite Tal weitet sich nach Norden hin auf 40 Kilometer trichterförmig aus. Es liegt mitten in der AWZ. Gespeist wurde es südlich von Helgoland durch Zuflüsse der Elbe und Weser. Ein Zufluss nördlich von Helgoland gehörte vermutlich zur Eider. Hier konnten in zwei gemeinsamen Forschungsfahrten alte Flussläufe unter dem Sediment kartiert werden.[5]

Gesunkene Schiffe – Kriegsgräber und wichtige kulturhistorische Quellen

Bei den Forschungsfahrten im Rahmen des Forschungsprojekts konnten neben den Resten der alten Flusssysteme auch zehn neuzeitliche Schiffsfunde unter Wasser genauer untersucht werden. Dies ist heute mit geophysikalischem Messgerät von Bord eines

5: Der „Boomer" im Einsatz, geschleppt von der „LEV Taifun", 2013

Schiffs aus problemlos möglich (Abb. 5). Ein Seitensicht-Sonar „scannt" die Oberfläche des Meeresbodens, dabei zeichnen sich die Umrisse von Wracks häufig so deutlich ab, dass man aus dem Umriss den Schiffstyp genau rekonstruieren kann. Zuweilen ist sogar die Identifizierung eines bestimmten Schiffs möglich.

So konnten während der Kampagne 2014 ein niederländischer und ein deutscher Frachtdampfer aus dem späten 19. Jahrhundert, zwei deutsche Kreuzer, das Wrack eines deutschen Hochsee-Torpedobootes, zwei britische U-Boote und ein mögliches weiteres Kriegsfahrzeug der Kaiserlichen Marine aus dem Ersten Weltkrieg sowie zwei britische U-Boote aus dem Zweiten Weltkrieg aufgespürt und dokumentiert werden.

Die Daten dieser Wracks sind ebenso wie die Daten der Reste der alten Kulturlandschaft Teil der digitalen Sammlung des DSM. Diese Daten werden für zukünftige Forschungsprojekte des Museums vorgehalten und der Fachwelt zur Verfügung gestellt. Mit dieser Grundlage sind ein gezielter Zugriff auf forschungsrelevante Daten und ein aktueller Überblick über das kulturhistorische Forschungspotenzial in der Nordsee möglich. Zudem ist diese Datensammlung ausbaufähig und kann auf die Ostsee oder auf die Erfassung von Schiffswracks mit Bezug zur deutschen Geschichte weltweit erweitert werden.

Auf dieser Grundlage geplante neue Expeditionen in die deutsche Nordsee mit kulturhistorischen Fragestellungen lassen einen großen Zugewinn für die archäologische Forschung erwarten. So wird es in der Zukunft möglich sein, weitere Lücken im Wissen um die maritime Geschichte der Menschen auf dem Gebiet der heutigen Nordsee zu schließen.

Sollten bei Baumaßnahmen in der Nordsee Wracks geborgen werden müssen, können diese zukünftig mit den technischen Möglichkeiten des DSM digitalisiert und ausgewertet werden. Auch die Präsentation in einer Ausstellung ist am DSM als einem der acht Forschungsmuseen der Leibniz Gemeinschaft gegeben.

---

1 Warnke/Belasus 2012.

2 Warnke/Hepp/Mörz 2014.

3 Türkay/Kröncke 2004.

4 Warnke/Hepp/Mörz 2014.

5 Ebd.

chte und Teerhof um 1650, Kupferstich von Mer

Die Ausgrabung eines Flussbettes

Archäologische Forschungen am Bremer Teerhof

Dieter Bischop

Der Bremer Teerhof, als Insel die Kleine Weser vom Hauptstrom abteilend (Abb. 1), erhielt seinen Namen von den Schiffsbauern, die, urkundlich erstmals 1250 erwähnt, ihr Handwerk auf dieser Insel am Rand der Bremer Altstadt ausübten.[1] Die Schiffszimmerleute bauten hier gegenüber der Schlachte, dem eigentlichen spätmittelalterlichen Hafen, mindestens seit dem 14. Jahrhundert sehr große, seetüchtige Schiffe und teerten die Schiffshaut.

Nach der Aufgabe als städtische Schiffswerft wurde die Teerhofinsel im 19. Jahrhundert hauptsächlich mit Packhäusern und wenigen Wohnhäusern bebaut. Die verheerende Bombardierung des Zweiten Weltkrieges zerstörte die Bebauung. Zunächst als Parkplatz genutzt, standen erst spät Ausschachtungsarbeiten für große Gebäude an: 1990 für den Verwaltungssitz einer Versicherung und 2006/07 für das Hauptquartier der (2011 in die Insolvenz gegangenen) Reederei Beluga. Diese Gelegenheiten konnte die Landesarchäologie Bremen für Grabungen nutzen. Dabei wird deutlich, dass Unterwasserarchäologie nicht nur auf hoher See stattfindet, sondern auch an Flussufern mitten in einer dicht bebauten Großstadt.

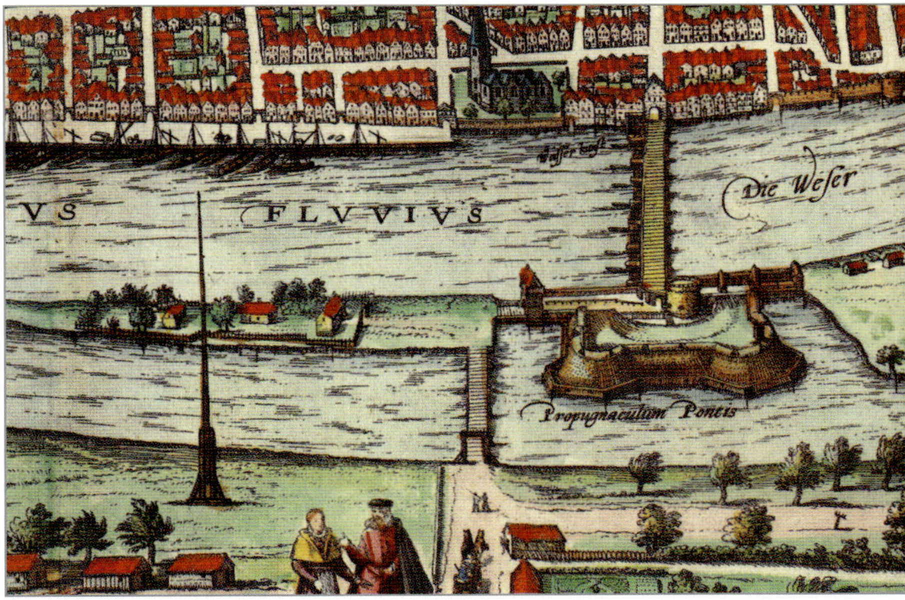

1: Blick auf den Bremer Teerhof von der Neustadt aus, mit der Bastion Braut und der westlichen Piepe, Kupferstich von Hogenberg, um 1598

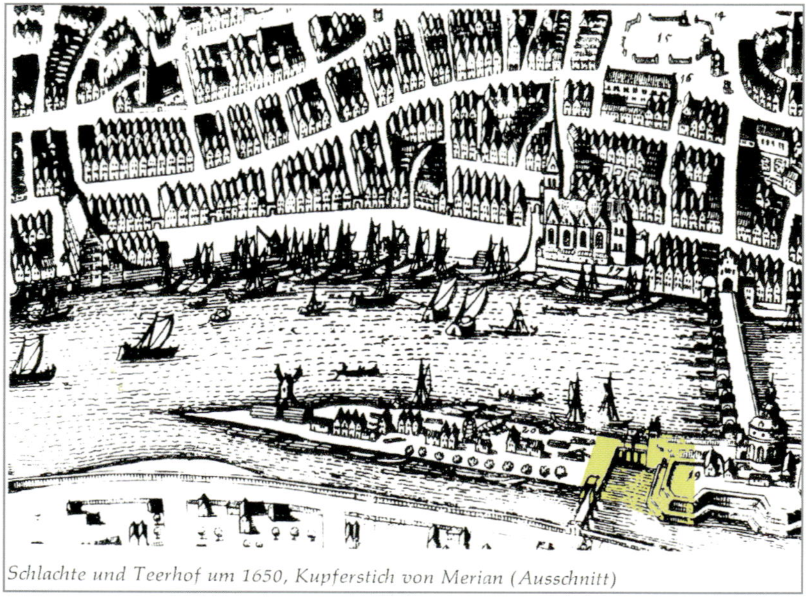

2: Der Teerhof mit fast fertiggestelltem Schiff auf dem Helgen (gelb markiert ist die Grabungsfläche von 2006/07), Kupferstich von Merian, 1650

Das berühmteste Beispiel für mittelalterliche Schiffsbautätigkeit auf dem Teerhof ist die bestens erhaltene „Bremer Kogge" von 1380, die 1962, nur wenige Kilometer entfernt, im Weserschlamm entdeckt worden ist (siehe den Aufsatz von Ursula Warnke in diesem Band). Das gerade fertig gestellte Schiff dürfte bei einem plötzlichen, extremen Hochwasser von seinem Baugerüst am Rande der Teerhofwerft gerissen, dann stromabwärts getrieben und schließlich gekentert sein. Eine solche Überschwemmung, die wir auch allenthalben durch abgelagerte Sedimentschichten bei der archäologischen Ausgrabung 2006/07 feststellen konnten, ist historisch z.B. für das Jahr 1547 überliefert. Damals wurden Teerhof und Bauhof überschwemmt und mit „allent so daruppe was"[2] zerstört.

Einige Befunde unserer großen Ausgrabung von 2006/07 hängen vermutlich mit dieser spätmittelalterlichen Werft zusammen, die auch auf einem Merian-Stich von 1650 zu sehen ist (Abb. 2). Eine ca. 80 cm breite Rinne, die sich rechtwinklig zum Ufer hinabzog, ist möglicherweise Teil einer Slipanlage. Hier konnten gerade fertiggestellte oder reparierte Schiffskörper langsam ins Wasser hinabgelassen werden. Eichene Balken einer nah freigelegten Holzkonstruktion ließen sich dendrochronologisch auf die Zeit bald nach 1436 datieren. Im Uferbereich geborgene Seilreste aus Frauenhaarmoos, teilweise mit Teer verklebt, waren Teil der Schiffstakelage oder dienten zum Festzurren der Schiffsladung. Mit zwei ebenfalls im Schlamm der Werftstelle versunkenen, jedoch nie genutzten spätmittelalterlichen eisernen Kalfatklammern sollte das Abdichtungsmaterial aus Tierhaar oder Moos in den Plankenfugen der Schiffshaut

3: Freilegen des spätmittelalterlichen Wrackteils; im hinteren Teil die Fixierungspflöcke des als Uferbefestigung genutzten Stückes, 2006/07

festgesteckt werden, um – mit Teer verklebt – den Schiffsrumpf wasserdicht zu bekommen.[3]

Wrackfunde

Ein etwa 20 Meter flussaufwärts gelegener Uferbereich des Teerhofes war gegen das Unterspülen bei Hochwasser nicht nur mit eingeschlagenen Pfählen befestigt worden, sondern auch mit dem fast sieben Meter langen, vorderen Fragment eines unweit in der Weser gesunkenen bzw. abgewrackten kleinen bis mittelgroßen seetüchtigen Schiffes. Ausgegraben wurden unter sieben bis acht Meter hohen Sandauflagerungen ein backbordseitiges Schiffswandstück, Teile vom Vorsteven und Kiel. Von der Steuerbordseite blieb nur ein Kielgangfragment. Die acht erhaltenen Plankengänge des in der ersten Hälfte des 15. Jahrhunderts erbauten Schiffes waren geklinkert und durch umgeschlagene Eisennägel mit quadratischem Schaft-Querschnitt und Nietplatte verbunden, die Fugen mit beim Bau eingelegten, geteerten Strängen aus der Mischwolle einer älteren Schafsrasse kalfatert. Die Schiffshaut war – ihrer Spanten beraubt – mit kleinen Holzpflöcken im Ufergrund fixiert worden (Abb. 3). Von den im Abstand von 50 cm angebrachten Spanten zeugen heute nur noch die Holznagelreihen. Die Art des Schiffes konnte nicht genau bestimmt werden, doch deuten einige Baueinzelheiten auf einen skandinavisch beeinflussten Schiffstyp hin.[4] So fixiert, diente das Wrackstück zur Befestigung des Uferstreifens bzw. als Steg und Abgang zur Weser. Hier konnten sowohl kleinere Boote zur Reparatur ans Ufer gezogen werden als auch Fischer ihre Reusen oder Netze im Strom halten. Netzsenker aus Ton und durchlochte Muscheln, die als Blinker die Fische anlocken sollten (Kat. Nr. 1.45), fanden sich an verschiedenen Stellen.

Im Laufe der Zeit ist dieses wiederverwendete Wrackfragment am Ufer von konservierenden lehmhaltigen Sedimentablagerungen der Weser zugedeckt worden – Hauptgrund für den guten Erhaltungszustand des Holzes. Dessen Untersuchung ergab, dass das Holz der unteren Plankengänge aus dem Niederungsgebiet der Weser stammt, das Holz der oberen Plankengänge hingegen höchstwahrscheinlich aus dem Baltikum. Das letztere wurde vermutlich über Riga als Wagenschott verhandelt und wurde vielleicht bei einer Reparatur des Schiffes verbaut.[5] Das Wrackfragment wurde im Ganzen gehoben und mit Polyethylenglykol (PEG) konserviert (Abb. 4). Heute ist es an seinen Fundort zurückgekehrt und im Foyer des heutigen Bürogebäudes, dem früheren Sitz der Reederei Beluga, am Teerhof 59 ausgestellt.

4: Heben des spätmittelalterlichen Wrackteils, 2007

5: Die Beluga-Baugrube am Bremer Teerhof; links vom Kranfundament sind die Spanten des größeren Weserlastkahns schwach erkennbar, 2007

6: Detail der Bordwand des ersten Lastkahns mit Eisenring, 2007

7: Das kleinere, unter dem größeren Weserlastkahn liegende Wrack, 2007

Auch zwei Weserlastkähne wurden während der Grabung von 2006/07 entdeckt. Ihre quer übereinanderliegenden Wracks lagen in acht bis neun Metern Tiefe (Abb. 5). Die ehemals auf der Weser hauptsächlich gestakten oder getreidelten Schiffe mussten mit Hilfe des THW in vier Meter große Teile auseinandergesägt werden, um aus der mit querverlaufenden Versteifungsrohren blockierten Baugrube herausgehoben werden zu können. Das obere, noch knapp 17 Meter lange und nur 2,4 Meter breite Wrack besaß teilweise noch die eisernen Beschläge (Abb. 6). Es wurde nach 1683 erbaut. Das untere, nur noch 11 Meter lang erhaltene und um 1668 zu datierende Wrack gehörte zu einem etwas kleineren Kahntyp (Abb. 7).[6]

Wrackteile seetüchtiger Schiffe des Spätmittelalters sind bereits im Winter 1978/79 bei extremem Niedrigwasserstand auf beiden Seiten der langgestreckten Teerhofinsel ans Tageslicht gekommen, darunter die Reste eines Zweimasters mit geklinkerten Bordwänden.[7] Zwischen diesen Schiffsresten konnte aus dem Weserschlamm ein Goldgulden des Trierer Bischofs Werner von Falkenstein (1388-1418) herausgefischt werden.[8]

Eine Braut in der Weser

Bei den Ausschachtungsarbeiten für das Versicherungsgebäude wurde 1990 die noch 4,5 Meter hohe Wehrmauer des sogenannten Brautzwingers entdeckt.[9] In den Jahren 2006/07 wurden die Piepe – ein Wasserlauf, der diese Burganlage westlich begrenzte – und ihre aus Backsteinen und vorgeblende-

8: Die Brückenpfosten der 1647 errichteten Brautbrücke, 2006/07

9: Die freigelegten Fundamentpfähle der Kaimauer, 2006/07

ten großen Sandsteinblöcken bestehende Kaimauer unter großem Zeitdruck freigelegt.

Die Braut, ein mächtiger, 30 Meter breiter Zwinger, war zwischen 1522 und 1533 auf der Herrlichkeit, dem östlichen Ende des Teerhofes, auf einem eigenen Inselbereich errichtet worden. Sie diente zum Schutz der großen Weserbrücke und als Sicherung der Hansestadt Bremen vor Angriffen von Süden bzw. vom Fluss her. Der von einer Bastionsmauer umgebene Turm besaß zunächst eine mit Zinnen bekränzte Plattform, auf der Geschütze standen. Als „Braut" wurde er erstmals 1547 während der Belagerung Bremens im Schmalkaldischen Krieg durch kaiserliche Truppen bezeichnet. Die Soldaten meinten höhnisch, es sähe aus, als läge die Stadt der Braut zu Füßen. Der Ausdruck „Braut" gefiel den Bremern jedoch und blieb. Als Bremen sich endgültig über die Weser hinweg ausdehnte und man ab 1601 begann, die Befestigung der Neustadt zu vollenden, verlor die Braut ihre ursprüngliche Funktion als Schutzbollwerk, und die Burgbesatzung wurde reduziert. Der dreigeschossige runde Turm mit vier Meter dicken Backsteinmauern wurde repräsentativ um ein Geschoss erweitert und mit einer welschen Haube versehen. Mit 55 Metern Höhe war nun er hinter dem Dom und der Ansgarii-Kirche das dritthöchste Gebäude der Stadt.

In der Nacht zum 22. September 1739 schlug während eines Gewitters ein Blitz in die Haube ein, unter der Pulver und Munition sowie Sturm- und Pechkränze, Brandkugeln und Handgranaten lagerten. Das Dach wurde von einer Feuersäule emporgerissen. Die nachfolgende gewaltige Detonation zerbarst die meterdicken Wände. Brennende Trümmer töteten 32 Menschen und setzten die Herrlichkeit und mehrere Straßenzüge auf der anderen Weserseite in Brand. Die zerstörte Braut wurde nie wieder aufgebaut.

Die 2007 freigelegte Kaimauer der Piepe (Abb. 9) zeigte in ihrem Verlauf den charakteristischen leichten Knick, wie er auf historischen Ansichten, z.B. auf einem Ölgemälde von Jürgen Landwehr, zu sehen ist (Abb. 10). Die mächtigen, mit eisernen Pfahlschuhen versehen eichenen Fundamentpfosten, die aufgrund der Unterspülungsgefahr besonders dicht eingerammt worden waren, konnten dendrochronologisch auf etwa das Jahr 1647 datiert werden. Dieses Datum zeigt, dass die

10: Die mit Sandstein verkleidete Kaimauer der Piepe mit dem typischen Knick während der Grabung, 2006, und auf einem Gemälde von Jürgen Landwehr, 1602 (Focke-Museum, Bremen); rechts das Brückenhaus (Godentor)

Kaimauer noch in den letzten Jahren des Dreißigjährigen Krieges als eindrucksvoll massive, mit Sandstein ummantelte Backsteinmauer erneuert worden war.

Die Pfeiler der mit einer Zugbrückenkonstruktion versehenen Eichenholzbrücke, die von diesem Teerhofbereich zur Braut führte, datieren ebenfalls in diese Zeit (Abb. 8). Im Nordosten der Baugrube wurde eine Ecke des gegenüberliegenden, ehemals zungenartig ins Wasser hineinragenden Torbaues festgestellt, der zur Bastion selbst bzw. zur Großen Weserbrücke und damit zur Altstadt führte. Dieses nach einem Anwohner „Godentor" genannte und auf einigen Stadtansichten identifizierbare Gebäude stand auf Eichenpfählen bzw. einem Rahmenrost (Abb. 11). Es konnte dendrochronologisch um bzw. nach 1533 datiert werden, also unmittelbar ans Ende der eigentlichen Bauzeit der Braut.

In der Baugrube des neuen Bürogebäudes fanden sich im verlandeten Flussbett einige Objekte, die zur nahen, längst verschwundenen Befestigung gehörten. Waffenreste oder steinerne Kanonenkugeln sind vielleicht bei Kampfhandlungen in das Flussbett vor der Burg gefallen, wo sie erst beim Durchsuchen der Flusssedimente während der Ausbaggerungsarbeiten geborgen werden konnten. Die Besatzung der Braut musste ihre Geschosskugeln offenbar selbst herstellen. Es fanden sich eine steinerne Gussform für unterschiedlich große Bleikugeln und eine eiserne Justierstange sowie der Flintenstein einer Muskete bzw. eines Vorderladers. Zu einer besonders altertümlichen Waffe für die damalige Zeit gehört das aus Tierknochen gearbeitete Abzugsrad einer Armbrust. Eine zweizinkige Gabel (Kat. Nr. 1.30), ein Holzlöffel (Kat. Nr. 1.28), mehrere Messer sowie Trinkgeschirrreste, aber auch Lederschuhe (Kat. Nr. 1.47) sowie metallene Gürtelschnallen könnten ebenfalls zur persönlichen Ausrüstung der Burgbesatzung gehört haben. Möglicherweise zum Schmuck einer Brücke gehört das Fragment eines sitzenden Löwen aus Sandstein (Kat. Nr. 1.44). Auf einem Kupferstich finden sich auf den kleinen Pfeilern der Großen Weserbrücke solche Statuen als Zierrat.

Handelszeugnisse am Flussgrund

Die Piepe, der die Große und Kleine Weser quer verbindende Flusslauf, fungierte offenbar nicht nur als Durchfahrtkanal, sondern auch als temporärer Hafen bzw. Ankerplatz für Weserlastkähne, die u.a. Baumaterial und sonstige Waren für die Besatzung der Braut, aber auch für die Stadt selbst anlieferten. Ein nach 1638 datierter Holzbretterstapel fand sich am ehemaligen Flussgrund. Der durch einen durchgehenden Holzpflock verbundene Stapel ist vermutlich beim Ausladen vom Schiff abgerutscht und auf den Flussgrund hinabgesunken.

Bei der baubegleitenden archäologischen Ausgrabung von 2006/07 handelte es sich um eine terrestrische Grabung, also eine Ausgrabung des Flussbereichs unter Bedingungen wie an Land, da die große Baugrube durch permanent laufende Pumpen trocken gehalten werden konnte. Trotzdem war es durch finanziellen und personellen Mangel kaum möglich, während der rasant fortschreitenden Ausbaggerungsarbeiten die fundreiche Flussverfüllung in bis zu zwölf Metern Tiefe ausreichend sorgfältig nach Funden zu durchsuchen. Aber es gelang durch den Einsatz ehrenamtlicher Mitarbeiter der Landesarchäologie Bremen, dem ehemaligen Fluss noch zahlreiche bedeutende Fundobjekte zu entreißen (Abb. 12). Dazu zählen einige Münzen. Offenbar wurden am Teerhofufer oder auf den Schiffen selbst kleinere und auch größere Geschäfte getätigt. Aus dem Schlamm kamen nicht nur ein kleines Gewicht für englische Goldmünzen zu Tage (Kat. Nr. 1.35), sondern auch ein Golddukat des Salzburger Bischofs Paris von Lodron von 1627 (Kat. Nr. 1.34). Dass wertvolle Ware angelandet wurde, zeigen auch viele eiserne Schlüssel und Vorhängeschlösser sowie Kisten- bzw. Truhenbeschläge.

11: Die Fundamente des Godentors (aus etwa derselben Perspektive wie auf dem 1602 entstandenen Gemälde von Jürgen Landwehr), 2006

Aus dem Flussbett wurden zudem annähernd 200 Tuchplomben des 17. und frühen 18. Jahrhunderts geborgen – der bisher größte archäologische Fundkomplex Deutschlands dieser Zeitepoche überhaupt. Auf den Tuchplomben aus Blei sind Hausmarken der Handelshäuser oder Tuchmacher sowie die Wappen der für die Qualität bürgenden Städte oder Länder eingeprägt (Kat. Nr. 1.36). Die Wappen und Herkunftszeichen machen die Handelswege des Tuchhandels nachvollziehbar. Da das vergängliche Handelsprodukt Stoff im archäologischen Befund nur bei sehr guten Feuchtbodenbedingungen fragmentarisch erhalten bleibt, ist es kaum mehr einem bestimmten Produktionsort zuzuweisen. Als Nachweis für den Textilhandel der einzelnen Hansestädte sind somit die Tuchplomben einmalige Quellen zur Textilgeschichte und zu

12: Fundbergung zwischen den Kaianlagepfählen, 2006/07

den wirtschaftlichen Verbindungen Bremens in der frühen Neuzeit. Erhalten sind oft nicht nur die am Weserufer entsorgten Qualitätssiegel aus Blei selbst, sondern auch durch den Schlamm konservierte Stoffreste.

Aufwändig gewebte und gefärbte kostbare Stoffe waren ein begehrter Handelsartikel. Ein Großteil der Plomben stammt aus Bremen selbst, ein besonders schönes Exemplar trägt neben dem Bremer Wappen die Schrift „BREMEN DUBBELT STAEL" und das Datum „1575". Einige Rohlinge zeigen, dass hier vor Ort Tuchballen verplombt wurden. Wenige Stücke kommen aus dem restlichen Deutschen Reich: dem nahen Hamburg, dem westfälischen Warendorf, aus Kurbrandenburg oder Preußen. Einige stammen aus den Niederlanden, wie aus Leiden oder Amsterdam. Überraschend viele, knapp die Hälfte der bestimmbaren Stücke, sind englische Plomben etwa aus Exeter oder Colchester, die für das späte 17. und beginnende 18. Jahrhundert einen florierenden Tuchhandel mit England bezeugen, der den alten Konkurrenten Holland verdrängt zu haben scheint.[10]

Die fehlende Strömung in dem querenden Flussarm war eine der Ursachen für das langsame Verschlammen der Piepe. Stetiges Entsorgen von Abfall verstärkte diesen Prozess. Besonders deutlich wird dies anhand der freigelegten Brückenpfeiler. Die Brücke und der Torbau wurden zwar um 1694 noch einmal saniert, dann aber entschloss man sich, den Flussarm vollends zuzuschütten. 1710 wurden das Godentor abgerissen und die Piepe mit anfallendem Erdmaterial aus der Stadt verfüllt. Seit 1714, also seit nun genau 300 Jahren, konnte man bereits trockenen Fußes zur Braut hinübergehen.

Auch die ehemals vollständig vom Wasser geschützte Burgbastion Braut hatte an Bedeutung als wichtigste Schutzherrin der Hansestadt Bremen eingebüßt. Der erhöhte Turm der Braut mit seiner charakteristischen Haube diente nur noch als Pulvermagazin, was ihr bei dem Gewitter von 1739 zum Verhängnis wurde. Versprengte Mauerblocktrümmer und ein Burgzinnen-Fragment aus Sandstein der explodierten Braut fanden sich bei den Ausgrabungen in den oberen Schichten der fast vollständig zugeschütteten Piepe.

Primär zwischen den Brückenpfeilern, aber auch aus dem gesamten Flussbett kamen Unmengen von Funden des 16. bis frühen 18. Jahrhunderts zutage, die hier während des Verlandens des Flusses entsorgt worden waren. In der gewaltigen Verfüllung des tieferen Flussbereiches befanden sich auch zahllose Tierknochen, von denen aber nur einige aufgesammelt werden konnten. Zoologisch bestimmt wurden mehrere Rinderknochen. Alleine 60 Hörner von ausgewachsenen Bullen und Kühen wurden aufgelesen. Einige der Kuhhörner waren offenbar abgesägt bzw. die Hornzapfen wiesen Schnittspuren auf, offenbar wollte man an Horn gelangen. Einige Knochen waren jungen Hausschweinen und Schafen bzw. Ziegen zuzuordnen. Mehrere große Gänse und unterschiedlich große Hühner sind nachgewiesen. Zum Wildbret gehörten die Überreste eines jungen Hasen und das linke Schienbein eines Rehes. Sehr ungewöhnlich ist der Fund eines Walknochens (Kat. Nr. 1.46). Das Kugelgelenk eines Nordkaperwales mit einem Durchmesser von 40 cm ist sicher von einem aus Grönland zurückkehrenden Walfängerschiff mitgeführt worden und als mit dem Beil bearbeitetes Reststück einfach in der Weser entsorgt worden.

Massen von Keramik-Fragmenten gehören zur einheimischen glasierten roten Irdenware; aber auch Steinzeug aus Duingen, Frechen, Fayencegefäße aus den Niederlanden, Portugal und Italien sind zu nennen (Abb. 13).

13: Bergen eines schwarzen Fayencetellers im Innern des Lastkahns, 2006/07

Die weiteste Entfernung hatte aus China importiertes Porzellan hinter sich (Kat. Nr. 1.39). Aber auch Flach- und Hohlglas, vor allen Dingen technisches Glas aus einem alchimistischen Labor oder einer Apotheke des 17. Jahrhunderts befand sich darunter (Kat. Nr. 1.41). Einige Apothekergefäße besaßen noch ihren Korkverschluss. Der Zeit bald nach 1700 gehört ein geschliffener Glasbecher an, der als Hauptmotiv einen bogenschießenden Amor zeigt (Kat. Nr. 1.42).

---

1 Bischop 2008a; vgl. Helm 1955, S. 182; Dette/Grossmann/Grossmann 1995.

2 Renner 1995, Bd. 2, fol. 305.

3 Bischop 2008a, S. 95–99.

4 Zwick 2010, S. 68–70.

5 Zuletzt ebd., S. 66.

6 Bischop 2008a, S. 103–106.

7 Brandt 1979, S. 331, Abb. 6.

8 Rech 2004, S. 367.

9 Fick/Rech 1990/91.

10 Vgl. Hittinger 2008.

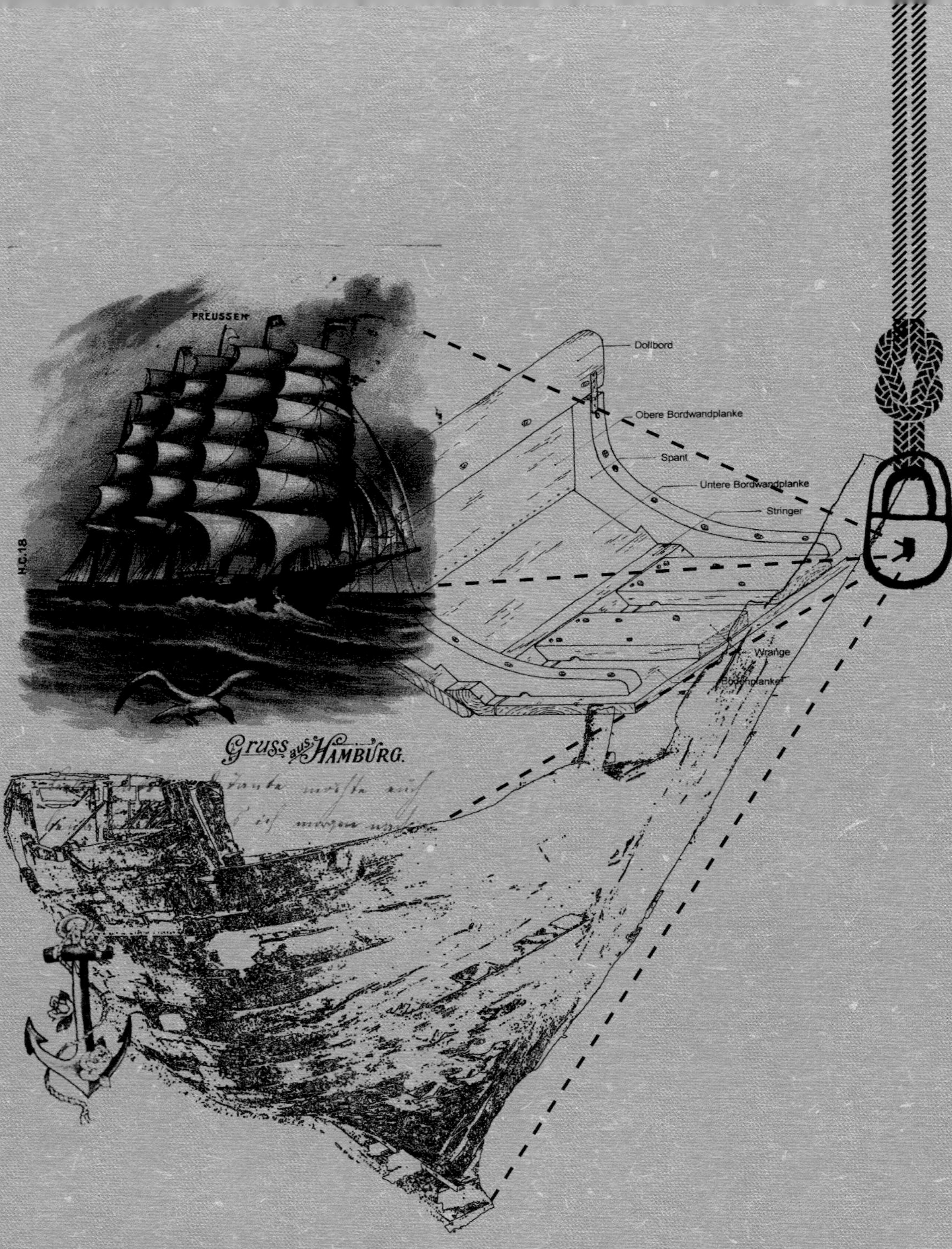
PREUSSEN
H.C.18
Dollbord
Obere Bordwandplanke
Spant
Untere Bordwandplanke
Stringer
Wrange
Gruss aus Hamburg

Versunkene Schiffe weltweit

Beispiele musealer Präsentationen von Schiffswracks

Linda Wilken

Maritime Museen gelten als publikumswirksame Präsentationsfläche für Schiffswracks und deren Beifunde. Ihre Vermittlungsformen sind vielfältig. Die hohen Besucherzahlen dieser Museen zeigen, welche Faszination Schiffswracks auf die Menschen ausüben. Durch die 2001 verabschiedete „UNESCO-Konvention zum Schutz des Kulturerbes unter Wasser"[1] erlangten diese Institutionen eine zusätzliche Bedeutung, denn die Unterzeichnerstaaten des Abkommens verpflichten sich, die Bevölkerung für den Wert der auf dem Grund der Meere, Seen und Flüsse befindlichen archäologischen Stätten zu sensibilisieren, wofür maritime Museen hervorragende Voraussetzungen bieten. Das bekannteste deutsche Beispiel für diesen Typ ist das Deutsche Schifffahrtsmuseum in Bremerhaven mit seinem zentralen Objekt, der „Bremer Kogge" von 1380 (siehe den Aufsatz von Ursula Warnke in diesem Band). Im Folgenden werden prominente Beispiele aus Schweden, England, Nordirland und der Türkei vorgestellt.

Die „Vasa"

Einen besonderen Platz unter den maritimen Museen nimmt das Vasamuseum in Stockholm ein – das am meisten besuchte Museum Skandinaviens.[2] Im Zentrum steht die „Vasa", ein schwedisches Kriegsschiff aus dem 17. Jahrhundert (Abb. 1). Sie galt bei ihrer Bergung 1961 als das älteste bis dahin entdeckte Schiff, dessen Identität sich einwandfrei bestimmen ließ.[3] Am 10. August

1: Seitenansicht der „Vasa" im Vasamuseum, um 2008

2: Die „Vasa" nach der Bergung im Trockendock, 1961

3: Die Ausstellung „Ansikte mot ansikte" („Von Angesicht zu Angesicht") gibt Auskunft über die Menschen, die beim Untergang der „Vasa" umkamen, 2011

1628 ging es auf der Jungfernfahrt im Hafen von Stockholm unter. Die „Vasa" hatte sich bei einer Windböe so stark zur Seite geneigt, dass die unteren Decks durch die offenen Kanonenpforten voll Wasser liefen. Die Ursache für das Kentern des Schiffs ist aus heutiger Sicht leicht zu erklären: Es war „toplastig"; zu viel Masse konzentrierte sich auf den oberen Decks.[4] Wie viele Menschen mitgefahren und wie viele ertrunken sind, ist nicht bekannt. Sie soll eine Besatzung von 133 Mann besessen und Platz für 300 Soldaten geboten haben.[5]

Der Wiederentdeckung des Schiffes durch den privaten Wrackforscher Anders Franzén im Jahr 1956 war eine Sensation. Da es zu diesem Zeitpunkt keine Erfahrung mit der Hebung eines 300 Jahre alten Schiffes in einem Stück gab, stellte die Bergung eine große Herausforderung dar. Anders Franzén, sein Cheftaucher Per Edvin Fälting und ein 60köpfiges Bergungsteam schafften es, Stahltrossen unter dem Wrack hindurch zu legen und diese an Pontons zu befestigen. Der Rumpf wurde durch das Auspumpen von Wasser aus den Pontons angehoben und in seichtere Gewässer geschleppt, bis es in nur noch 17 Metern Tiefe lag. 1961 wurde das Schiff schließlich ausgepumpt und auf eigenem Kiel ins Trockendock zur Konservierung und Restaurierung geschleppt (Abb. 2).

Die Bergung der „Vasa" war aus mehreren Gründen ein Meilenstein der Unterwasserarchäologie. Für spätere Funde wurden dabei wichtige Bergungstechniken entwickelt, auch die Konservierung hochkomplexer Holzkonstruktionen nahm hier ihren Anfang. Darüber hinaus hatten Wissenschaftler erstmals die Möglichkeit, komplette und detaillierte Konstruktionszeichnungen von Kriegsschiffen des 17. Jahrhunderts zu erstellen. Außer dem Schiff selbst wurden über 20.000 Kleinfunde geborgen, darunter Holzschnitzereien, Zimmermannswerkzeuge, Töpferwaren, Kleidungsstücke, Münzen und andere Alltagsgegenstände. In acht Ausstellungen präsentiert das Vasamuseum heute diese Funde (Abb. 3) und gewährt Einblicke in das Leben und die Sitten im 17. Jahrhundert, die damaligen Verhältnisse auf See und die Schiffbaukunst.[6]

Die „Mary Rose“

Zu den prominentesten Verlusten der Schifffahrtsgeschichte zählt auch die „Mary Rose“, das Flaggschiff des englischen Königs Heinrich VIII. Es sank im Juli 1545 vor der englischen Südküste bei Portsmouth im Gefecht gegen die französische Invasionsflotte. Die Mannschaft hatte wohl die Befehle des Vizeadmirals Sir George Carew missachtet, und als die Segel gesetzt waren, begann sich das Kriegsschiff – ähnlich wie die „Vasa“ – auf die Seite zu legen. Wasser drang durch die offenen Kanonenluken ein, und alles an Bord, was nicht befestigt war, rutschte von der aufragenden Seite. Das Schiff sank vor den Augen des Königs; von der 700 Mann starken Besatzung konnten nur wenige gerettet werden.[7]

Über 400 Jahre nach ihrem Untergang machte sich der Historiker Alexander McKee in Kooperation mit dem Britischen Unterwasserclub in Southsea auf die Suche nach der „Mary Rose“. Ab 1968 führte er Untersuchungen mit Sonargeräten durch. Mit Hilfe von Wasserdüsen und Baggern erforschten Taucher den Meeresboden und stießen 1971 auf Schiffsteile der „Mary Rose“.[8] Das Bergungsteam begann seine Ausgrabungen und plante, das Schiff zu heben. Um dieses Vorhaben zu finanzieren, gründeten sie 1979 den „Mary Rose Trust“, dem Charles, der Prince of Wales, als Präsident vorstand.[9] Mit einem speziell entwickelten Unterwasser-Heberahmen und einem Hebegerüst wurde das Schiff nach 13jähriger Taucharbeit unter Anteilnahme von 500 Medienvertretern aus aller Welt gehoben und in einer provisorischen Halle in Portsmouth untergebracht.[10]

Dort konnten Besucher das Wrack bei mildem Licht hinter dem Sprühnebel einer Lösung bewundern, die – wie bei der „Bremer Kogge“ – auf Polyethylenglykol (PEG) basierte. Der Fund der „Mary Rose“ war für die Unterwasserarchäologie ähnlich prägend wie die Entdeckung der „Vasa“. Von ihr existierten keine Pläne oder Baumodelle. Und doch war sie das erste englische Schlachtschiff mit Stückpforten und ganzen Batterien schwerer Belagerungsgeschütze. Damit markierte sie einen Wendepunkt der Entwicklung in einer Zeit großen technologischen Wandels. Die Bauart des Schiffsrumpfes und der Geschütze sowie die Kleidung, Ausrüstung, Bewaffnung und persönliche Habe der umgekommenen Besatzung vermittelten unschätzbare neue Erkenntnisse.[11]

Die Arbeiten für den Bau eines neuen Museums um das Wrack herum begannen 2009. Seit März 2013 werden die „Mary Rose“ und die mehr als 19.000 dazugehörigen Artefakte in einer gemeinsamen Ausstellung im Portsmouth Historic Dockyard präsentiert. Zuvor konnten nur 1.000 Artefakte in einem separaten Tudor-Museum gezeigt werden. Darüber hinaus sind moderne Laboratorien und Werkstätten in dem neuen Gebäude untergebracht, mit denen das Museum seine Position als internationales Exzellenz-Zentrum für Meeresarchäologie und Konservierung weiter ausbauen möchte.

Der Konservierungsprozess der „Mary Rose“ wird erst 2016 abgeschlossen sein.

4: Die Überreste der „Mary Rose" in der Trockenhalle, 2013

5: Außenansicht des „Mary Rose Museum" in Portsmouth, 2013

Zwar wurde der PEG-Sprühnebel im Herbst 2011 abgedreht, nun müssen aber noch die rund 100 Tonnen Wasser, die das wachsartige, stabilisierende PEG bis in die kleinsten Poren transportiert hat, aus dem Holz verschwinden. Bis dahin können die Besucher die „Mary Rose" nur durch die Fenster einer gigantischen Trockenkammer betrachten (Abb. 4). Dann aber sollen alle technischen und optischen Barrieren fallen.

Mit dem Entwurf des 35 Millionen Pfund teuren Museums für die „Mary Rose" wurde das Architektenbüro Wilkinson Eyre aus London beauftragt, das für avantgardistische Konstruktionen wie die Millennium Bridge in Newcastle upon Tyne bekannt ist. Das ovale Gebäude mit den umlaufenden Galerien umschließt die „Mary Rose" so, dass jeweils eine Galerie in Höhe eines der Schiffsdecks verläuft. Die Galerien bilden gleichzeitig die Ausstellungsfläche, auf der die Artefakte zur Schau gestellt werden, die dem jeweiligen Deck zuzuordnen sind (Abb.5).

Nach Vorstellung des Architekten und Unterwasserarchäologen Chris Brandon, der für die Ausstellungskonzeption verantwortlich war, soll dem Besucher ein Eindruck vermittelt werden, wie es auf den jeweiligen Decks zur Zeit des Untergangs ausgesehen hat. Dort wird sich der Besucher dann nicht nur in eine einzigartige Zeitkapsel der Tudorzeit begeben können, sondern auch dem Bootsmann der „Mary Rose" begegnen, dessen Gesicht anhand eines Schädelfundes in mühevoller Kleinarbeit rekonstruiert worden ist.[12]

Das Schiff von Uluburun

Ein weiteres Beispiel für die gelungene Präsentation von Schiffswracks und ihrer Beifunde ist das Museum für Unterwasserarchäologie im türkischen Bodrum. Das Herzstück der Ausstellung ist ein spätbronzezeitliches Handelsschiff, das vor gut 3.300 Jahren vor der Südwestküste der Türkei untergegangen ist. Es hatte zehn Tonnen Kupfer und eine Tonne Zinn geladen, darüber hinaus fanden sich alle wichtigen Rohstoffe der Bronzezeit wie Glas, Pistazienharz, Gold, Silber, Elfenbein, Bernstein, Straußeneier, afrikanisches Ebenholz sowie Keramik, Waffen und weitere Güter. Wahrscheinlich kam das Schiff von Osten (vielleicht aus Ugarit) und wollte weiter nach Westen, möglicherweise zu einem mykenischen Palast in der Ägäis. Doch bevor

6: Das Museum für Unterwasserarchäologie ist im St.-Peter-Kastell zu Bodrum untergebracht, 2013

7: Präsentation der Ladung des antiken Schiffswracks von Uluburun, 2010

es sein Ziel erreichen konnte, sank es vor der Felsenküste von Uluburun (Abb.6). Für viele Wissenschaftler gehört das Wrack zu den wichtigsten archäologischen Entdeckungen des 20. Jahrhunderts.[13]

Reste des Schiffs und große Teile seiner Ladung wurden in den Jahren 1984 bis 1994 vom Institut für Wasserarchäologie der Texas A&M University und des Museums für Unterwasserarchäologie in Bodrum geborgen. Das Team der Unterwasserarchäologen George Bass und Cemal Pulak benötigte 22.500 Tauchgänge, um die in 40 und 60 Meter tief liegenden Funde zu verzeichnen und zu bergen. Nur so war die Rekonstruktion des 15 Meter langen Schiffes möglich. Es war das erste Mal, dass Wissenschaftler eine solche Vielfalt an Gegenständen aus einem prähistorischen Wrack bergen konnten.

Das Ziel des Museums in Bodrum ist es, die Wirtschaft und den Handel der späten Bronzezeit zu erforschen und zu präsentieren. Dies wird in drei Teilbereichen umgesetzt. In der ersten Abteilung ist eine nahezu vollständige Rekonstruktion des Schiffes und der gesamten Ladung zu sehen. Die zweite Abteilung präsentiert das Wrack und dessen Fundsituation. In der dritten Abteilung werden die wichtigsten Kulturen der zwei vorchristlichen Jahrtausende, wie die Hethiter, Ägypter, Mykener und Assyrer, vorgestellt sowie die Gewinnung und der Handel mit Rohstoffen anhand von Originalfunden aus dem Wrack erläutert. Ausgewählte Themen werden mit Inszenierungen oder kleinen Modellen erläutert, die das Gießen von Metall oder sogar das Biertrinken an Bord verdeutlichen.[14] Die Schiffsladung bezeugt, dass die Globalisierung des Handels schon in der Bronzezeit einsetzte, wobei der östliche Mittelmeerraum im Mittelpunkt stand (Abb. 7).

Die „Titanic"

Ein ungewöhnliches und sehr publikumswirksames Museum zum berühmtesten Schiffswrack der Welt öffnete erst vor zwei Jahren seine Pforten: das „Titanic Belfast". Das 116 Millionen Euro teure Ausstellungsgebäude wurde direkt am ehemaligen Bauplatz der „Titanic" errichtet. Das gläserne Bauwerk ähnelt von oben betrachtet dem Logo der Reederei „White Star Line", der die „Titanic" gehörte. Seine vier Sternzacken ragen ebenso hoch in den Himmel wie einst der Bug des

8: Außenansicht des „Titanic Belfast", 2014

9: Eingangshalle des „Titanic Belfast", 2013

10: Rekonstruktion einer Kabine der 3. Klasse, 2013

Rekordschiffs. 3.000 Paneele aus Aluminium reflektieren das Licht der Wasserbecken am Fuße des Gebäudes (Abb. 8).

Die Ausstellungsmacher des „Titanic Belfast" setzen auf aufwändig interaktive Installationen. In neun Galerien beleuchten sie auf 11.000 Quadratmetern Fläche die Geschichte der „Titanic", beginnend mit den gesellschaftlichen und wirtschaftlichen Verhältnisse in der damaligen viktorianischen „Boomtown Belfast" über den Bau und die Ausstattung des Liniendampfers bis hin zur Katastrophe und den darum gesponnenen Legenden. Das Konzept möchte alle Sinne ansprechen (Abb. 9).

Eine „3D-Höhle" ermöglicht einen virtuellen Spaziergang durch den Maschinenraum, entlang der Korridore und auf die Brücke. Bei einer Fahrt im Käfigaufzug erfahren die „Titanic"-Fans am eigenen Leibe, wie hoch das Baugerüst war (Abb. 10).[15]

Bis zu 400.000 Besucher jährlich soll „Titanic Belfast" anlocken. Das Haus versteht sich als Erlebnispark auf höchstem Niveau. Wer jedoch originale Fundstücke besichtigen möchte, muss die „Titanic"-Präsentation des in der Nachbarstadt Cultra gelegenen, 1967 gegründeten „Ulster Folk and Transport Museum" besuchen. Immerhin thematisiert „Titanic Belfast" auch den problematischen Umgang mit dem spektakulären Wrack. In einem „Ocean Exploration Centre" können die Besucher virtuelle Tauchfahrten unternehmen (Abb. 11). Es wurde in enger Zusammenarbeit mit Robert D. Ballard eingerichtet, der das Wrack 1985 wiederfand. Ballard entwickelte diese Tour, um die „Titanic" vor Unterwassertourismus und Schatzjägern zu bewahren. Den 2012 gefeierten 100. Jahrestag des Untergangs der „Titanic" versuchte er zu nutzen, um auf ein internationales Abkommen hinzuwirken, das Fahrten kommerziell betriebener U-Boote zum Wrack unterbindet. Denn, so argumentiert Ballard, wenn nicht einmal die „Titanic" zu schützen sei, könne man gar kein Wrack mehr schützen.[16]

„Was der Titanic passierte, war eine Katastrophe", sagt Tim Husbands, Geschäftsführer des Museumsprojekts „Titanic Belfast", „doch die Titanic selbst war keine Katastrophe. Ihre Handwerkskunst war ein Symbol der Industrie in dieser Zeit. Ein Symbol des Ehrgeizes, ein Symbol der Hoffnung. Und wir erzeugen nun genau diese Gefühle."[17] Mit dieser Aussage weist er darauf hin, dass „Titanic Belfast“ nicht nur in die Vergangenheit blicken, sondern als Flaggschiff für ein neues Stadtviertel dienen möchte, das sich mit Büros, Apartmentblocks und Freizeiteinrichtungen als eines der größten Stadtentwicklungsprojekte Europas anpreist. 35.000 Menschen sollen dauerhaft ins „Titanic Quarter“ ziehen.

11: Im „Ocean Exploration Centre“ gehen die Besucher auf Tauchgang, 2014

Fazit

An den vier vorgestellten Beispielen wird deutlich, wie unterschiedlich die Vermittlungsformen, Leitbilder und Forschungsschwerpunkte maritimer Museen ausgerichtet sind. Einige Häuser stellen das Objekt in den Mittelpunkt und treiben die Erforschung von Bergungs- und Konservierungstechniken voran. Andere legen den Fokus auf eine gefühlsbetonte und spektakuläre Präsentation von Geschichte(n). Beide Ansätze sind geeignet, Besucher langfristig für die Unterwasserarchäologie zu begeistern. Eine nachhaltige Würdigung des Kulturerbes unter Wasser setzt allerdings das unspektakuläre und kostspielige Engagement für den Erhalt der originalen Zeugnisse voraus, den privat finanzierte Institutionen nicht erbringen können.

---

1 Der Text der Konvention in: www.unesco.org/en/underwater-cultural-heritage (abgerufen am 31.07.2014); vgl. Guérin 2014.

2 http://www.vasamuseet.se/sv/sprak/Deutsch/ (abgerufen am 28.08.2014).

3 Ohrelius 1964, S. 59.

4 Schutz für das Erbe der Seefahrer, in: Berliner Zeitung, 09.04.2002.

5 Ohrelius 1964, S. 28.

6 Schwerdt 2012, S. 111f.

7 McKee 1983, S. 9f.

8 http://www.maryrose.org/discover-our-collection/story-of-the-ship/raising-the-mary-rose/#The Search: 1965 – 1970-link (abgerufen am 28.08.2014).

9 McKee 1983, S. 149.

10 Ebd., S. 179.

11 Ebd., S. 51.

12 Schwerdt 2012, S. 84

13 Yalçin 2005, S. 19.

14 Ebd., S. 22f.

15 http://www.spiegel.de/forum/reise/titanic-ausstellung-nordirland-sie-war-ordnung-als-sie-belfast-verliess-thread-57304-2.html (abgerufen am 27.08.2014).

16 http://www.faz.net/aktuell/feuilleton/titanic-museum-der-eisberg-von-belfast-11702900.html (abgerufen am 27.08.2014).

17 http://www.n-tv.de/reise/Titanic-Museum-auf-Werft-oeffnet-article5826826.html (abgerufen am 27.08.2014).

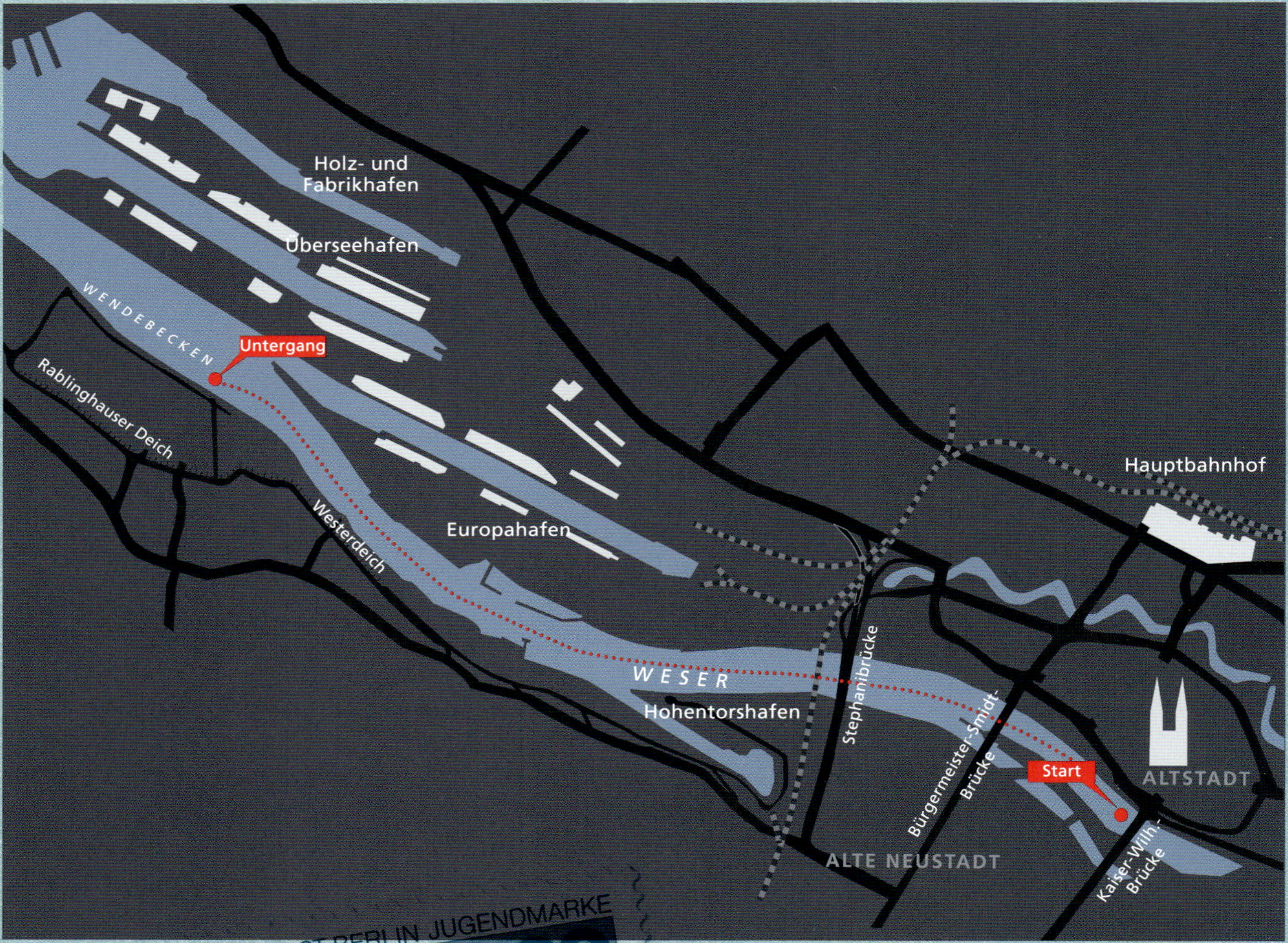
Holz- und
Fabrikhafen
Überseehafen
WENDEBECKEN
Untergang
Rablinghauser Deich
Westerdeich
Europahafen
Hauptbahnhof
WESER
Hohentorshafen
Stephanibrücke
Bürgermeister-Smidt-
Brücke
Start
ALTSTADT
ALTE NEUSTADT
Kaiser-Wilh.-
Brücke

DEUTSCHE BUNDESPOST BERLIN JUGENDMARKE
30
+15
»BREMER KOGGE« HANSISCHES GROSS-SCHIFF (1380)
1977

Die „Bremer Kogge"

Fund, Bergung, Wiederaufbau, Konservierung und museale Präsentation

Ursula Warnke

Die 1962 entdeckte „Bremer Kogge" hat Schifffahrtsgeschichte geschrieben und die Unterwasserarchäologie erheblich vorangebracht. In einem Zeitraum, der mehrere Jahrzehnte umfasste, waren immer neue Aufgaben zu bewältigen: Zunächst mussten die Methoden der Bergung und der Untersuchung eines solchen Schiffsfundes ganz neu entwickelt und erprobt werden. Auch der Aufbau, der zehn Jahre nach der Entdeckung begann, die anschließende Konservierung und die schließlich 2000 erfolgte Präsentation im Deutschen Schifffahrtsmuseum (DSM) in Bremerhaven hatten experimentellen Charakter. Diese Pionierleistungen waren beispielgebend für viele nachfolgende Projekte im In- und Ausland.

Ein komplizierter Bergungsverlauf

Die Bergung der „Bremer Kogge" vollzog sich nicht in einer oder mehreren geplanten Ausgrabungskampagnen, wie vielleicht anzunehmen wäre. Vielmehr muss man – nach dem heute in der Archäologie üblichen Sprachgebrauch – von insgesamt zwei Notbergungen, einer wissenschaftlichen Ausgrabung und einer Baustellenbeobachtung sprechen. Die Entdeckung und die beiden nachfolgenden Notbergungen erfolgten in den Jahren 1962 und 1963, die wissenschaftliche Ausgrabung – eine Unterwassergrabung in einer Taucherglocke – im Sommer 1965. Die Bestätigung, dass tatsächlich alle Teile des Schiffswracks gefunden worden waren, lieferte die Baustellenbeobachtung im Spätherbst 1965, als man die Weser weiter abtiefte.

Die Bergung stellte eine enorme Herausforderung dar, da der nahezu vollständige Schiffskörper – ein besonders großer und schwerer Fund – mitten in einem Flussbett mit starker Strömung lag. Der Wasserstand der Weser ist an dieser Stelle noch erheblich von den Gezeiten beeinflusst. Nur stundenweise, zwischen Ebbe und Flut, waren die Wrackteile zugänglich. Die Ausgräber Siegfried Fliedner und Rosemarie Pohl-Weber konnten nicht auf Erfahrungen bei der Bergung eines solchen Schiffes zurückgreifen, da sich die Unter-

1: Fundsituation des Wracks, Oktober 1962

wasserarchäologie in Deutschland als eigene Disziplin erst mit diesem Fund herauszubilden begann.

Die Entdeckung des Wracks (1962)

Am 9. Oktober 1962 wurde Siegfried Fliedner, der damalige Leiter der Abteilungen „Schifffahrt" und „Mittelalter" im Bremer Focke-Museum, vom Hafenbauamt telefonisch zu einer Baustelle gerufen, um ein Schiffswrack zu besichtigen. Es war bei Baggerarbeiten zur Erweiterung und Vertiefung der Weser im Bremer Europahafen zum Vorschein gekommen und lag im Arbeitsbereich des Schneidkopfsaugbaggers „Arlesienne", der das Flussbett auf minus 5,50 m NN abtiefte. Die Erdmassen, die das Wrack bedeckt hatten, waren abgerutscht und hatten es auf seiner Backbordseite teilweise freigelegt. Das Wrack lag genau im Abhang des Rablinghausener Grodens – einer Landzunge, die weit in die Weser hineinragte. Der Baggerführer verständigte sofort die Hafenbehörden, die die Einstellung der Arbeiten anordneten. Nur deshalb konnte der Fund überhaupt geborgen und der Nachwelt erhalten werden. Der Weserpegel sank an diesem Tag glücklicherweise auf einen extrem niedrigen Stand, was einen guten Blick auf das Wrack erlaubte. Die bei dieser Gelegenheit aufgenommenen Fotografien (Abb. 1) zeigen das Schiff nahezu im ursprünglichen Bauverbund, der sich allerdings zusehends auflöste, da er nun nicht mehr durch Sand gestützt wurde.[1]

Fliedner fiel sofort die Ähnlichkeit des Wracks mit Kogge-Siegeln des 13. und 14. Jahrhunderts auf. Siegel von Hansestädten zeigen häufig Koggen, allerdings stark stilisiert und – der runden Stempelform folgend – meist verkürzt und immer nur in der Seitenansicht. Bereits wenige Tage später, am 16. Oktober 1962, bestätigte der Historiker Paul Heinsius in einem Gutachten, dass die von ihm für den Schiffstyp „Kogge" herausgearbeiteten schiffbaulichen Merkmale auf den Fund in der Weser zutrafen.[2] Diesen datierte er – wie sich später erweisen sollte, ebenfalls richtig – auf das Ende des 14. Jahrhunderts. Aus seiner Kenntnis der schriftlichen und bildlichen Quellen folgerte er, dass er hier erstmals ein Schiff der Hanse im Original vor sich hatte.[3]

Die erste Notbergung (1962)

Das Hafenbauamt ließ sich am 9. Oktober 1962 überzeugen, die Bauarbeiten zunächst ruhen zu lassen. Bis in die Nacht hinein wurden die noch drei bis vier Meter hoch über dem Wrack anstehenden Sand- und Kleischichten mit einer Planierraupe abgetragen, um den Druck zu mindern und ein unkontrolliertes Abrutschen der Sandmassen auf den instabilen Schiffsrumpf zu verhindern. Das weitere Freibaggern hatte, wie sich am nächsten Tag

2: Nummerierung der Einzelteile des Fundes, 1963

zeigte, den Nachteil, dass die Gezeitenwellen das Wrack besonders in seinem Inneren weiter freispülten. Der Verbund löste sich zunehmend auf, was durch das starke Eigengewicht des völlig wassergesättigten Holzes noch beschleunigt wurde. Deshalb mussten in kürzester Zeit große Partien der Backbordwand mit den Planken und Spanten geborgen werden. Der Achtersteven war bereits in der zweiten Nacht nach dem Fund verloren gegangen und konnte mit anderen verschütteten Heckteilen erst sehr viel später geborgen werden.

Die Schiffshölzer waren nur noch scheinbar im Verbund, die Holzdübel und korrodierten Eisennägel konnten mit der Hand herausgenommen werden. Schon früh zeigte sich, dass das Schiff nur in Einzelteilen und nicht als Ganzes zu bergen war. Die Errichtung einer Spundwand zur Schaffung einer trocken gelegten Arbeitsfläche rund um das Wrack, wie bei den Wikingerschiffen im Roskildefjord, wurde erwogen, dann aber aus Zeit- und Geldmangel verworfen. Der bevorstehende Winter hätte es erfordert, den gesamten von der Spundwand umgebenen Fundkomplex permanent frostfrei und dazu die Holzreste ständig nass zu halten, um Schäden an der Substanz zu vermeiden. Die Kosten allein für

3: Helmtaucher bei der Bergung von Wrackteilen, 1963

diese Spundwand hätten sich auf eine Million DM belaufen – diese Summe war trotz aller Bemühungen nicht aufzutreiben.[4]

Stattdessen musste das Wrack also direkt aus dem fließenden Gewässer geborgen werden. Die oberflächennahen, sichtbaren Teile konnten bei Niedrigwasser vermessen, nummeriert und stückweise in Sicherheit gebracht werden (Abb. 2). Der größte Teil lag jedoch unter Wasser und musste von einem Taucher mit Unterstützung eines Saugbaggers geborgen werden (Abb. 3). Eine archäologische Dokumentation – durch Vermessung, Zeichnung, Fotografie – des „Befundes" direkt vor Ort war nicht möglich, da der Taucher nichts sehen konnte (Abb. 4). Aus diesem Grund wurde jede Planke erst an Bord des Bergungspontons in vorläufige Rekonstruktionszeichnungen eingetragen. So entstand dann nachträglich die Dokumentation der Einzelteile, die eine wichtige Grundlage für den Wiederaufbau bilden sollte.

Die auf zwei Pontons stationierte Bergungsleitung gab den Tauchern über eine Unterwassersprechanlage Hilfen, Informationen

4: Helmtaucher bei der Bergung von Wrackteilen, 1963

und Anweisungen. Im Gegenzug versuchte sie sich aufgrund der Angaben der Taucher ein möglichst genaues Bild der Situation unter Wasser zu verschaffen. Nur herabgelassene Grundgewichte mit Grundleinen boten Orientierung in der völligen Dunkelheit. Der den Fund umgebende Boden konnte auf diese Weise kaum untersucht werden. Hauptsächlich wurden Schiffsteile geborgen; zusätzlich wurde die Oberfläche des Flussbettes nach Kulturresten und Einschlüssen abgetastet. Der Schwemmsand im Schiffsrumpf blieb durch die Strömung ständig in Bewegung, was die Untersuchung in diesem Bereich besonders schwierig gestaltete. Der feste Klei konnte hingegen, stückweise abgeschnitten, an Bord der Bergungspontons untersucht werden.

Die Bergung erfolgte abschnittsweise. Zuerst wurde ein Bereich des Schiffes freigelegt, entweder direkt durch den Taucher, der eine von Bord aus betriebene Motorpumpe benutzte, oder indirekt durch vorsichtig gesteuerte Baggertätigkeit von etwas abseits gelegenen „Hopper-Saugern“. Danach musste die jeweilige Fundsituation, der „Befund“ – wie die Anordnung, die Art und die Funktion der betreffenden Bauteile – geklärt werden, um eine Grundlage für die zeichnerische Konstruktion des Schiffskörpers zu liefern. Erst danach, und unter ständiger Rückkopplung mit der Bergungsleitung, durfte der Taucher die entsprechenden Schiffsteile vorsichtig lösen und an Bord des Bergungspontons bringen. Schließlich erfolgte der Transport in eine von der Hafenbauverwaltung zur Verfügung gestellte Halle des Bremer Industriehafens. Dort wurden die Einzelteile gegen Pilzbefall behandelt, gegen Austrocknung in Plastikfolie vakuumverpackt und eingelagert.

Zum Ende des ersten Bergungsabschnitts wurde dann am 13. Dezember 1962 doch noch der Versuch unternommen, wenigstens den Rest eines stabilen Schiffsverbandes – einen Teil der noch mit dem Kiel verbundenen Steuerbordwand – unter Nutzung des Auftriebs mit einem großen Schwimmkran im Ganzen zu heben. Dies misslang allerdings, da das Baugefüge insgesamt zu instabil war. Lediglich der Kiel, das Kielschwein (in das der Mast eingelassen wird), einige Bodenwrangen und Planken kamen in mehr oder weniger gelockertem und gestörtem Verbund an die Oberfläche.[5]

Sehr schnell war klar, dass die Arbeiten im Jahr 1962 nicht mehr zu einem vorläufigen Abschluss gebracht werden konnten. Daher wurden parallel zur Bergung Maßnahmen ergriffen, das Wrack zu sichern, um im folgenden Jahr, bei günstigeren Witterungsverhältnissen, weitergraben zu können. Die stromabwärts gelegene Seite wurde durch hölzerne Einbauten gesichert. Dazu wurden mächtige Rundhölzer in den Boden gerammt, die mit Querriegeln untereinander verbunden waren. Auf der anderen Seite musste hingegen die gesamte inzwischen durchbrochene und verinselte Landzunge abgebaggert werden, so dass die Fundstelle eine Insel bildete, die selbst bei Ebbe kaum aus dem Wasser ragte. Kurz vor Weihnachten 1962 war der Fund so weit geborgen, dass der einsetzende Eisgang keinen Schaden mehr anrichten konnte.

Die zweite Notbergung (1963)

Im Sommer 1963 folgte unter Fliedners Leitung die zweite, wesentlich kürzere Bergungsaktion. Wieder kamen Taucher zum Einsatz. Dabei wurde deutlich, dass man mit dieser Methode an Grenzen stieß und sich die Weser zumindest mit der Technik der frühen 1960er Jahre nicht für unterwasserarchäologische Untersuchungen eignete.[6]

Es musste eine Methode gefunden werden, den Boden der Fundstelle systematisch zu untersuchen. Dabei sollte das Hauptaugenmerk auf der Bergung weiterer zum Wrack gehöriger Schiffshölzer liegen. Als erster „Kogge"-Fund der Welt stellte das Objekt einen so hohen Wert dar, dass die vollständige Bergung, der Wiederaufbau und die Präsentation bereits früh die Richtschnur allen Handelns bildeten.

Die Grabungskampagne mit der „Carl Straat" (1965)

Als geplanter Abschluss der Notbergungen von 1962 und 1963 gelang es im Sommer 1965 unter der Leitung von Rosemarie Pohl-Weber, in einem vierwöchigen Einsatz mit dem Taucherglockenschiff „Carl Straat" eine Fläche von 35 x 40 m (= 1.400 qm) Wesergrund an der Fundstelle systematisch zu untersuchen. Auch diese Kampagne stand unter Zeitdruck, da die Weser weiter vertieft werden sollte, was die restlose Zerstörung dieses Ortes bedeutete. Der Senator für Häfen, Schifffahrt und Verkehr und der Hafenoberbaudirektor hatten sich allerdings bewegen lassen, diese Arbeiten in den Herbst hinein zu verschieben.

Die erst 1963 bei der Wasser- und Schifffahrtsdirektion Duisburg in Dienst gestellte „Carl Straat" (Abb. 5) war das einzige Spezialfahrzeug, das die erforderliche Tiefe von bis zu zehn Metern erreichte, aber nur 1,60 m Tiefgang hatte. Das flachbodige Binnenschiff war so konstruiert, dass es eine achtern angebrachte Taucherglocke mit einem Gewicht von 110 Tonnen auf die Stromsohle absenken konnte. Durch künstlich erzeugten Luftüberdruck wurde das Wasser verdrängt, und eine Fläche von 4 x 6 m war für die archäologische Untersuchung wasserfrei. Für den Einsatz auf der Weser musste das Arbeitsschiff allerdings zunächst vom Rhein aus über See verschleppt werden, wozu es günstiger Witterungsverhältnisse auf der Nordsee (maximale Windstärken von 3 bis 4) bedurfte, da es durch seine Aufbauten besonders toplastig war. Dies ist in der Regel zwischen Mai und Juli der Fall. In

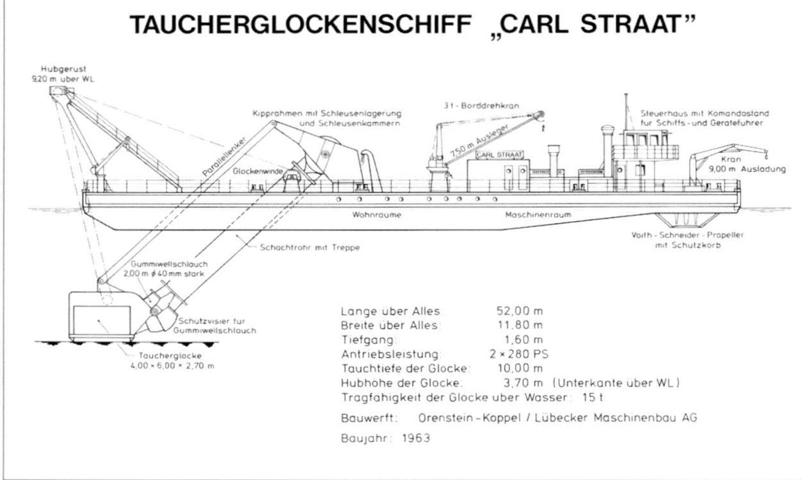

5: Skizze des Taucherglockenschiffs „Carl Straat"

diesem Zeitraum musste das Schiff zur Fundstelle gebracht, dort eingesetzt und wieder zurückgeschleppt werden.

Nachdem die Untersuchungsmethode mit dem Taucherglockenschiff durchdacht und festgelegt worden war, bewilligte die Volkswagenstiftung einen Finanzierungsantrag. Nur so konnte eine wissenschaftlichen Ansprüchen genügende Untersuchung durchgeführt werden. Das Ziel der Ausgrabungskampagne war es, möglichst alle Schiffsteile zu bergen, damit der Fund so vollständig wie möglich wieder aufgebaut werden konnte. Ab März 1965 standen die Mittel zur Verfügung.[7]

Um die Arbeiten in dem engen Zeitfenster von maximal vier Wochen erfolgreich durchführen zu können, war eine gründliche Vorbereitung und Planung erforderlich. Tiefenpeilungen des Vermessungsschiffs „Süd" ergaben, dass sich am Fundort seit 1962/63 erhebliche Schlickmengen – von bis zu zwei Metern – abgelagert hatten, die zuerst entfernt werden mussten. Mit dieser zusätzlichen Erschwernis hatte niemand gerechnet. Für den Einsatz wurde der einzig geeignete und verfügbare Saugbagger „Saale" genutzt. Am 5. Juni 1965 traf die „Carl Straat" am Fundort ein. Dort waren bereits alle nötigen Vorarbeiten erfolgt. Am nächsten Tag konnte dann mit der Untersuchung des Wesergrundes begonnen werden.[8]

Die Vermessung und die Methodik der Ausgrabung (1965)

Eine archäologische Ausgrabung hat u.a. das Ziel, jeden Fund in seiner genauen Lage horizontal wie auch vertikal (in seiner Tiefe) zu bestimmen. Alles muss genau dokumentiert werden, da durch die Ausgrabung die Umgebung des Fundes, der „Befund", zwangsläufig vernichtet wird. Höher gelegene Schichten müssen abgetragen und damit zerstört werden, um darunter liegende zu erreichen. Deshalb ist die genaue Dokumentation – zeichnerisch, fotografisch und vermessungstechnisch – das Hauptanliegen einer jeden Ausgrabung. Die Fundbergung erfolgt erst ganz zum Schluss, wenn alle Daten aufgenommen sind. Die Arbeit der Archäologen ist am ehesten mit der Arbeit der Spurensicherung bei der Kriminalpolizei zu vergleichen, da nur aus dem „Befund", das sind alle Spuren am „Tatort", auf den „Tathergang" geschlossen werden kann.

Die Uferböschung wurde auf ganzer Länge des Grabungsareals vermessen und die Messpunkte mit einer doppelten Reihe von Fluchtstangen markiert, um die späteren Einmessungen der jeweiligen Positionen der Taucherglocke zu beschleunigen. Ein im

Maßstab 1:100 angefertigter Übersichtsplan diente als Grundlage der Dokumentation der Glockenpositionen. Dort war als Koordinatensystem die Oberkante der Uferböschung mit dem durch Fluchtstangen gekennzeichneten Messsystem verzeichnet. Im Inneren der Taucherglocke befand sich ebenfalls eine Messskala, um die Funde, die in der Glocke gemacht wurden, einzumessen und in das Gesamtmessnetz einzutragen.

Die Bestimmung der Position der Taucherglocke erfolgte effektiv und pragmatisch. Eine über die Wasserlinie ragende Peilstange auf der Taucherglocke wurde vom Ufer über jeweils zwei Fluchtstangen angepeilt, das Ergebnis dort auf eine Tafel geschrieben, die dann mit Hilfe eines Fernglases an Bord der „Carl Straat" abgelesen und in das Messbuch eingetragen werden konnte. Für die Übertragung in den Übersichtsplan musste die Position der Peilstange auf der Glocke noch mit ihrem Mittelpunkt zur Deckung gebracht werden, da die Stange 1,80 m hoch am Außenrand der Glocke angebracht war. Die Tiefe der Glocke konnte an der Peilstange ebenfalls abgelesen werden. Um absolute Messwerte für die Tiefenlage der Glocke, bezogen auf SKN (Seekartennull = -1,25 m NN) zu erhalten, musste der durch Ebbe und Flut ständig schwankende Wasserstand berücksichtigt werden. Dieser konnte an der Pegeluhr des gegenüberliegenden Europahafens abgelesen werden. Auch diese Werte waren noch umzurechnen, da nicht der Fußpunkt der Glockenpeilstange (= Oberkante Glocke), sondern der Rost im Inneren der Glocke (50 cm oberhalb ihrer Unterkante) der Ausgangspunkt für die Bestimmung der Tiefe der Funde war.

Das Schiff wurde mit Hilfe von sechs Ankerseilwinden so gefahren, dass es mit seiner gesamten Länge stets parallel zur Uferböschung lag. Die Taucherglocke mit ihrer quer zum Schiff verlaufenden Längsachse befand sich zur Oberkante der Uferböschung stets in einem Winkel von 90 Grad.

Durch das Überschneiden von Glockenpositionen konnte eine kontrollierte, schnelle und kontinuierliche Untersuchung des Flussbettes erfolgen. Die Kommunikation vom Inneren der Glocke ins Schiff erfolgte mittels Telefon. Sobald eine Fläche „durchforscht" war, wurde diese abgetragen, um dann die darunter liegende Fläche erfassen zu können. Diese Schichten hatten z.T. eine Mächtigkeit von bis zu fünf Metern. Bei einer Grabungsfläche von 1.400 qm mussten also erhebliche Bodenmengen untersucht und bewegt werden. Der Abraum wurde mit dem Saugbagger durch ein Sieb, in großem Abstand von der Grabungsfläche, zurück in die Weser beförderte.

Die Bodenschichten an der Fundstelle (1965)

Das Entfernen der seit 1963 aufgeschwemmten Schlickschichten durch den Saugbagger (z.T. in Nachtschichten) und der Einsatz des Taucherglockenschiffs mussten sehr präzise aufeinander abgestimmt werden.

Die unter dem alten Schlick anstehenden Sandschichten, die gelegentlich von dünnen Kiesschichten durchzogen waren, konnten jeweils 80 bis 100 cm tief durchgegraben

6: Rosemarie Pohl-Weber in der Taucherglocke bei der Suche nach Metallteilen mit einem Minensuchgerät, 1965

7: Bergung von großen Hölzern in der Taucherglocke mit Hilfe eines Flaschenzugs, 1965

werden. Noch tiefer gelegene Bereiche wurden mit langen Eisenstangen sondiert, um weitere Schiffsteile aufspüren zu können. Der permanente Einsatz eines Minensuchgeräts brachte Eisenteile bis in einer Tiefe von einem Meter zutage. Auf diese Weise fanden sich Kalfatklammern und kleinere Eisenteile, die sonst möglicherweise übersehen worden wären (Abb. 6).

Im engeren Fundbereich des Wracks stand altabgelagerter Schlick unmittelbar über Fließsand mit eiszeitlichem Geschiebe an. Diese als „toter Schlick" bezeichnete Fundschicht erwies sich als besonders fundreich.[9] Sie hatte sich in der Zeit „vor 1380" über dem anstehenden Boden gebildet. Diese Schicht, das damalige Flussbett, bildete den Untergrund, auf den die Kogge sank. Hölzer, die Spuren der darüber liegenden fundarmen Sand- und Kleischichten aufwiesen, müssen sich im Laufe der Zeit nachträglich aus dem Verband gelöst haben. Fehlten diese Erdreste, mussten diese Hölzer schon früh in den Schlick gefallen sein, bevor Sand und Klei das Schiff bedeckten. Das Wrack selbst war bei seiner Entdeckung von Ortstein umgeben, der es gut vor äußeren Einwirkungen schützte.

Die Arbeit in der Taucherglocke (1965)

Die Untersuchung in der Taucherglocke der „Carl Straat" dauerte vom 5. Juni bis zum 2. Juli 1965. Dabei ruhte nur an einem Wochenende die Arbeit, um das enge Zeitfenster, in dem das Taucherglockenschiff eingesetzt werden konnte, vollständig auszunutzen. Die Fläche wurde in 23 Arbeitstagen vollständig untersucht. Dabei wurde die Glocke insgesamt 275mal angesetzt; pro Tag wurden elf bis zwölf Positionen abgearbeitet bzw. ausgegraben. Das waren im Schnitt acht bis neun Stunden anstrengendste Arbeit in der Taucherglocke. Dieses gewaltige Arbeitspensum zu realisieren, war nur möglich, weil das Versetzen der Glocke schnell und meist unter Wasser vor sich ging. Es gab allerdings auch Tage, an denen die Ausgräber mehrere Stunden für die Untersuchung von zwei oder drei Positionen benötigten.

In der Glocke konnten insgesamt mehrere Hundert Einzelstücke ergraben werden; diese große Zahl ergibt sich aus der teilweise starken Fragmentierung des Fundmaterials. Aus dieser Grabungskampagne stammen Bretter und Stützen des Achterkastells, Unterzugsbalken,

Spanten- und Plankenteile der Außen- und Innenbeplankung, die Schiffszimmermannswerkzeuge, eine Ruderöse sowie verschiedenartige Juffern und Maststücke.

Alle Funde wurden genau eingemessen, noch in der Taucherglocke nummeriert, registriert und in Plastikhüllen verpackt. Größere Teile, die nur teilweise freigelegt werden konnten, mussten mit Hilfe von Kettenzügen in der Glocke aus dem Boden gezogen werden (Abb. 7). Passten solche großen Stücke nicht durch den Verbindungsschacht zum Schiff, wurden sie mitsamt der Glocke aus dem Wasser gehoben, dann auf einer Barkasse abgeladen und an Bord gebracht. Diese Teile wurden an Deck sofort gereinigt, fotografiert, vermessen, in Plastikhüllen verpackt und dann in einem wassergefüllten separaten Boot zwischengelagert. War dieses voll beladen, folgte der Transport mit einer Barkasse zu der Halle im Industriehafen, in der auch die Hölzer aus den Notbergungen von 1962 und 1963 lagerten.

Die Baustellenbeobachtung (1965)

Als dann im Spätherbst 1965 die vorgesehene Vertiefung des Flussbettes auf minus 10 m NN durchgeführt wurde, erhielten die verantwortlichen Wissenschaftler Pohl-Weber und Fliedner die Möglichkeit, die Arbeiten baubegleitend zu beobachten. Die Vertiefung des Flussbetts erfolgte mit einem Schneidkopfsaugbagger, der „Wiking". Zur Freude der Ausgräber kamen aber keine Schiffshölzer mehr zu Tage.

Erkenntnisse über den Verlust der Kogge

In der Rekonstruktion zeigte sich bereits während der Ausgrabung, dass es sich ursprünglich um ein Schiff beachtlicher Größe mit nur einem Mast handelte. Unter dem Deck des Achterkastells befanden sich zwei Kammern.

Der fehlende Teeranstrich an der Außenwand legt nahe, dass das Schiff noch nicht fertiggestellt war, als es sich – möglicherweise bei einer Sturmflut – losgerissen hat, die Weser stromabwärts getrieben und dann gesunken ist. Das Fundmaterial, wie das Handwerkszeug von Schiffszimmerleuten sowie zahlreiche noch unbenutzte Nägel und Holzdübel, unterstreicht diese Annahme. Da Ballaststeine fehlten, kann davon ausgegangen werden, dass das Schiff noch nicht zu Wasser gelassen und in der Nähe des Fundortes in Bremen gebaut worden war.

Das herrenlose Schiff ist wahrscheinlich relativ schnell gesunken, und zwar ohne Augenzeugen. Es muss innerhalb kürzester Zeit unter die Wasseroberfläche geraten sein, da sonst sicherlich Bergungsaktivitäten stattgefunden hätten. Nach dem Sinken scheint es weder sichtbar noch erreichbar gewesen zu sein, denn Schiffsholz war im Mittelalter ein begehrter Rohstoff, der sicher nach kurzer Zeit geborgen worden wäre.[10]

Der Wiederaufbau im Deutschen Schifffahrtsmuseum (1972–1979)

Bereits bei der Entdeckung 1962 stand für alle Beteiligten fest, dass der in Einzelteilen geborgene Fund wieder aufgebaut und der

8: Werner Lahn und seine Helfer beim Ausbreiten der Einzelteile in Bremerhaven, 1973

Nachwelt erhalten werden sollte. Dies war die Vorgabe für alle Bergungs- und Grabungskampagnen. Da die Hölzer vor Austrocknung zu bewahren waren, mussten sie sofort verpackt und unter Wasser eingelagert werden. Damit waren sie für eine wissenschaftliche Untersuchung nicht mehr zugänglich. Erst der Wiederaufbau bot die Möglichkeit, alle Einzelteile in ihrer Gesamtheit zu sichten, zu dokumentieren und auszuwerten.

Im Jahr 1968 beschlossen der Bremer Senat, die Bürgerschaft und die Deputation für Kunst und Wissenschaft den Wiederaufbau des Schiffswracks und die Gründung eines „Hauses der Kogge" in Bremen. Die wissenschaftliche Arbeit wurde über die Deutsche Forschungsgemeinschaft (DFG) unter Beteiligung der Volkswagenstiftung finanziert. Als dann 1969 die Gründung einer „Stiftung Deutsches Schiffahrtsmuseum" in Angriff genommen wurde, entschlossen sich der Bremer Senat und die Bürgerschaft auf Anregung des Bundeswissenschaftsministeriums, die „Bremer Kogge" nach Bremerhaven zu geben. Als „Forschungsobjekt von internationalem Rang" sollte sie dort konserviert, erforscht, wiederaufgebaut und für die Öffentlichkeit ausgestellt werden.

Der Wiederaufbau begann am 1. November 1972 – fast genau zehn Jahre nach dem Fund[11] – und dauerte bis zum Frühjahr 1979. Er wurde kontinuierlich ab Ende März 1973 in der „Koggehalle" in Bremerhaven durchgeführt (Abb. 8). Die Baupläne für ein nationales Schifffahrtsmuseum, die der renommierte Architekt Hans Scharoun bereits fertiggestellt hatte, ließen die nachträgliche Anfügung eines eigens für die Kogge konzipierten Baukörpers noch zu. Dieser rechteckige, zweigeschossige Bau sollte den Fund als Hauptexponat in der Mitte über alle Etagen frei im Raum stehend präsentieren. Im 1. Obergeschoss sollten die Besucher auf die Kogge herab und in sie hineinschauen können. Im 2. Obergeschoss war eine umlaufende Galerie vorgesehen, die eine neue Perspektive auf das Objekt ermöglichte.

Die Vorplanungen für den Wiederaufbau entwickelten die beiden Ausgräber Rosemarie Pohl-Weber und Siegfried Fliedner zwar für das in Bremen geplante „Haus der Kogge", ihre Leitlinien blieben aber auch für das Museumsgebäude in Bremerhaven gültig. Entworfen und später auch realisiert wurden eine genaue Rekonstruktionszeichnung, ein Mobilkran und auch die spätere Präsentation in der Ausstellung durch eine Hängekonstruktion. Zuständig für den Aufbau und die

Rekonstruktionszeichnung war Werner Lahn, ein Experte für den Bau von Holzschiffen. Der Leiter vor Ort war der Ingenieur Wolf-Dieter Hoheisel, der seine Großwerft-Erfahrungen in das Projekt einbrachte.

In den ersten drei Jahren waren ein bis zwei Personen mit dem Wiederaufbau beschäftigt. Erst nach der Eröffnung des Museums 1975 arbeiteten ständig vier, manchmal fünf Personen an diesem Projekt. Ihre Arbeitsbedingungen waren ungemein hart, denn damit das Holz nicht austrocknete, herrschte in der „Koggehalle" eine relative Luftfeuchtigkeit von 95%.

Ein Beispiel mag die Schwierigkeit der damaligen Aufgabe verdeutlichen: Bei der nahezu vollständig erhaltenen Steuerbordseite, die tief im Weserschlick gesteckt hatte, waren nur 8% der Bauteile hinreichend markiert worden, nämlich diejenigen, die die Taucher bei der Notbergung ans Licht geholt hatten. Nach dem Rest musste in der „Koggehalle" mühsam gesucht werden. Günstiger war die Lage bei den Teilen der Backbordseite, die, aus dem Wasser ragend, planmäßig oberhalb der Wasserlinie hatten geborgen werden können. Auch alles, was zum Kastelldeck gehört, war nahezu komplett markiert worden. Ein weiteres Problem waren die Brüche, die bei der Bergung aufgetreten waren. Die 69 Außenplanken wurden aus 194 Bruchstücken zusammengesetzt. Vor dem Zusammenbau wurden diese Bruchstellen verbunden, indem gerade Kanten zunächst ausgefräst, angetrocknet und dann verleimt wurden. Dann folgte die Montage der Bauteile mit Edelstahlbolzen. Lahn konstatierte: „Wir formten den Schiffskörper nach den erkennbaren und weniger erkennbaren Merkmalen." Er gab zu: „Die endgültige Befestigung wurde zur Gewissensfrage."[12]

Für die endgültigen Verbindungen zwischen den Planken und Spanten verwendete Lahn konische Eichenholzdübel unter Nutzung der ursprünglichen Dübellöcher. An Stellen ohne Dübellöcher ließ er neue Löcher bohren und neue Dübel aus Buchenholz einsetzen, die den alten Bauteilen überraschend guten und festen Halt gaben. Die beim Aufbau gesammelten Daten hat er veröffentlicht: Demnach beträgt die Höhe mit Kastelldeck 23,27 m, die Länge über Steven 22,65 m, die größte Breite über Rüstbalken 7,62 m, die größte Decksbreite zwischen den Innenplanken 6,45 m, die Seitenhöhe Unterkante Kiel bis einschließlich Setzbord 4,26 m, das Schiffsgewicht total ca. 60 Tonnen, die Laderaumgröße ca. 143 bis 160 qm, die Ladung ca. 76 bis 84 Tonnen, der Tiefgang ohne Ladung ca. 1,25 m und mit Ladung ca. 2,25 m.[13]

Eine Überprüfung der Richtigkeit des Zusammenbaus wird im Rahmen der Neubearbeitung des Fundes und der Entwicklung einer neuen Stützkonstruktion nötig werden. Eine genaue 3D-Vermessung im Rahmen eines EU-Projektes[14] wird es erlauben, nicht nur virtuelle Darstellungen zu erhalten, sondern auch maßstabsgetreue Versuchsmodelle zu erstellen, mit denen dann u.a. Schwimmversuche gemacht werden können. Es besteht auch die Möglichkeit, jede Planke einzeln maßstabsgerecht „auszuplotten" und dann das Schiff im Modell ganz neu zusammenzusetzen.

Die Konservierung (1981–1999)

Bereits direkt nach der Bergung wurden die Einzelteile des Schiffes einer Behandlung unterzogen. Die Hölzer, die man 1962 zunächst mit Flurasil-BS zum Schutz vor Pilzbefall bestrichen und in Plastikhüllen eingeschweißt hatte, wurden 1963 in große, mit 1%iger Flurasil-BS-Lösung gefüllte hölzerne Bottiche eingelagert, um sie vor Feuchtigkeitsverlust und Pilzbefall zu schützen.

Aufbauend auf den Erfahrungen der Schweden bei der Konservierung der „Vasa" und der Dänen bei der Konservierung der Wikingerschiffe von Roskilde, entwickelte der Direktor des Instituts für Holzphysik und mechanische Technologie des Holzes in der Bundesforschungsanstalt für Forst- und Holzwirtschaft in Hamburg, Prof. Dr. Noack, ein eigenes Konservierungsverfahren für den Bremer Fund. In Zusammenarbeit mit Prof. Dr. Liese und Prof. Dr. Dietrichs schlug er einen Aufbauplan vor: Das Schiff sollte zuerst in „Nassbauweise" bei 100% relativer Luftfeuchtigkeit rekonstruiert werden. Ein eigenes Verfahren zur Verleimung der Feuchthölzer entwickelte er ebenfalls. Sein Kollege Prof. Dr. Liese erstellte das dendrochronologische Gutachten, wonach der Fund in das Jahr „um 1380" zu datieren ist.

Die Hamburger Professoren waren sich mit den skandinavischen Kollegen einig, dass Polyethylenglykol (PEG), das ursprünglich zur Stabilisierung von frischem Holz (z.B. für Furniere) und damals erst seit kurzem auch für archäologisches Holz genutzt worden war, das geeignete Mittel zur Konservierung darstellte. Sie empfahlen die Konservierung des Schiffes

9: Aufbau des Konservierungsbeckens um den bereits zusammengesetzten Schiffsfund im Deutschen Schifffahrtsmuseum in Bremerhaven, 1981

in zusammengesetztem Zustand in einem Tauchbad (Abb. 9) und veranschlagten eine Tränkdauer von dreißig Jahren.[15]

PEG ist ein farbloses und wasserlösliches Kunstwachs, das chemisch beständig, preiswert und einfach zu handhaben ist. PEG gibt es mit niedrigen, mittleren und hohen Molekulargewichten. Je höher das Molekulargewicht ist, desto größer sind die Moleküle. Entsprechend kann die Substanz flüssig, wachsartig oder fest sein. Legt man wassergesättigtes archäologisches Holz in eine PEG-Lösung, so diffundiert das Kunstwachs allmählich aus dem Wasser der Lösung in das Holz und ersetzt dort einen Teil des Wassers. Lässt man das Holz trocknen, verdunstet das restliche Wasser, und das PEG scheidet sich in und auf den Zellwänden des Holzes ab. Es wird fest und stärkt die durch Abbauprozesse geschwächte Holzstruktur gegen Schwindung und Kollaps.

Die Versuche im DSM zeigten, dass der ursprüngliche Konservierungsplan geändert werden musste. Per Hoffmann entwickelte daher am DSM das Zwei-Stufen-Tränkverfahren: In einem ersten Bad diffundierte niedermolekulares PEG 200 in das wenig abgebaute innere Holz. In einem zweiten Bad füllte hochmolekulares PEG 3000 die stark abgebauten äußeren Bereiche. Das PEG 200 diffundierte in diesem zweiten Bad aus den Außenschichten wieder heraus, verblieb aber im inneren Holz.

Während des Konservierungsprozesses wurden in halbjährlichem Abstand immer wieder Proben genommen, um zu prüfen, wie weit das PEG das Holz durchtränkt hatte, und um das Ende der Konservierung zu bestimmen. Die Konservierung im ersten Bad dauerte fünfzehn Jahre (1981–1995), im zweiten, das zusätzlich beheizt wurde, weitere drei Jahre.

Durch Fenster und Scheinwerfer im Konservierungsbecken konnten die Besucher des DSM die beleuchteten Schiffsteile im Tank erkennen und den mehrjährigen Tränkungsprozess mit eigenen Augen verfolgen (Abb. 10). Zu Weihnachten 1999 stand das Schiff dann wieder frei im Museum. Es war noch von einer krustenartigen PEG-Schicht umgeben, die mechanisch entfernt werden musste.[16]

Die Präsentation des Schiffsfundes in der Ausstellung (2000–2006)

Bereits vor dem eigentlichen Aufbau war festgelegt worden, dass die Kogge ohne Außenstützen frei im Ausstellungsraum stehen sollte. Dazu hatten die beiden Ausgräber Pohl-Weber und Fliedner eine Hängekonstruktion entworfen, zu der sie die hängenden Schiffsmodelle in der Oberen Rathaushalle in Bremen inspiriert hatten.

10: Neubefüllung des Konservierungsbeckens, um 1995

Bereits während der Aufbauarbeiten war die Kogge für die Besucher des DSM sichtbar. Die Arbeit der Wissenschaftler konnte über die im Architektenentwurf eingeplante Besuchergalerie im 2. Obergeschoss sozusagen „live“ verfolgt werden. Heute würden wir von einem „Schaufenster der Forschung“ sprechen, einer modernen Form der Wissenschaftskommunikation. Eine Folienwand trennte die eigentliche „Koggehalle“ vom übrigen Museumsgebäude ab. Im Inneren erzeugte eine Sprühanlage in regelmäßigen Abständen dichten Nebel. So war es möglich, die erforderliche Luftfeuchtigkeit aufrecht zu erhalten, um ein Schrumpfen des wassergesättigten Holzes zu vermeiden.

Um das Objekt nach der Konservierung frei im Raum der „Koggehalle“ stehend zu präsentieren, schlugen die Mitarbeiter des Berliner Lehrstuhls für Statik der Schiffe eine Aufhängung mittels Edelstahl-Tragstangen an der in Spannbeton ausgeführten Deckenkonstruktion des Scharoun-Baus vor.

11: Erstmalige Präsentation der „Bremer Kogge" in einer Hängekonstruktion, 2000

Ein Trägersystem im Schiffsinneren sollte die großen Gewichte wie Deckbalken, Steven und Bratspill abfangen.[17] In dieser Form, mit dem Blick durch die großen Fenster von innen auf die modernen Schiffe im Museumshafen und von außen auf das historische Objekt, war die „Bremer Kogge" nur knapp sechs Jahre zu sehen (Abb. 11).

Die Suche nach einer neuen Präsentationsform (seit 2006)

Im Jahr 2006 begann sich der Schiffskörper zu verformen. Die Planken bogen sich stetig weiter nach außen, und der so aufwändig geborgene und konservierte Fund drohte auseinanderzufallen, denn das stark abgebaute, mit PEG konservierte Holz konnte die nach außen strebenden Kräfte nicht mehr tragen.

Als Rettungsmaßnahmen haben die Mitarbeiter und die Auszubildenden der DSM-Werkstatt eine Stützkonstruktion entwickelt, die den Koggerumpf an 33 Stellen von außen stützt. Stellschrauben erlauben dabei ein behutsames Zurückdrücken der Hölzer in ihre ursprüngliche Form und in den ursprünglichen Verbund. Innerhalb eines Tages „sprang" der Schiffskörper in die wiederaufgebaute Form zurück, und das Auseinanderbrechen konnte verhindert werden. Nun steht die „Bremer Kogge", von diesen Stützen gehalten, seit einigen Jahren sicher in der Ausstellung (Abb. 12).

Für eine zukünftige Präsentation, die den Blick der Besucher auf das Objekt nicht verstellt, steht eine Lösung noch aus. Dazu veranstaltet das DSM Workshops mit internationalen Experten, denn auch hierbei

12: Aktuelle Präsentation der „Bremer Kogge" im Stahlkorsett, 2014

muss wieder einmal Neuland betreten werden. Das DSM beschäftigt sich aber auch mit der aktuellen Frage nach dem Verhältnis von virtueller und analoger Präsentation: Im Rahmen eines Leibniz-Forschungsverbundes[18] zur Frage von Authentizität im Museum wird zur Zeit untersucht, wie die im Computer erzeugte Rekonstruktion des archäologischen Fundes im Vergleich mit dem Original auf die Besucher wirkt.

---

1 Fliedner 2003, S. 44–51.

2 Heinsius 1956.

3 Heinsius 1982.

4 Pohl-Weber 1974, S. 4–21.

5 Pohl-Weber 1974.

6 Fliedner 2003.

7 Pohl-Weber 1974, S. 8–21.

8 Pohl-Weber 1974, 8–21; Pohl-Weber 2003, S. 52–63.

9 Pohl-Weber 1974, S. 11f.

10 Fliedner 2003.

11 Pohl-Weber 1974, S. 36–39.

12 Lahn 2003, S. 72.

13 Lahn 1992.

14 COSCH Colour and Space in Cultural Heritage, www.cosch.info (abgerufen am 27.08.2014).

15 Hoffmann 2003a.

16 Ebd., S. 85–93.

17 Hoheisel 2003.

18 http://www.leibniz-gemeinschaft.de/forschung/leibniz-forschungsverbuende/historische-authentizitaet/ (abgerufen am 27.08.2014).

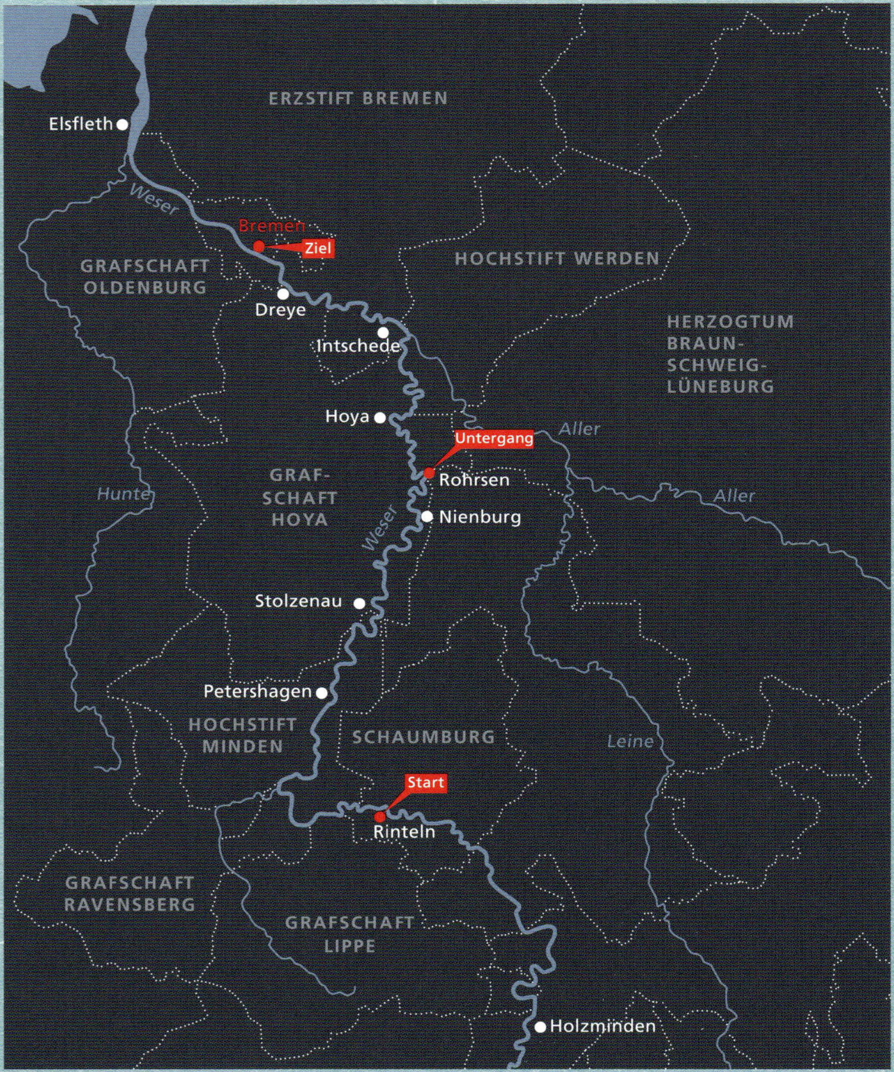
ERZSTIFT BREMEN
Elsfleth
Weser
Bremen
Ziel
GRAFSCHAFT OLDENBURG
Dreye
HOCHSTIFT WERDEN
Intschede
HERZOGTUM BRAUN-SCHWEIG-LÜNEBURG
Hoya
Aller
Untergang
Rohrsen
GRAF-SCHAFT HOYA
Hunte
Aller
Nienburg
Weser
Stolzenau
Petershagen
HOCHSTIFT MINDEN
SCHAUMBURG
Leine
Start
Rinteln
GRAFSCHAFT RAVENSBERG
GRAFSCHAFT LIPPE
Holzminden

Der Rohrsener Schiffsfund

Zwei Weserlastkähne aus dem 18. Jahrhundert

Vera Lüpkes

Der Schiffmann Wilhelm Krimmelberg (1737–1769) und seine fünfköpfige Besatzung waren mit der Mast, dem zweiteiligen Schiffszug bestehend aus Bock und Bulle, schwerbeladen auf ihrem Weg von Rinteln nach Bremen. Seit rund zehn Jahren fuhr er für den in Vlotho lebenden Christian Osterloh, der sein Eigentum auf dem Schiffsanker mit seinen Initialen CO markierte.

Noch vor der Dämmerung wollte Krimmelberg am 24. Juli 1769 die Rohrsener Bucht passieren, die wegen ihrer starken Strömung gefürchtet und als „Branntweinloch" verschrien war. Das sommerliche Hochwasser hatte die Talfahrt des Schiffszuges im „kalten Druck" schon gefährlich beschleunigt, und durch den im Juli üblichen starken Verkehr von durchschnittlich 500 Schiffen wurde sie zusätzlich erschwert. Die vor ihm liegende Doppel-S-Kurve würde ein besonderes Manöver von ihm verlangen. Aus Erfahrung wusste der Steuermann, dass er erst den Prallhang ansteuern, die Sandbänke bzw. Untiefen überfahren und dann dem Stromstrich Richtung rechtes Ufer folgen musste. Er beherrschte das große, charakteristische Schweberuder.

Die beiden langen schlanken Boote[1] verhielten sich jedoch anders als sonst. Mag es an dem Gläschen Schnaps liegen, das er zu viel getrunken hatte, an der starken Strömung oder dem Übergewicht der Ladung. Die beiden Bremer Händler, die die Sandsteinladung vor dem Abtransport in Obernkirchen am Steinhauerplatz mit ihren Hausmarken markiert hatten, wollten möglichst schnell ihre Bestellung an die Schlachte in Bremen geliefert bekommen. Und 60 bzw. 15 Tonnen Sandsteinblöcke, Brunnenschachtringe und Grenzsteine waren bei Hochwasser dann doch zu viel. Der Mann mit dem Schurbaum tat zwar sein Möglichstes, den Zug vom Ufer fernzuhalten. Aber am dritten „Grand" havarierte er. Die starke Strömung riss das Heck des Schiffsverbandes stromabwärts, gleichzeitig holten die niedrigbordigen Kähne Wasser. Ein Steinblock löste sich aus der oberen Lage der dreischichtigen Ladung und rutschte vom Bock Richtung Bulle. Nach wenigen Minuten

1: Simon Novellanus nach Pieter Breughel, Landschaft mit Merkur und Psyche, Radierung, nach 1553

waren die beiden Lastkähne samt Ladung auf den Grund der Weser gesunken, Bug bergauf.

Der für den Schiffszug und dessen Ladung verantwortliche Schiffmann konnte nicht mehr gerettet werden. Sein Leichnam wurde in der Höhe von Balge, rund fünf Kilometer unterhalb der Unfallstelle, an Land gespült und am 26. Juli 1769 dort bestattet. Er hinterließ seine in Vlotho lebende Familie: seine Frau, die Hökerstochter Agnes Elisabeth Botterbosch aus Herford, und den zweitgeborenen, knapp dreijährigen Sohn Johann Wilhelm. Die übrigen Besatzungsmitglieder konnten sich retten.[2]

Wrack und Ladung sind nicht gehoben worden, obwohl sie einen erheblichen Wert darstellten und sowohl der Schiffseigner Osterloh als auch der Landesherr, der Kurfürst von Hannover, großes Interesse daran gehabt haben müssen.[3] Ein Schiffsverband dieser Größe kostete damals rund 1.700 Reichstaler,[4] eine wirklich hohe Summe, bedenkt man, dass ein Schiffsknecht nur 30 Reichstaler im Jahr verdiente. Der Zeitwert der Sandsteinladung ist nicht verlässlich zu beziffern. Heute müsste man für 75 Tonnen maschinell gebrochenen Obernkirchner Sandstein ab Steinbruch 13.000 € zahlen. Dazu kommen noch die Verlade- und Transportkosten, die das Material erheblich verteuern. Die Bergung des beladenen Schiffsverbandes muss demnach eine nicht zu bewältigende technische Aufgabe gewesen sein. Kurze Zeit nach der Havarie können die Schiffe nebst Ladung kein Hindernis mehr für die Schifffahrt bedeutet haben. Sie müssen vergessen worden sein, denn sie sind in keiner Karte verzeichnet. Entscheidend dafür war sicherlich die Lage der Schiffe im Flussbett zwischen Prallhang und Flussmitte sowie die naturbedingte Verlagerung der Weser um fast eine halbe Flussbreite nach Westen, die nach dem Untergang einsetzte. Demzufolge lagen die Wracks mit Ladung bei ihrer Auffindung 1995 nicht wie ursprünglich am Prallhang, sondern im Sediment des Gleithanges.

Der Außenbezirk Nienburg des Wasser- und Schifffahrtsamtes Verden erledigte im Juli 1995 Ausbesserungsarbeiten der östlichen Uferzone in der von der Berufsschifffahrt seit 1957 nicht mehr befahrenen Mittelweserschleife in Höhe der Ortschaft Rohrsen. Am 26. Juli meldete der Baggerführer ein „wichtiges Ereignis", wonach er einen „offensichtlich sehr alten Holzkahn, inklusive Buntsandstein-Ladung" gefunden hatte, „von evtl. geschichtlicher Bedeutung".[5] Über den Fund informiert wurden das niedersächsische Landesamt für Denkmalpflege und das Deutsche Schifffahrtsmuseum in Bremerhaven. Deren erste Begutachtung, durchgeführt in Kooperation mit dem Deutschen Unterwasser-Club Berlin und dem Denkmalpfleger vor Ort, bestätigte die Anfangsvermutung: Man war auf ein flaches, kielloses Frachtschiff eines bis dato unbekannten Typs gestoßen, das mit Obernkirchner Sandstein beladen war. Erste weitergehende, auch publizierte Äußerungen zu Dimension, Ladung und Havariehergang mussten im Laufe der Zeit revidiert werden. Die bis dahin vermutete erhebliche wirtschaftliche und bauhistorische Bedeutung des Obernkirchner Sandsteins veranlasste die Denkmalpfleger, die Bauhistoriker des Weserrenaissance-Museums Schloss Brake in Lemgo vom Fund zu unterrichten.

Dessen spartenübergreifende Bewertung machte sehr schnell deutlich, dass es sich um einen „Sensationsfund" handelte, der möglichst unbeschadet geborgen und öffentlich präsentiert werden sollte. Die Bergung der Rohrsener Schiffe und deren Analyse versprachen Antworten auf offene Fragen der Binnenschifffahrt, des Schiffbaus, des nationalen und internationalen Warenhandels und der weltweiten wirtschaftlichen Verflechtungen der Region. Die nordrhein-westfälische Initiative anlässlich der Weltausstellung Hannover 2000, innovative, nachhaltige Projekte zu initiieren, veranlasste das Weserrenaissance-Museum Schloss Brake, die Bergung, Konservierung und Präsentation des Fundes zu projektieren. Die dazu notwendige sachgerechte Voruntersuchung übernahm das Archäologische Landesamt Schleswig-Holstein im Sommer 1997. Nach mehreren Tauchgängen bei einer Strömung von 2,0 Metern pro Sekunde und einer Sichtweite von 0,2 bis 0,4 Metern beschrieben der Schiffsarchäologe Willi Kramer und sein Team den Fund als Kahn

2: Unterwasseraufnahme eines der beiden Weserlastkähne mit Sandsteinladung, 1998

von 15 Metern Länge und einer Breite von etwas über fünf Metern. Er sei „unversehrt". Die Expertise des Schiffsarchäologen Detlev Ellmers, bis 2002 Direktor des Deutschen Schifffahrtsmuseums in Bremerhaven, betonte die Bedeutung des Fundes, seine akute Gefährdung und empfahl dringend dessen Bergung. Nachdem die niedersächsische Landesregierung und der Bund als Eigentümer der Bundeswasserstraße ihre Zustimmung dazu erteilt hatten, entschied das Land Nordrhein-Westfalen, das Weserrenaissance-Museum Schloss Brake bei dem Projekt finanziell zu unterstützen.

Am 2. August 1998 nahm das Ausgrabungsteam um Willi Kramer seine Arbeit auf. Die Freilegungs- und Bergungskampagne war für acht Wochen angesetzt. Zunächst kamen die Forschungstaucher gut voran, obwohl die Unterwasserarbeit im Fließgewässer schwieriger als erwartet war. Die Sandablagerungen wurden mittels Greifbagger von einer Lastschute aus abgebaggert. Für die Feinarbeit nutzen die Taucher ein Saugrohr, bzw. Wasserinjektion, wodurch die Ablagerungen weggespült werden konnten. Es stellte sich heraus, dass nicht ein breiter, sondern zwei schmale

Kähne entdeckt worden waren, deren Enden in der Mitte des Flussbettes bzw. im Gleithang steckten. Beide Kähne waren in vergleichbarer Weise mit Obernkirchner Sandstein beladen. Das Einzigartige des Fundes hatte sich damit bestätigt. Archivalisch war der Verkehr dieser zwei- oder auch dreiteiligen Züge auf der Weser über Jahrhunderte belegbar. Erhalten hatte sich bis dato jedoch keiner.

Mit Hilfe eines Schwimmbaggers konnten bis Mitte September etwa 40 Tonnen Sandsteine geborgen und am Ufer gelagert werden. Dann setzte Dauerregen ein, der die Weser bis Mitte September anschwellen ließ. Ihr normales Durchflussvolumen stieg von 85 bis 100 Kubikmeter pro Sekunde auf 330 Kubikmeter pro Sekunde. Obwohl ein 40 Meter langer Leitdamm aus big-packs (sandgefüllten Plastiksäcken) oberhalb der Grabung errichtet wurde, wäre ein Arbeiten nur unter Lebensgefahr möglich gewesen. In der zweiten Septemberhälfte musste die Freilegungs- und Bergungskampagne abgebrochen werden.

Die Verantwortlichen entschieden sich in den Wintermonaten 1998/99 für einen zweiten Bergeversuch. Zusammen mit der im Wasserbau erfahrenen Ingenieursozietät BGS Hannover wurde ein optimiertes Bergeverfahren entwickelt. Die Funde sollten im Schutz eines wasserdichten Spundwandkastens ergraben, gesichert, dokumentiert und geborgen werden. Die entsprechenden Vorarbeiten wurden bereits Anfang 1999 durchgeführt. Eine Sonarmessung (Sediment-Echolotsystem), vorgenommen durch das Institut für Nachrichtentechnik der Universität Rostock, klärte Größe und Lage der Funde. Zwei Kernbohrungen und vier Drucksondierungen ermöglichten Aussagen über die Baugrundverhältnisse. Die ermittelten Daten bildeten die Basis für die Berechnung des Spundwandkastens. Als notwendig erwies sich ein gedichteter Spundwandkasten mit einer Länge von 30,10 Metern und einer Breite von 16,90 Metern, an den zur Vermeidung von Auskolkungen ein 65 Meter langer Leitdamm anschließen musste. Der Gewässertiefe entsprechend mussten dafür Spundbohlen mit einer Sonderlänge von 18,50 Metern Länge gewalzt werden.

Die Bauarbeiten begannen am 24. Juli 1999. Die vorab gedichteten Bohlen wurden von einem auf einem Ponton stehenden Seilbagger unter Verwendung einer unteren Rammführung freireitend einvibriert. Diese erschütterungsarme Art der Einbringung diente der Unversehrtheit des Fundes. Bis auf ein Hindernis konnten der frequenzgesteuerte Rüttler und die bereitstehende Schlagramme alle Hindernisse durchörtern. Nach Fertigstel-

3: Fundstelle mit Spundwandkasten, Leitdamm und zwei Arbeitsschuten, 1999

lung von rund 80% des Spundwandkastens wurde in sechs Metern Tiefe ein Hindernis angetroffen, das nicht zu durchschlagen war. Erst der in einem nächtlichen Sondertransport herbeigeholte Tieflöffelbagger war in der Lage, den die Arbeiten behindernden Findling zu beseitigen. Diese der archäologischen Arbeit vorausgehenden umfangreichen technischen Maßnahmen wurden am 2. August 1999 abgeschlossen.

Die aus zwölf Personen bestehende Ausgrabungsmannschaft unter Leitung Willi Kramers hat in den sich anschließenden vier zur Verfügung stehenden Wochen die Schiffe und ihre Ladung professionell ausgegraben, dokumentiert und für die Hebung vorbereitetet. Die dafür geforderte logistische Leistung veranschaulicht folgender Kommentar des Teamleiters: „Während die 50 Meter lange ‚Mittelweser', die längsseits der Spundwand festgemacht hatte, die Steinladung aus Wrack A übernahm, baggerte ‚Fuchs' von der stromseitigen Schmalseite aus die um den Bugbereich von Wrack B liegenden Kiesmengen heraus. Ein weiteres Wasserfahrzeug, das Arbeitsschiff ‚Söse', holte unterdessen neuen Dieseltreibstoff, der wie jeden vierten Tag in einem 1.000 Liter fassenden Container an die Schleuse Drakenburg geliefert wurde. Diesen Treibstoff benötigte ein 110 kW Stromaggregat, das Tag und Nacht die Energie für den Betrieb u.a. der Wasserpumpen lieferte. Ein Teil der Ausgrabungsgruppe legte derweil die tiefliegenden Steine frei und schlug die Bergeschlingen für ‚Mittelweser' an. Darüber hinaus war Bagger ‚Fuchs' zu dirigieren, ein Kleinbagger hatte die Wasserführung in der Baugrube zu vertiefen, und neben allem musste auch ständig Sorge getragen werden, dass die freiliegenden hölzernen Wrackteile nass gehalten blieben. Die Vermessung nummerierte gleichzeitig, teilweise auch nachts, die Steine, nahm ihre Merkmale auf und maß sie ein. In derselben Weise verfuhr man auch mit den hölzernen Bauteilen der Wracks, die bis zum Ende der Ausgrabung alle in einem 3D-Anwendungsprogramm gespeichert waren."[6]

Die Archäologen arbeiten umsichtig, so dass sie auch zum Schiff gehörige Kleinfunde aufspürten: eine Münze (Kat. Nr. 3.13), ein Glasfläschchen mit Inhalt (Kat. Nr. 3.15), eine Keramikschale mit Henkeln und einen Keramiktopf (Kat. Nr. 3.16). Gesichert werden konnten ferner zwei Anker (Kat. Nr. 3.8), zwei Blockrollen (Kat. Nr. 3.11), zwei

4: Blick auf die freigelegten, halbbeladenen Weserlastkähne, 1999

5: Bergung eines der beiden Weserlastkähne, 1999

Augbeschläge mit Ketten (Kat. Nr. 3.12) und weitere Kleineisenteile. Entnommen wurden zunächst die nach der ersten Bergung noch verbliebenen Sandsteinblöcke. Die beiden geleerten Schiffswracks erhielten hölzerne „Korsetts", in denen sie unbeschadet aus der Grube gehievt und auf die Transportschute geladen werden konnten. Vor Austrocknung durch Planen geschützt, wurden sie darauf bis Minden transportiert, wo drei Tieflader die Fracht übernahmen und in einem nächtlichen Sondertransport nach Lemgo-Brake fuhren.

Im Bereich der ehemaligen Vorburg der mittelalterlichen „Burg Brac"[7], bzw. des ehemaligen Schweinestalls der Renaissance-Residenz Schloss Brake war zwischenzeitlich eine Plattform mit wasserdichtem, schwach zur Mitte geneigtem Fußboden und Sammelbecken errichtet worden. Auf Gerüstböcken aufgebockt, unter dem Schutz eines handelsüblichen Gewächshauses, wurden die hölzernen Funde mit Unterstützung des Deutschen Schifffahrtsmuseums in Bremerhaven konserviert. Per Hoffmann hatte zur Berieselung mit Wasser geraten, das mit Polyethylenglykol 200 (kurz: PEG 200) angereichert war.[8] PEG 200 ist ungiftig, bei Normaltemperatur flüssig und wasserlöslich. Es verdunstet nicht. Im April 2004 war die Nass-Konservierungsphase abgeschlossen. Das Weserwasser in den Holzzellen war durch eine 40%ige PEG-Lösung ersetzt worden. Die sich anschließende Trocknungsphase ist seit Mai 2006 abgeschlossen.

Der Fund ist wie folgt wissenschaftlich untersucht worden: Von Wrack A und Wrack B sind drei Eichenholzproben entnommen und dendrochronologisch untersucht worden.[9] Es wurden jeweils mehrere Messungen vorgenommen. Für Wrack A haben sie eine Datierung von 1756 plus minus vier Jahre erbracht, für Wrack B eine von 1756 plus minus sechs Jahre. Die Weserbergland-Eichenchronologie sowie die Mittelwertkurven für Westfalen

6: Illuminierte Konservierungshalle am Schloss Brake, 1999

7: Die Tränkung der Lastkähne in der Konservierungshalle, Fotografie, 1999

und für NRW-Ost wurden vergleichend herangezogen.

Die Kalfatermasse wurde mittels THM-Pyrolyse und Gaschromatographie bzw. Massenspektrometrie analysiert.[10] Demnach wurde das Pech aus Nadelbaumholz gewonnen, wahrscheinlich aus Kiefern. Beim pflanzlichen Zuschlag handelt es sich um Flachs- oder Hanfschäben, den verholzten Kernröhren der jeweiligen Sprossachsen. Naturfasern im Sinne von Gewebefasern waren nicht enthalten.

Die Ladung ist im Einzelnen vermessen worden, und ihr Gewicht wurde bestimmt. Händler und Bestimmungsort konnten bis heute nicht namhaft gemacht werden. Die Ladung besteht aus 81 rechteckigen Obernkirchner Sandsteinblöcken mit einer maximalen Kantenlänge von drei Metern, 22 Brunnenschacht-Wandungsteilen und sieben entsprechenden Bruchstücken sowie drei Brunnenringen, einem zugehörigen Bruchstück, ferner drei Grenzsteinen (Kat. Nr. 3.9). 56 Tonnen Sandstein lagen auf Wrack A mit einer Hausmarke, dem so genannten „Handgemal" gekennzeichnet; 13 Tonnen auf Wrack B sind mit einer zweiten Hausmarke versehen. Eine dritte Marke, in der Form eines Kreuzes, findet sich nur in Verbindung mit einer der Hausmarken.

Eine der beiden Hausmarken – Wolfsangel mit Andreaskreuz und einem überzähligen, senkrecht zur Längsachse stehenden Strich – findet sich außerdem auf Gehwegsteinen neben der Kirche in Scharmbeck.[11] Auch die Ladung eines Weserlastkahns, der 1923/25 bei Dörverden aufgefunden und geborgen wurde, trug dieselbe Hausmarke, wie der Bremer Volksschullehrer und Heimatforscher Diedrich Steilen uns überliefert.[12] Als Spiegelbild findet sich das „Handgemal" am Grabstein des Alewin Jacobz. Pickerreer in der Delfter Nieuwe Kerk.[13] Da weder diese noch die andere Hausmarke bisher namentlich einem Händler zugeordnet werden konnten, bedarf es hierzu noch weiterer Archivrecherchen.

Der Obernkirchner Sandstein war begehrt, denn er ist weich und somit gut zu bearbeiten, gleichzeitig säureunempfindlich. Während er im Mittelalter noch als Baumaterial wie beispielsweise am Mindener Dom Verwendung fand, wurde er ab der Frühen Neuzeit insbesondere für Baudekoration genutzt. Heute setzt man ihn gerne bei der Sanierung historischer Bauwerke ein.

Der Handel mit Obernkirchner Sandstein lag seit der zweiten Hälfte des 17. Jahrhunderts in den Händen Bremer Kaufleute. Sie orderten vom Bruch oder Verladeplatz aus die Ware, in unserem Fall Rechteckblöcke oder Halbfertigzeug. An der Bremer Schlachte mussten sie gegebenenfalls vom Binnen- auf ein Küstenschiff umgeladen werden. Archivalisch belegbar sind für die Frühe Neuzeit eine große Anzahl von Exporten wie beispielsweise die für das Antwerpener Stadthaus bestimmten

„besten Buckenbergschen Steeen", die Anthonius van Seron 1561 lieferte"[14]. Lüder van Bentheim nahm 1595 „Buckebarger stehen" für das Stadthaus in Leiden entgegen. Der Obernkirchner Sandstein wurde zwischen 1597 und 1598 für den Bau der Haarlemer Fleischhalle, zwischen 1618 und 1620 für das Stadthaus in Delft und nach 1648 für das Stadthaus in Amsterdam exportiert. 1733 lieferte Jan Oosthout für den neuen Flügel des Stadthauses in Den Haag „Bremer Stein", und 1739 entstand der neue Giebel des Hauses von Jan Six in Amsterdam ebenfalls aus „Bremer Stein". Diese Bezeichnung bürgerte sich im Sinne eines Gütesiegels europa- und ab dem 18. Jahrhundert weltweit ein. Der Stein wurde auch in Lübeck, Hannover, Hamburg, Minden, Oldenburg verbaut und in Skandinavien unter anderem an den Schlössern Helsingør und Rosenburg. Im 19. Jahrhundert wurde er in die Schweiz exportiert. Die Berliner Siegessäule besteht daraus. Ob der Sockel der Freiheitsstatue in New York ebenfalls aus Obernkirchner Sandstein besteht, bedarf einer petrologischen Analyse.[15]

Die Metallfunde, zwei Anker, Beschlagbänder und eine Stakstangenspitze, wurden von der Zentralen Restaurierungswerkstatt des LWL-Museumsamtes 1999 naturwissenschaftlich untersucht. Die behutsame Restaurierung der Anker brachte eine Hausmarke zu Tage, die die Identifikation des Schiffsbesitzers ermöglichte. In ihren Grundzügen wurde die Marke über Jahrzehnte von verschiedenen Familienmitgliedern Osterloh aus Vlotho genutzt. Sie variierten nur geringfügig durch Hinzufügung

8: „Auge" im Inneren des Bremer Lastkahns von 1681 an der Fundstelle am Bremer Teerhof, 2007

kleiner Winkel oder Geraden. Unterscheidbar machten sie die Marke durch Erweiterung um ihre jeweiligen Initialen.[16]

Nach wie vor rätselhaft sind die zu den Beschlagbändern zählenden Augbeschläge mit Kette. Ihre Verwendung konnte auch von den kompetenten Mitgliedern der Schiffbautechnischen Gesellschaft bisher nicht zufriedenstellend geklärt werden. Bei einem der Kähne, die 2007 beim Bremer Teerhof ergraben wurden (siehe den Aufsatz von Dieter Bischop in diesem Band) waren die geteilten Dornen in der Schiffsmitte von innen durch das Dollbord geschlagen und außen umgelegt. Die Augen an den Ketten hingen innen und könnten als Ösen zur Abspannung des Mastes gedient haben.

Der Rohrsener Schiffsfund hat die Wissenschaft zu weiteren Untersuchungen angeregt: An der Universität Münster, Fachbereich Ur- und Frühgeschichte, beendete Ronja Mücke unter Anleitung von Frau Prof. Dr. Eva Strauch 2009 ihre Magisterarbeit über die Entwicklung von Weserlastkähnen vom 8. bis zum 18. Jahrhundert. Dem Rohrsener Fund kommt dabei eine zentrale Bedeutung zu.[17]

An der Hochschule Bremen, Fachbereich Schiffbau, Meerestechnik und Angewandte

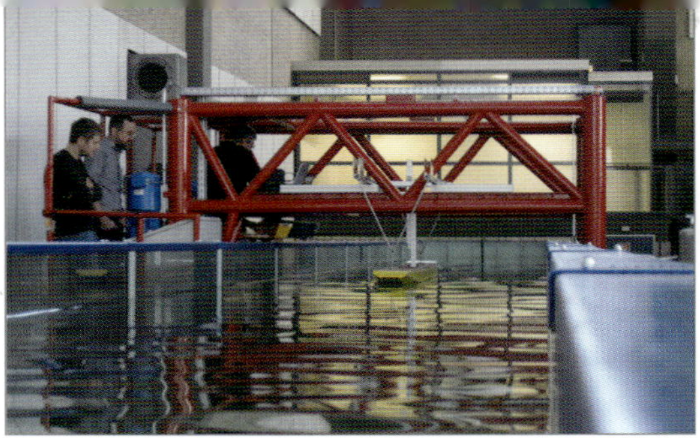

9: Strömungskanal in der Hochschule Bremen, 2011

10: Nachbau eines Weserlastkahnes, 2001

Naturwissenschaften haben die Studenten Cornelius Tormann und Anna Matuszek auf Empfehlung von Herrn Prof. (em.) Dipl.-Ing. Wolf-Dieter Weiss im Semester 2009/10 ihr Praktikum im Weserrenaissance-Museum Schloss Brake absolviert. Während dieser Zeit haben sie die beiden Lastkähne mittels eines hochmodernen Scanners aufgenommen und damit Grunddaten für weitere Forschungsarbeit geliefert. Im März 2011 führte der Fachbereich mit einem nachgebauten Modell Versuche im eigenen Strömungskanal durch, die Aufschluss über Fahrverhalten, Geschwindigkeit und Manövrierfähigkeit erbrachten. Die Ergebnisse lieferten Hinweise auf den Havariehergang.

In zusammengefasster Form flossen alle Ergebnisse in die Ausstellung „1000 Jahre Weserschifffahrt" ein. Diese Sonderausstellung hatte der Schiffbauingenieur Walter Küchelmann angeregt und im Herbst 2011 für die Bremer Gesellschaft für Vorgeschichte im Haus der Wissenschaft in Bremen unter Beteiligung der Landesarchäologie Bremen, des Deutschen Schifffahrtsmuseums in Bremerhaven, des Kreismuseums Nienburg und des Weserrenaissance-Museums Schloss Brake realisiert. Die ehemals in Bremen ansässige Werft „Bootsbau Vegesack" hat in den Jahren 2000 und 2001 in Anlehnung an die Weserlastkähne einen fahrtüchtigen, heutigen Sicherheitsvorschriften entsprechenden Nachbau geschaffen.

Zwei vergleichbare Funde sind derzeit bekannt: Zum einen der oben schon erwähnte Lastkahn, der 1923 entdeckt und 1925 geborgen wurde. Sein Verbleib ist unbekannt. Damals wurde recherchiert, dass das Schiff 1733 an der Kiesklippe des dem Lohof gegenüber liegenden Kuhlmann'schen Hofes Niederboyen in der Nähe von Dörverden havarierte.[18] Das Dörverder Kirchenbuch von 1733 belegt, dass dabei sechs Menschen umkamen. Fotos der Bergung und Zeichnungen des Schiffes sind im Kreismuseum Nienburg erhalten. Die Konstruktion dieses Flachbodenbootes war offensichtlich identisch mit der der Rohrsener Kähne. Heck und Bug sind auf der Zeichnung spitz zulaufend wiedergegeben. Das Lastschiff nimmt damit Zigarrenform an. Dabei muss es sich um spekulative Rekonstruktionsversuche handeln. Auch wenn wir bis heute keine originalen Heck- und Bugpartien kennen, wissen wir aus Abbildungen des 18. Jahrhunderts, dass sie flach endeten; eine unabdingbare Form, um am Ufer auflaufen zu können.

11: Freilegung des Lastkahns von Dörverden, 1925

13: Die Weserlastkähne im Depot mit sicherndem Bergekorsett, 2010

Bei Ausgrabungsarbeiten im ehemaligen Bremer Hafen traten 2007 zwei übereinander liegende Weserlastkähne zu Tage, die vom Archäologen Dieter Bischop, Landesarchäologie Bremen, ergraben, geborgen und wissenschaftlich ausgewertet wurden (siehe seinen Artikel in diesem Band). Konstruktiv entsprechen sie den Rohrsener Funden. Bedauerlicherweise fehlen auch ihnen die Heck- und Bugpartie. Die dendrochronologische Auswertung erbrachte eine Datierung auf 1668 bzw. 1683.[19]

Zusammen mit den Bremer Lastkähnen böte der Rohrsener Schiffsfund noch immer die beste Möglichkeit, die Wirtschaftsgeschichte des Weserraums und ihre europa- und weltweite Verflechtung in der Frühen Neuzeit zu visualisieren. Die Lastkähne erlauben Aussagen über den Schiffbau und dessen Jahrhunderte währende Kontinuität. Weitergehende Erforschung der Handelsgüter erbrächten wirtschafts-, sozial- und kulturhistorische Erkenntnisse.

Die Arbeit an den Plänen zum ursprünglich geforderten Museumsergänzungsbau, in dem dieser Themenkomplex erlebbar gemacht werden sollte, ruht zurzeit. Seit dem Ende der Konservierungsphase und dem Abbruch der Konservierungshalle ist der Fund in einem konservatorisch geeigneten Depot gut untergebracht. Der Öffentlichkeit ist er dort nach Voranmeldung zugänglich.

12: Bremer Lastkahn von 1668 am Bremer Teerhof, 2007

Ich danke Eckehard Deichsel für die anregenden Diskussionen im Zusammenhang mit den Schiffsfunden und deren Auswertung.

1 Der Bock maß ursprünglich rund 35 Meter Länge und war 2,40 Meter breit, der Bulle 23 Meter lang und 1,10 Meter breit.

2 Georg Heil hat im Auftrag des Weserrenaissance-Museums Schloss Brake die archivalisch belegbaren Vorgänge der Havarie recherchiert. Für seine unermüdliche Ausdauer dabei sei ihm an dieser Stelle gedankt.

3 Abb. 1 stammt aus: Kastler/Lüpkes 2000, S. 111.

4 Landesarchiv NRW Detmold, Abt. OWL L 77 A Nr. 6770: "Kosten-Anschlag der Anschaffung... eines kompletten...Schiffszuges....Bock...1.100,- Reichstaler...Bulle...600,-...Bremen 1824." In dieser Aufstellung werden „Lohn und Kost an Knecht und Junge" mit jährlich 120 Reichstalern angesetzt.

5 Wasser- und Schifffahrtsamt Verden, Außenstelle Nienburg, Fax vom 26.07.1995.

6 Kramer 2001, S. 40.

7 In Kooperation mit dem Lippischen Landesmuseum Detmold und der Bodendenkmalpflege wurden vor Errichtung der Konservierungshalle von Dr. Martin Salesch archäologische Untersuchungen durchgeführt. Für die kollegiale Unterstützung sei Dr. Elke Treude gedankt.

8 Anfangs wurde eine 20%ige Lösung verwendet, zwischen August 2001 und April 2004 eine 40%ige.

9 Büro Tisje, Neu-Isenburg, September 1999.

10 Frank Mucha, Erfurt, Oktober 2009. THM steht für „thermally assisted hydrolysis and methylation".

11 Poppe 1872, Bd. 6, Tafel XV.

12 Steilen 1926, Nr. 37f.

13 Homeyer 1870, S. 377 und Tafel VIII.

14 Jansen/Vries 1991.

15 Ebeling 1935.

16 Bericht der Zentralen Restaurierungswerkstatt des LWL-Museumsamtes für Westfalen, Herbst 1999; Grossmann 1971, S. 314f.

17 Mücke 2009.

18 http://www.museum-nienburg.de/internet/page.php?typ=2&site=112 (abgerufen am 01.09.2014).

19 Bischop 2008a, S. 103–106.

Shanghai
CHINA
TIBET
NORD-PAZIFIK
ZHEJIANG
Start
Amoy
TAIWAN
BURMA
LAOS
Hong Kong
Kalkutta
THAILAND
HEINAN
Manila
PHILLIPINEN
VIETNAM
KAMBODSCHA
Golf von Bengalen
Bangkok
Kap Varella
SÜDCHINESISCHES MEER
MALAISIA
MALAYSIA
Singapore
INDONESIEN
SUMATRA
Pontianak
PALAU BANG-KA
Untergang
PALAU BELEITUNG
BANDA SEE
Batavia
INDISCHER OZEAN
JAVA
Ziel

Die „Tek Sing"

Der Schatz aus der chinesischen Dschunke

Arnulf Siebeneicker

Im November 2000 fand eine der spektakulärsten Versteigerungen statt, die je in Deutschland abgehalten wurden. Bei Nagel in Stuttgart standen 350.000 Stück chinesischer Keramik zum Verkauf.[1] Das Auktionshaus hatte eigens einen dreistöckigen Pavillon auf Stelzen errichtet, der einer chinesischen Dschunke nachempfunden war, und präsentierte dort einen Teil der Objekte (Abb. 1 und 2). Der ungewöhnliche Schauraum nahm einen prominenten Platz im Stuttgarter Hauptbahnhof ein, den jeden Tag Tausende von Pendlern passierten. In London, Paris, New York und Singapur konnte eine repräsentative Auswahl der angebotenen Ware besichtigt werden.

1: Die „Dschunke" von Nagel Auktionen im Stuttgarter Hauptbahnhof, 2000

2: Präsentation der Ladung in der „Dschunke" von Nagel Auktionen, 2000

Der attraktive Pavillon verwies auf den Ursprung des Versteigerungsguts: Es stammte aus der Dschunke „Tek Sing", die im Januar 1822 vom chinesischen Hafen Amoy (heute: Xiamen) aus in Richtung Batavia (heute: Djakarta) gestartet war (Abb. 3). Batavia war das Handelszentrum der Insel Java und einer der Knotenpunkte des Weltverkehrs. Hier wurden Waren umgeschlagen, die im gesamten süd-

3: Modell der „Tek Sing“, gebaut für die Dauerausstellung der Stiftung Deutsches Technikmuseum Berlin, 2003

ostasiatischen Raum weiterverkauft wurden. Dort versorgten sich außerdem holländische, englische und andere europäische Kaufleute mit Exportgütern.

Die „Tek Sing“ war etwa sechzig Meter lang und verfügte über drei Masten.[2] Der Name bedeutet „Wahrer Stern“. Er bezieht sich auf Kanopus, den zweithellsten Stern am Himmel nach Sirius, einen Wegweiser für Schiffe, die Richtung Äquator fahren. An Bord befand sich eine große Menschenmenge: 1.600 Passagiere, darunter arme Kulis, die in den Zuckerplantagen von Java Arbeit suchten, und reiche Kaufleute, die ihre Warenvorräte begleiteten, außerdem 400 Besatzungsmitglieder. Die „Tek Sing“ hatte Güter unterschiedlichster Art geladen: Tee, Gewürze, Arzneimittel, Seide, Lackwaren und Bambusmöbel.

Den größten Teil der Frachträume füllte blau-weiß dekorierte Keramik aus den Brennöfen von Dehua in der chinesischen Provinz Fujian.[3] Es handelt sich dabei eher um Steinzeug als um Porzellan. Der Scherben dieser Massenware ist grau und nicht weiß, er ist dickwandig und nicht transparent. Die Dekoration ist flüchtig und schwungvoll ausgeführt. Die Spontaneität dieser Malerei macht sie für heutige Betrachter durchaus attraktiv, sie ist aber weit entfernt von der Perfektion, die die Spitzenstücke aus chinesischer Produktion auszeichnet. Die Keramikladung der „Tek Sing“ war nicht für den Export nach Europa bestimmt, sondern für die Mittel- und Oberschicht auf Java und den benachbarten Regionen (Kat. Nr. 4.1–4.7).

Die Dschunke hatte neun Zehntel ihres langen Weges von China nach Java bereits zurückgelegt, als ihr Kapitän Io Tauko eine folgenreiche Fehlentscheidung traf: Er musste zwischen den Inseln Sumatra und Borneo hindurchsegeln, wofür es zwei verschiedene Routen gab, von denen er die kürzere, aber weniger gut dokumentierte Passage durch die Gaspar-Straße wählte. Das Belvidere-Riff östlich der Gaspar-Insel wurde der „Tek Sing“ in den Abendstunden des 5. Februar 1822 zum Verhängnis. Als das Frachtschiff „Indiana“ des englischen Kapitäns James Pearl am Morgen des 7. Februar 1822 die Stelle passierte, war die See von Menschen bedeckt, die sich an Wracktrümmer, Bambusstangen und Schirmbündel klammerten. Es gelang Pearl und seiner Mannschaft, 190 Überlebende aus den Wellen zu retten oder von den Felsklippen der Insel zu holen. Dennoch forderte dieses Unglück mehr Opfer als der Untergang der „Titanic“. Die „Indiana“ brachte die Schiffbrüchigen nach Pontiana auf Borneo, einer Stadt, die ebenso wie Batavia unter holländischer Verwaltung stand.[4]

Die „Tek Sing“ lag in dreißig Metern Tiefe am Belvidere-Riff – zu tief, um sie mit den zur Zeit ihres Untergangs existierenden Mitteln zu bergen. Das Unglück fand Eingang in die 1843 erschienene fünfte Auflage des Handbuchs „Directions for Sailing to the East Indies" von James Horsburgh, allerdings wurde der Name der Dschunke dort nicht genannt. Diese Notiz erregte 1999 die Aufmerksamkeit des Historikers Nigel Pickford.[5] Er forschte im Auftrag des Schatzjägers Michael (Mike) Hatcher nach Orten, an denen sich die Suche nach Wracks lohnen würde.

Hatcher (Abb. 4) hatte zu dieser Zeit bereits ein bewegtes Leben hinter sich. Er wurde 1940 im englischen York geboren und kam als Kriegswaise 1954 nach Australien, wo er sich erst als Farmarbeiter durchschlug, bevor er eine Ausbildung zum Ingenieur begann. In Sydney war er als Handelsvertreter tätig, als ein Druckereibesitzer, bei dem er Verkaufsprospekte für Grillgeräte herstellen lassen wollte, ihn mit zum Segeln nahm. Hatcher hatte seine Berufung gefunden. Er kaufte 1966 seine erste Yacht und erledigte Reparaturaufträge für Ölfirmen und Hafenbetreiber in Papua-Neuguinea, Indonesien und Malaysia. Schon bald konzentrierte er sich auf die lukrative Bergung von Zinn- und Messingladungen aus Frachtern und U-Booten, die im Zweiten Weltkrieg versenkt worden waren. Seine Funde verkaufte er ohne großes Aufsehen und ohne jeden Gedanken an deren historischen Wert an Altmetallhändler.[6]

Anfang der 1980er Jahre entdeckte er das Potenzial, das in der Bergung von Schiffen aus früheren Jahrhunderten lag. Ausschlaggebend für diese Neuorientierung war weniger historisches Interesse, sondern der Preisverfall für die Rohstoffe, die er aus den Kriegswracks geholt hatte. Der Sohn des Kapitäns eines holländischen U-Boots, das 1941 versenkt und dreißig Jahre später von Hatcher gefunden worden war, erzählte ihm von den penibel geführten Akten der „Vereenigde Oost-Indische Compagnie" (VOC), der niederländischen Ostindien-Handelsgesellschaft, die im 17. und 18. Jahrhundert den Export von Gütern aus Ostasien nach Europa dominiert hatte. Er gab ihm auch den Tipp, Ausschau nach der „Geldermalsen" zu halten, die 1752 auf der Heimfahrt von Kanton nach Zeeland vor der Einfahrt in die Sunda-Straße auf ein Riff gelaufen war.[7]

Hatcher begab sich auf die Suche, fand aber zunächst eine etwa hundert Jahre ältere chinesische Dschunke, die eine umfangreiche Porzellanladung enthielt (Kat. Nr. 1.40). Die Stücke aus diesem anonymen Wrack kamen 1983 und 1984 bei Christie's in Amsterdam zur Auktion.[8] Während die erste Versteigerung nicht durchgehend erfolgreich verlief, weil die Tatsache, dass die Objekte aus den Tiefen des Ozeans stammten, nicht eigens herausgestellt worden war, setzte das Auktionshaus ein Jahr später auf eine andere Taktik. Die Bedenken, dass das Porzellan, dessen Fundort Hatcher nicht preisgab, möglicherweise auf nicht rechtmäßige Weise geborgen worden war, wurden über Bord geworfen. Christie's warb nun offensiv mit der Herkunft der Stücke vom Meeresboden und setzte ganz auf den freibeuterischen Charme ihres Entdeckers. Das Konzept ging auf, und Hatcher wurde nicht nur wohlhabend, sondern auch bekannt.

4: Mike Hatcher mit einem Gefäß aus der „Tek Sing", 1999

5: Die „Restless M", 1999

Hatcher spürte die eigentlich gesuchte „Geldermalsen" schließlich 1985 doch noch auf. Bei der im folgenden Jahr ebenfalls bei Christie's in Amsterdam abgehaltenen Auktion funktionierte die nun schon bewährte PR-Methode erneut, zumal diesmal auch der Name des Schiffs zweifelsfrei ermittelt werden konnte. Nicht zu unterschätzen war außerdem, dass der Ostindienfahrer neben 150.000 Porzellanen auch einen Schatz aus Goldbarren an Bord gehabt hatte. Die Beschreibung der geborgenen Objekte und die Rekonstruktion des Schiffsuntergangs lieferte der Wissenschaftler Christian Jorg aus Groningen. Der Versteigerung ging ein großes Medienecho voraus; 20.000 Menschen besichtigten die Funde in den Räumen des Auktionshauses. Der Erfolg der Versteigerung übertraf alle Erwartungen. Hatcher und die Anteilseigner seiner Bergungsfirma nahmen 20 Millionen Dollar ein.[9] Trotz des großen Angebots waren die Preise nicht eingebrochen, da die spannende Geschichte der Objekte ganz neue Käuferschichten anlockte.

Mit der niederländischen Regierung als Rechtsnachfolger der VOC hatte Hatcher sich vor der Auktion darauf geeinigt, dass ihr 10% des Erlöses zufließen sollten. Die indonesische Regierung legte nach der Auktion Protest ein, konnte aber nicht beweisen, dass die „Geldermalsen" in ihren Hoheitsgewässern gelegen hatte. Hatcher kümmerte das nicht: „Mein Motto lautet: Finder ist gleich Besitzer!"[10]

Bei den Unterwasserarchäologen war Hatcher durch die Auktionen bei Christie's zu einer Hassfigur geworden, weil seine Bergungen ohne die Beachtung wissenschaftlicher Standards erfolgt waren. Um die Beschaffenheit der Schiffshülle hatte er sich nicht gekümmert, und er hatte sich nur für die Bergung kommerziell verwertbarer Objekte interessiert. Er hatte den Fotografen John Bremner zur Grabung hinzugezogen, dessen Fotos und Filme aber hauptsächlich der geplanten Werbekampagne dienten und nicht als Grundlage einer präzisen Dokumentation. Die Analyse der Funde durch Jorg nach dem Abschluss der Bergung war ein Feigenblatt. Allerdings verhielt sich die europäische Museumslandschaft nicht einheitlich. Während das Rijksmuseum in Amsterdam den Protest gegen Hatchers Raubritter-Methoden anführte, befand sich das British Museum in London unter den Käufern.[11]

Die Verachtung zwischen den Wissenschaftlern und dem Schatzjäger war wechselseitig. Universitäts-Archäologen qualifizierte Hatcher folgendermaßen ab: „Die meisten von denen bekommen nie einen nassen Hintern. Die wissen doch nicht mal, wie es da unten im Meer ist. Lass die mal in einem Kirby-Helm auf 45 Meter runter, wo null Sicht herrscht, wo man die eigene Hand nicht vor den Augen sehen kann, und die fangen an zu schreien wie Babys, weil sie wieder nach oben wollen."[12]

Zwar war Hatcher durch den Verkauf der Porzellane aus der „Geldermalsen" ein reicher Mann geworden, aber es entsprach nicht seinem Temperament, sich in Australien zur Ruhe setzen. Er setzte seine mit Magnetometer (Kat. Nr. 1.18) und Seitensicht-Sonar durchgeführten Suchexpeditionen nach neuen lohnenden Zielen fort. Diese Aktivitäten waren kostspielig. Nach den Amsterdamer Auktionserfolgen hatte er sich von dem langjährigen Finanzier seiner Aktivitäten, dem malaysischen Geschäftsmann Ong Soo Hin, getrennt und arbeitete nun mit anderen Hintermännern zusammen.[13]

Dabei hatte der schlitzohrige Draufgänger zunächst wenig Glück. Gelegentlich geriet er in Konflikte mit staatlichen Behörden. So enterte im Februar 1992 die thailändische Marine sein Bergungsboot und konfiszierte seladonfarbige Tongefäße, die im Königreich Ayutthaya während des 15. und 16. Jahrhunderts hergestellt worden waren. Das Wrack lag 55 Seemeilen vor der thailändischen Küste; die Behörden beriefen sich aber auf die 200 Seemeilen umfassende „Ausschließliche Wirtschaftszone" ihres Landes.[14] Dieser Anspruch war völkerrechtlich fragwürdig, aber die um Hilfe gebetene australische Regierung war nicht bereit, in dieser heiklen Angelegenheit zu intervenieren.

Hatcher brauchte dringend einen neuen Coup. Als ihm Pickford die Nachricht von der am Belvidere-Riff gescheiterten Dschunke überbrachte, setzte er sein Forschungsschiff „Restless M" dorthin in Bewegung (Abb. 5). Im Mai 1999 brachten seine Taucher die ersten blau-weiß dekorierten Keramikteile an Bord. Der Experte Colin Sheaf von Christie's datierte die sofort nach London geflogenen Probestücke auf die Zeit um 1750. Tatsächlich ähneln viele Muster denjenigen auf den

6: Stapel mit Keramikschalen im Wrack der „Tek Sing", 1999

7: Gefäße an der Fundstelle der „Tek Sing", 1999

Gefäßen aus der „Geldermalsen", aber Ton und Glasur weichen davon ab.

Mit seiner 42 köpfigen Mannschaft begann Hatcher die Hebung der Schätze (Abb. 6 und 7). Die Taucher arbeiteten in Schichten rund um die Uhr. Die Keramikteile wurden in Plastikeimern nach oben befördert, ungewöhnlichere Objekte wie Teile von Navigationsinstrumenten, Statuetten, Flaschen, Siegel und Münzen kamen in eigene Behälter. Gefunden wurden auch deutlich ältere Porzellane, die zum Teil aus dem 15. Jahrhundert stammten und offenbar als Antiquitäten an Bord gebracht worden waren. Hatcher trieb seine Taucher zur Eile an: „Was macht der Arsch da? Sag ihm, er soll sich ranhalten! Er ist doch kein Archäologe, verdammt."[15] Die bis zur Wasserlinie gut erhaltenen Planken der Dschunke blieben am Meeresboden, ebenso wie menschliche Gebeine, denen die überwiegend aus Indonesiern, Malaysiern und Chinesen bestehende Crew mit abergläubischer Furcht begegnete.

An Bord des 55 Meter langen Bergungsschiffs „Swissco Marie II" wurden die Funde grob gereinigt und in Kisten verpackt. Die Prägedaten der im Wrack entdeckten Münzen reichten von 1797 bis 1804. Während sich Berge von Tellern, Schalen und Schüsseln auf der Arbeitsplattform türmten, beschlich Hatcher die Sorge, dass der Name des Wracks nicht zu ermitteln sein werde, was die Vermarktung der Funde erschwert hätte. Doch Pickford wühlte sich durch die im 19. Jahrhundert erschienen Zeitungen der Region und stieß schließlich im „Calcutta Journal" vom Juni 1822 auf die entscheidende Nachricht, die es ihm ermöglichte, die komplette Geschichte der „Tek Sing" zu recherchieren.

Die Ladung füllte schließlich 47 Container, die Hatcher nach Adelaide bringen ließ. Dort wurden sie von den australischen Behörden festgehalten, die von einer illegalen Bergung ausgingen. Der Schatzjäger konnte allerdings eine gültige Suchlizenz des indonesischen Staats vorweisen, dem er eine 50%ige Beteiligung am Auktionserlös zugesichert hatte.[16] Die Container durften demnach ihren Weg nach Europa antreten. Im Oktober 1999 kam es in Indonesien allerdings zu einem Machtwechsel, und der neue Präsident fühlte sich an die Zusagen der alten Autoritäten nicht länger gebunden. Hatchers Mannschaft war an die Fundstelle der „Tek Sing" zurückgekehrt, als ein Patrouillenboot aufkreuzte und die Bergungsarbeiten stoppte. In Abwesenheit des Chefs wurde das gesamte Team verhaftet und zwei Monate lang in einem indonesischen Marinehafen festgehalten.[17]

Die größte Herausforderung für Hatcher und seine australischen Finanziers, die „Ocean Salvage Corporation", stand allerdings zu diesem Zeitpunkt noch bevor: der erfolgreiche

8: Arrangement von Funden aus der „Tek Sing" als Service im Referenzbuch von Nagel Auktionen, 2000

Verkauf der riesigen Ladung. Den Zuschlag für die Versteigerung erhielt das Stuttgarter Auktionshaus Nagel, obwohl auch Experten von Christie's und Sotheby's die Ware geprüft hatten. Nagel hielt seit 1990 zweimal jährlich Spezialauktionen für Asiatische Kunst ab, hatte aber bei weitem nicht den gleichen internationalen Bekanntheitsgrad wie die beiden anderen Unternehmen. Das Auktionshaus startete eine beeindruckende Werbekampagne, die ganz auf das schon in Amsterdam erfolgreiche „Hatcher-Syndrom"[18] setzte: Es wollte nicht nur Sammler chinesischen Porzellans begeistern, sondern Durchschnittsbürger, die ein „Stück Geschichte" ihr Eigen nennen möchten (Abb. 8 und 9). Dazu gehörte – was damals noch nicht selbstverständlich war – auch die Einrichtung einer eigenen Website. Die Medienresonanz im In- und Ausland war überwältigend.[19]

Nicht nur die Vorbereitung der Auktion, auch die Versteigerung selbst war ein Kraftakt. Vom 17. bis zum 25. November 2000 wurden täglich zwischen 8.00 Uhr und Mitternacht insgesamt 16.100 Lose aufgerufen. Alle Artikel fanden einen Käufer. Der Gesamterlös betrug 11,5 Millionen Euro.[20] Nagel ist heute eines der weltweit führenden Auktionshäuser für Asiatische Kunst, mit großem Renommee in China. Ob die Versteigerung allerdings auch für Hatcher und die „Ocean Salvage Cooperation" ein Erfolg war, muss dahingestellt bleiben. Ihren Anteilseignern erklärte die Firma jedenfalls zu Beginn des Jahres 2001, die Unkosten wären nur knapp wieder eingespielt worden, und eine Gewinnbeteiligung könne nicht ausgezahlt werden.[21]

Hatcher gilt heute als die Personifizierung der kommerziellen Schatzjägerei.[22] Er selbst zeigt mit dem Finger auf die Politiker in den Herkunftsländern der von ihm geplünderten Wracks. Nach der „Geldermalsen"-Auktion sagte er: „Mich hat man eben zum bösen Buben gestempelt. Doch vielleicht sollten sich die Leute mal die Regierungen ansehen, die sie gewählt haben. Denn wenn ein Erbe jedem gehört und jeder ein Recht darauf hat, dann sollten diese weit mehr für die Erhaltung der Vergangenheit tun, als es tatsächlich geschieht."[23]

9: Koralle und Blumenvase aus der „Tek Sing" im Referenzbuch von Nagel Auktionen, 2000

1 Referenzbuch 2000; Auktionsliste 2000.

2 Wegen der fehlenden Dokumentation zur Bergung gibt es wenig Informationen zur Gestalt des Schiffs; zu den Spekulationen über dessen Aussehen Pickford/Hatcher 2000, S. 119–124; Edwards 2001, S. 307–310.

3 Freedman 2000.

4 Pickford/Hatcher 2000, S. 60–81.

5 Ebd., S. 6.

6 Referenzbuch 2000, S. 10f; Edwards 2001, S. 25–103.

7 Edwards 2001, S. 139f.

8 Sheaf/Kilburn 1988, S. 25–79; Edwards 2001, S. 151f.

9 Sheaf/Kilburn 1988, S. 93–162; Edwards 2001, S. 179–189.

10 Zitiert nach: Edwards 2001, S. 150.

11 Ebd., S. 182f, 187.

12 Zitiert nach: Ebd., S. 199.

13 Pope 2009, S. 84f.

14 Edwards 2001, S. 210–242.

15 Zitiert nach: Ebd., S. 345; vgl. zur Bergung Pickford/Hatcher 2000, S. 98–125; Edwards 2001, S. 295–305.

16 Edwards 2001, S. 314; Pope 2009, S. 216f, 337.

17 Pope 2009, S. 346f; vgl. die abweichende Darstellung bei Pickford/Hatcher 2000, S. 124f.

18 Edwards 2001, S. 187.

19 Vgl. die Auswahl in: Festschrift 2002, S. 50–55.

20 Ebd., S. 65.

21 Pope 2009, S. 382.

22 Siehe z.B. die Erwähnung der „Geldermalsen" und der „Tek Sing" in: UNESCO Convention 2009, S. 7.

23 Zitiert nach: Edwards 2001, S. 209.

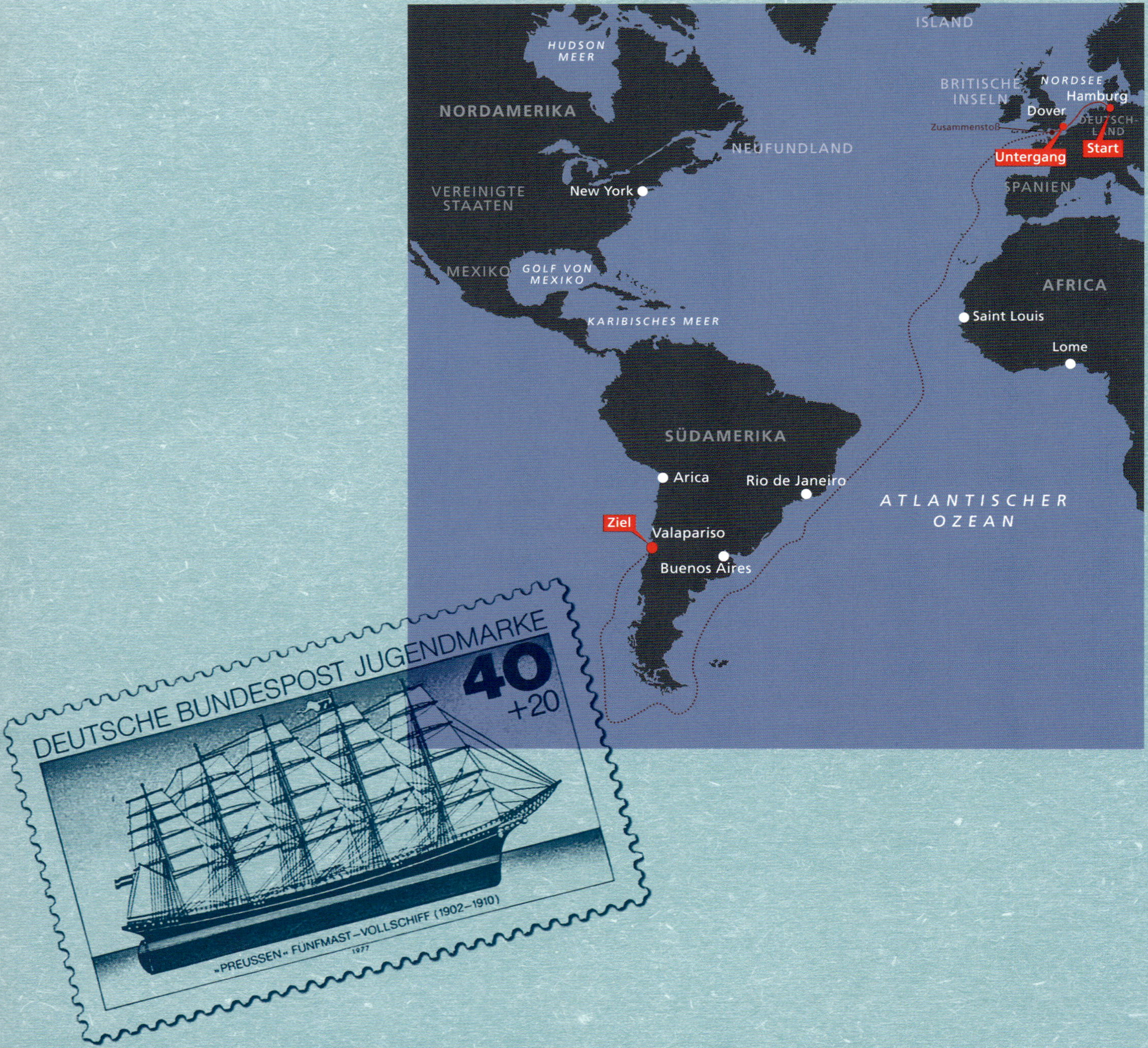

HUDSON MEER
ISLAND
BRITISCHE INSELN
NORDSEE
Hamburg
Dover
Zusammenstoß
DEUTSCH-LAND
Start
Untergang
NORDAMERIKA
NEUFUNDLAND
VEREINIGTE STAATEN
New York
SPANIEN
MEXIKO
GOLF VON MEXIKO
AFRICA
KARIBISCHES MEER
Saint Louis
Lome
SÜDAMERIKA
Arica
Rio de Janeiro
ATLANTISCHER OZEAN
Ziel
Valapariso
Buenos Aires
DEUTSCHE BUNDESPOST JUGENDMARKE
40
+20
»PREUSSEN« FÜNFMAST-VOLLSCHIFF (1902–1910)
1977

Untergang einer Legende

Die Havarie des Fünfmastvollschiffs „Preussen"

Kristin Kube

Zu Beginn des 20. Jahrhunderts hatte die Dampfschifffahrt die Segelschifffahrt auf den Weltmeeren weitgehend abgelöst. Dennoch setzten einige Reedereien weiterhin auf diese traditionsreiche Form der Schifffahrt. Dazu zählte auch die Hamburger Reederei F. Laeisz. Ihr Fünfmastvollschiff „Preussen" gehört bis heute zu den bekanntesten Segelschiffen der Welt.

Am 21. Juli 1902 wurde das Frachtsegelschiff bei der Hamburger Reederei F. Laeisz in Dienst gestellt[1] und vor allem im Salpetertransport von Chile nach Deutschland eingesetzt (Abb. 1). Wie die „Preussen" trugen alle Segelschiffe dieser Reederei einen Namen, der mit dem Buchstaben P begann. Da die Reederei überwiegend sehr schnelle Segelschiffe betrieb, erhielt sie den Ehrentitel „Flying-P-Line"[2]. Die „Preussen" hatte bereits in zeitgenössischen Veröffentlichungen einen legendären Ruf und wurde „Königin der See"[3] genannt. Das elegante Erscheinungsbild und die enorme Schnelligkeit brachten dem damals größten Segelschiff der Welt diesen Ehrentitel ein. Ihre unerwartete Havarie gilt als tragisches Ereignis der Schifffahrtsgeschichte und beschleunigte den fortschreitenden Niedergang der Segelschifffahrt.

Um 1900 beschränkte sich der Einsatz der Segelschiffe trotz aller technischen Weiterentwicklungen weitgehend auf den Transport bestimmter Massengüter über große Entfernungen. Ausschlaggebend war dabei nicht eine schnelle Beförderung, sondern vielmehr der preiswertere Transport.[4] Die Hauptfracht

1: Die „Preussen" wird in Bremerhaven zur Probefahrt geschleppt, 17. Juli 1902

für große Segelschiffe wie die „Preussen" war vor allem Salpeter. Ihr Vorteil war, dass sie die günstigen Winde für eine schnelle Reise auf der Route von der Westküste Südamerikas nach Europa nutzen konnten. Darüber hinaus ließen sich durch diese Form des Transports hohe Kosten für eine lange Lagerung vermeiden. Vereinfachungen und Verbesserungen bei der Bedienung der Segel ermöglichten den großen Vollschiffen zudem eine Verringerung der Besatzungsstärken, wodurch sie noch rentabler wurden. Segelschiffe rechneten sich jedoch nur, wenn sie auch ständig Fracht transportierten. Halb beladene Schiffe oder gar Leerfahrten zahlten sich wirtschaftlich für die Reedereien nicht aus. Trotz der erheblich geringeren Betriebskosten für ein Segelschiff setzten sich im Seehandel allmählich die in der Anschaffung teureren Dampfschiffe durch. Sie waren schneller, konnten mehr Fracht transportieren und waren vor allem unabhängig vom Wetter. Die niedrigen Frachtraten für Segelschiffe warfen für die Reeder darüber hinaus kaum Gewinne ab und beschleunigten die Ablösung der Segelschiffe durch die Dampfschiffe.[5]

Der Bau der „Preussen"

Um 1900 bauten nur noch drei deutsche Werften große Segelschiffe: Blohm & Voß in Hamburg sowie Tecklenborg und Rickmers in Bremerhaven. Neben Personen- und Frachtdampfschiffen für den transatlantischen Schiffsverkehr baute die Joh. C. Tecklenborg A.-G. Bremerhaven-Geestemünde auch häufig große Segelschiffe. Die „Preussen" sollte als das größte stählerne Segelschiff der Welt ihre Glanzleistung werden.[6] Die Segelschiff-Legende wurde als Fünfmastvollschiff konzipiert. Ein Vollschiff ist ein Großsegler, der mit mindestens drei vollständig rahgetakelten Masten ausgestattet ist. Die Anzahl der Rahen kann dabei jedoch variieren. In der weltweiten Handelsflotte hat es bis 1934 insgesamt sieben Fünfmaster gegeben: sechs davon waren Fünfmastbarken und nur einer war ein Fünfmastvollschiff. Vier dieser Schiffe segelten für deutsche Reedereien.[7] Unter der Baunummer 179 lief am 7. Mai 1902 das Fünfmastvollschiff „Preussen"[8] auf der Tecklenborg-Werft in Bremerhaven vom Stapel (Abb. 2). Bei Tecklenborg hatte der Chefkonstrukteur Georg W. Claussen die Bauleitung für dieses herausragende Prestigeschiff übernommen. Die „Preussen" hatte eine Länge von rund 122 Metern über Steven, eine Gesamtlänge von rund 133 Metern, eine Breite über Spanten von rund 16 Metern sowie einen Tiefgang von rund 8 Metern. Ihr Bruttoraumgehalt von 5.162 Bruttoregistertonnen ermöglichte eine Ladung von rund 8.000 Tonnen.[9] Am Mittelmast betrug ihre Höhe rund 68 Meter.[10] Der

2: Der Stapellauf der „Preussen" rief große öffentliche Anteilnahme hervor, 7. Mai 1902

3: Decksansicht der „Preussen"; im Hintergrund ist das Ruder zu sehen, um 1903

Mast hatte am Mastfuß einen Durchmesser von ca. einem Meter.[11] Der Rumpf der „Preussen" war aus Siemens-Martin-Stahl gefertigt, auch die Masten waren aus diesem Material.

In der Regel fuhr die „Preussen" mit 48 Mann Besatzung.[12] Die Mannschaftsunterbringung befand sich im Brückenhaus, wo auch die Küchen-, Proviant- und Ausrüstungsräume lagen. Der Kapitän und die Offiziere hatten hier ebenfalls ihre Quartiere. Das Besondere an der „Preussen" war, dass sie an jedem ihrer Masten sechs Rahsegel führte. Insgesamt verfügte sie über 46 Segel mit einer Segelfläche von rund 5.560 Quadratmetern.[13] Die Segel wurden mit Winden hochgezogen (Abb. 3). Die enorme Segelfläche trug dazu bei, dass die „Preussen" eines der schnellsten Segelschiffe ihrer Zeit war. Darüber hinaus zählte sie zu den größten Segelschiffen der Welt, die ohne einen maschinellen Hilfsantrieb fuhren.[14] Lediglich für Ladewinden und Lenzpumpen wurden zwei Kesselanlagen als Antrieb eingebaut. Dank ihrer gefälligen Schiffsform hatte die „Preussen" hervorragende Segel- und See-Eigenschaften (Abb. 4). Obwohl sie als Frachtsegler mit hoher Ladekapazität konzipiert war, hatte sie ein scharf geschnittenes Unterwasserschiff. Diese Linienführung übertraf die sämtlicher Clipper zu dieser Zeit, die traditionell als die schnellsten Segelschiffe der Weltmeere galten.

Die „Preussen" in Fahrt

Die Reederei F. Laeisz hat ihren Hauptsitz in Hamburg. Weitere Firmensitze befinden sich in Rostock, Bremerhaven und Grabow. Das für die „Flying P-Liner" bekannte Unternehmen wurde 1824 von Ferdinand Laeisz als Produktionsfirma für Hüte gegründet. Bis 1832 entwickelte es sich zu einem Handelshaus für Import und Export. 1839 bestellte

4: Die „Preussen" verlässt die Tecklenborg-Werft, 17. Juli 1902

Ferdinand Laeisz bei der J. Meyer Werft in Papenburg das erste Schiff, das unter firmeneigener Flagge fuhr. Die Reederei F. Laeisz war 1847 Mitbegründer der später weltberühmten Reederei „Hamburg-Amerikanische Packetfahrt-Actien-Gesellschaft" (HAPAG). 1862 lief das erste Schiff der Reederei F. Laeisz den chilenischen Hafen Valparaiso an und legte den Grundstein für den regelmäßigen Handelsverkehr mit Salpeter. Die Idee, ein Fünfmastvollschiff zu bauen, entstand bei einem Besuch Kaiser Wilhelms II. im Jahr 1899 auf der Fünfmastbark „Potosi", dem bis dahin größten und schnellsten Schiff der Welt. Der marinebegeisterte Kaiser ließ sich dieses Schiff der Laeisz-Reederei in allen Einzelheiten erklären. Bei dieser Gelegenheit sprachen Wilhelm II. und Carl Ferdinand Laeisz über die denkbare Weiterentwicklung einer Fünfmastbark zu einem Fünfmastvollschiff. Wilhelm II. wird zum Abschluss dieses Treffens mit den Worten zitiert: „Also Laeisz, vergessen Sie das Fünfmastvollschiff nicht!"[15].

Die wirtschaftlichen und prestigeträchtigen Erfolge, die die „Potosi" für die Reederei erzielte, gaben der Idee weiteren Nährboden. Nach dem Tod von Carl Ferdinand Laeisz, dem Enkel des Firmengründers, fand man auf seinem Schreibtisch die Baupläne für das Fünfmastvollschiff „Preussen". Wenige Monate nach seinem Tod wurde als sein Vermächtnis der Bau des Fünfmastvollschiffs bei der Tecklenborg-Werft in Bremerhaven in Auftrag gegeben. Die „Preussen" ist nach Angaben der Reederei „das einzige Fünfmastvollschiff der Weltschifffahrt und technisch der absolute Höhepunkt der Salpeterfahrt ums Kap Hoorn"[16] (Abb. 5). Der Ärmelkanal zwischen England und Frankreich sollte aber nicht nur der „Preussen" zum Verhängnis werden. Auch weitere Schiffe der Reederei gingen in diesem Gewässer verloren oder kollidierten mit anderen Schiffen. Die Reederei F. Laeisz existiert noch heute.

5: Die „Preussen" läuft unter vollen Segeln, um 1902

Ihre Schnelligkeit konnte die „Preussen" auf ihren Reisen vielfach unter Beweis stellen. Regelmäßig gelangen ihr zwei Reisen pro Jahr von Hamburg nach Chile und wieder zurück. Vergleichbare Segelschiffe schafften diese Strecke nur drei Mal in zwei Jahren.[17] Neun Mal absolvierte die „Preussen" besonders schnelle Reisen. Bei Windstärke 7 konnte sie eine Geschwindigkeit von bis zu 16 Seemeilen in der Stunde erreichen. 1903 stellte die „Preussen" einen weiteren Rekord auf und benötigte für die Strecke von Hamburg nach Iquique in Chile lediglich 57 Tage.[18] Bei ihren Reisen musste immer wieder das gefürchtete Kap Hoorn umrundet werden. Insgesamt unternahm die „Preussen" diese Reise unter ihren beiden Kapitänen Boye Petersen und Hinrich Nissen 13 Mal, einmal sogar als Weltreise mit Aufenthalt in den Häfen von New York, Yokohama und Chile (Abb. 6).[19]

Obwohl das Schiff sehr schnell war, rechnete es sich dennoch betriebswirtschaftlich nicht.

Die Einnahmen, die sich durch den Verkauf einer Ladung Salpeter auf der Rückreise von Chile erzielen ließen, konnten die langen, bis zu mehrere Wochen dauernden Liegezeiten in den Häfen nicht ausgleichen, die nötig waren, um die rund 8.000 Tonnen Ladung aufzunehmen. Auch lief die „Preussen" manchmal nur halb beladen aus.[20] Sie zählte zwar zu den legendären Schiffen der Schifffahrtsgeschichte, blieb aber ohne wirtschaftlichen Erfolg.

Die letzte Reise der „Preussen"

Am 30. Oktober 1910 lief die „Preussen" unter Kapitän Hinrich Nissen zu ihrer 14. Reise aus. Es sollte ihre letzte werden. Die geplante Route führte sie abermals von Hamburg nach Chile. Der Zielhafen war Valparaiso.[21] Geladen hatte sie vor allem Stückgut, darunter Zementsäcke, Hochofenkoks, Papier, Teppiche, Glas, Eisenbahnmaterial sowie 100 Klaviere für den chilenischen Weihnachtsmarkt. Neben 47 Mann Besatzung waren auch zwei Passagiere mit an Bord. Als Kapitän Nissen Hamburg verlassen hatte, entschied er sich, die Leinen zu kappen und aus eigener Kraft weiterzusegeln, da ihm die Fahrt mit einem Schlepper zu langsam erschien. Der Wind flachte jedoch ab, und Nebel kam auf. Mit dem Nebelhorn signalisierte die Mannschaft entgegenkommenden Schiffen in regelmäßigen Abständen Vorsicht. In der Nacht vom 5. auf den 6. November 1910 half alle Vorsicht nicht, die „Preussen" kollidierte mit dem englischen Postdampfer „Brighton". Dessen Führung hatte die Geschwindigkeit der „Preussen" unterschätzt und vorschriftswidrig versucht, vor dem Bug des Segelschiffs zu passieren. Der „Preussen" wurde durch das Manöver des Dampfschiffs die Möglichkeit zum Ausweichen genommen, obwohl sie mit rund 4 Knoten nur wenig Fahrt aufgenommen hatte. Kapitän Nissen realisierte schon bald nach Sichtung des Dampfschiffs, dass eine Kollision unvermeidbar war. In auswegloser Situation leitete er dennoch Ausweichmaßnahmen ein.[22]

6: Vor Yokohama arbeitet die Besatzung der „Preussen" an den Segeln und der Takelung, um 1905

Gerade begann die „Preussen" langsam nach Backbord abzudrehen, als die beiden Schiffe krachend zusammenstießen. Die Wucht des Aufpralls mit dem Klüverbaum des Vollschiffs ließ die Schornsteine des Dampfschiffs abreißen. Unterhalb der Wasserlinie hatte das Dampfschiff jedoch keine Leckage, es konnte sicher in den nächstgelegenen Hafen abgeschleppt werden. Anders sah es bei der „Preussen" aus. Durch den Aufprall hatten sich einige Bugplatten gelöst, wodurch ein rund 15 Fuß großes, bis unter die Wasserlinie reichendes Loch entstand. Außerdem wurden Teile des Fockmastes abgerissen, wodurch er nicht mehr einsatzfähig war.

Die Folgen der Havarie wirkten auf die Schiffsführung der „Preussen" zunächst nicht

7: Nach der Kollision war die „Preussen" manövrierunfähig, 1910

bedrohlich, das Schiff war allerdings manövrierunfähig (Abb. 7). Dennoch versuchte Kapitän Nissen, Portsmouth als Nothafen zu erreichen. Da der Wind drehte und immer weiter auffrischte, gelang ihm dies aber nicht aus eigener Kraft. Mit Hilfe mehrerer Schlepper wurde nun versucht, das Schiff in den Hafen von Dover zu bringen. Wegen des aufkommenden Sturms misslang jedoch auch dieser Versuch, und die „Preussen" strandete vor den weißen Klippen von Dover an der Crab Bay (Abb. 8). Kapitän und Besatzung versuchten, das aufgelaufene Schiff wieder zu befreien. Teile der Aufbauten des Vollschiffs gingen dabei verloren. Als der Sturm etwas abflaute, setzten Rettungsboote vom Festland zur gestrandeten „Preussen" über. Unter den

8: Vor den Klippen von Dover ging die „Preussen" verloren, 1910

Augen zahlreicher Schaulustiger wurden die Besatzung und die beiden Passagiere gerettet.

Bei den Bergungsversuchen ergaben Tauchgänge, dass sich die „Preussen" etwa 5 Fuß tief in den Kalkboden gegraben hatte und bei ruhigem Wetter stabil lag. Weitere Versuche der Reederei, das Schiff zu bergen, blieben erfolglos. Bei einem heftigen Sturm Mitte Dezember 1910 brach der Rumpf des Schiffs schließlich auseinander (Abb. 9).[23] Nun stellte die Reederei Laeisz ihre Bemühungen ein und gab das Vollschiff endgültig auf. Große Teile der Ladung und Ausrüstung konnten geborgen werden.[24]

Das Wrack der „Preussen" wurde nie abgebrochen, sondern verblieb auf den Klippen. Mit der Zeit zerfiel es in Einzelteile. Noch bis in die 1960er Jahre waren vor Dover bei Niedrigwasser Wrackteile des einst größten Segelschiffs der Welt zu sehen (Abb. 10). Ein Fall für die Unterwasserarchäologie wurde die „Preussen" nie. Immer wieder erkundeten allerdings Fischer und Taucher das Wrack. Die von dem berühmten Segelschiff begeisterte Schifffahrts-Enthusiastin Rita Vogtmann konnte einige dieser Souvenirs erwerben, die sie dem Deutschen Schifffahrtsmuseum in Bremerhaven für dessen Sammlung überließ (Kat. Nr. 5.3–5.8). Im November 2006 beauftragte sie den englischen Bergungsunternehmer Nigel Morris mit der Hebung eines größeren Wrackteils. Nach einigen kleineren Objekten wurde ihr ein sieben Meter langer Balken übergeben, den sie – fachgerecht zersägt – ebenfalls nach Bremerhaven brachte. Dabei handelt es sich vermutlich um ein Bruchstück

9: Die See und die Stürme zerstören allmählich das Wrack, um 1920

10: Die Mastspitzen der „Preussen“ sind bei Niedrigwasser noch zu sehen, um 1959

eines Haupt- oder Zwischendecksbalkens. Rita Vogtmann stellte das Wrackteil – „ein schönes Stück von der legendären ‚Preussen'“[25] – dem Deutschen Schifffahrtsmuseum für dessen Dauerausstellung zur Geschichte der Segelschifffahrt zur Verfügung.

---

1 www.tecklenborg-werft.de (abgerufen am 22.07.2014).

2 www.schiffe-und-mehr.com (abgerufen am 22.07.2014); Wille 2002, S. 1.

3 Siehe z.B. den Buchtitel von Hamecher 1969.

4 Zu den ökonomischen Rahmenbedingungen der Segelschifffahrt ebd., S. 6–11.

5 Kaemmerer 1904, S. 1; Wille 2002, S. 2.

6 Kaemmerer 1904, S. 2.

7 Höver 1934, S. 446.

8 www.tecklenborg-werft.de (abgerufen am 22.07.2014); Meischen 2007, S. 1.

9 Zu den Abmessungen gibt es unterschiedliche Angaben; vgl. www.tecklenborgwerft.de (abgerufen am 22.07.2014); www.schiffe-und-mehr.com (abgerufen am 22.07.2014); Kaemmerer 1904, S. 2; Wille 2002, S. 1.

10 Kaemmerer 1904, S. 4; Lehmann-Felskowski 1906, S. 36; Wille 2002, S. 1.

11 Meischen 2007, S. 1.

12 www.tecklenborg-werft.de (abgerufen am 22.07.2014); Kaemmerer 1904, S. 5; Lehmann-Felskowski 1906, S. 36.

13 www.tecklenborg-werft.de (abgerufen am 22.07.2014); Kaemmerer 1904, S. 4; Lehmann-Felskowski 1906, S. 37.

14 www.tecklenborg-werft.de (abgerufen am 22.07.2014); www.fdtmb.de/238-0-Rahsegler-Preussen.html (abgerufen am 28.07.2014); Lehmann-Felskowski 1906, S. 33; Höver 1934, S. 451; Wille 2002, S. 1.

15 Hamecher 1969, S. 25.

16 www.laeisz.de/unternehmen/historie (abgerufen am 22.07.2014).

17 Lehmann-Felskowski 1906, S. 33; www.schiffe-und-mehr.com (abgerufen am 22.07.2014).

18 Kaemmerer 1904, S. 2; Höver 1934, S. 455f, 499; www.schiffe-und-mehr.com (abgerufen am 22.07.2014).

19 Höver 1934, S. 451; www.schiffe-und-mehr.com (abgerufen am 22.07.2014).

20 Wille 2002, S. 2.

21 Hamecher 1969, S. 324.

22 Zum Unfall und dessen Folgen: www.schiffe-und-mehr.com (abgerufen am 22.07.2014); www.fdtmb.de/238-0-Rahsegler-Preussen.html (abgerufen am 28.07.2014); Höver 1934, S. 457; Hamecher 1969, S. 326-328.

23 Hamecher 1969, S. 339; Wille 2002, S. 2.

24 Höver 1934, S. 459.

25 Vogtmann 2007, S. 21.

Fundort
NORDSEE
Knokke Zoute
Heist
Duinbergen
ZEEBRÜGGE
Put van
de Cloedt
Blankenberge
Verbindings-
dok
Leopoldkanal
Afleidingskanal van de
Leie
BELGIEN
Lissewege

Versunken und wieder aufgetaucht

Vom Fischdampfer „Prangenhof" zum Vorpostenboot im Ersten Weltkrieg

Anja Benscheidt

Die Geschichte der deutschen Hochseefischerei begann 1885 an dem kleinen Fluss Geeste, einem Nebenfluss der Weser. An den beiden Ufern der Geeste lagen zwei aufstrebende, junge Hafenstädte, in denen sich alles um die Seefahrt drehte: das bremische Bremerhaven und das preußische Geestemünde (heute ein Stadtteil von Bremerhaven). In den Häfen machten Fracht- und Passagierschiffe aus der ganzen Welt fest. Aber hier wurden nicht nur Waren umgeschlagen und Passagiere abgefertigt, sondern auch Schiffe repariert, umgebaut und neu gebaut. Zahlreiche Docks der Werften lagen an den Ufern des tideabhängigen Flusslaufs der Geeste. Die Werftbesitzer mussten innovativ sein, um gegen die Konkurrenz bestehen zu können. Die Umstellung vom Holzschiffbau auf den Stahlschiffbau seit der Mitte des 19. Jahrhunderts erforderte nicht nur neues Knowhow und entsprechend qualifizierte Arbeitskräfte, sondern auch Kapital zur organisatorischen und technischen Umstrukturierung der Betriebe. Eines dieser Unternehmen war die 1833 in Bremerhaven gegründete Wencke-Werft, die sich zunächst auf den Holzschiffbau konzentriert hatte und unter anderem für den Bau und die Ausrüstung von Polarforschungsschiffen bekannt war. Heute zählt das Wencke-Dock gegenüber dem Historischen Museum Bremerhaven zu den ältesten erhaltenen Trockendocks in Deutschland.[1]

Mitte des 19. Jahrhunderts stieg nicht nur die Zahl der Schiffsanlandungen in den Häfen, sondern auch die der Einwohner. Die Zuwanderer brauchten Unterkünfte und Verpflegung. So entwickelte sich die Geeste auch zu einem hervorragenden Ort für den Fischumschlag. Zunächst landeten hauptsächlich auswärtige Fischer mit ihren hölzernen Kuttern und Ewern aus Finkenwerder, Helgoland oder Norderney ihre Fänge hier an und machten gute Geschäfte. Aufsehen erregte 1882 ein englischer Fischdampfer, der an der Geestekaje anlegte. Es war das erste Fischereischiff aus Stahl mit Dampfmaschinenantrieb, das die Bewohner der Unterweser zu sehen bekamen. Zudem hatten die Engländer den

1: Modell des ersten deutschen Fischdampfers PG 3 „Sagitta" im Historischen Museum Bremerhaven

2: Der von einer Fangreise zurückgekehrte, vereiste Fischdampfer PG 11 „Makrele" an der Geeste, um 1895/96

Fisch zur Konservierung auf Eis gelagert, auch das war für deutsche Verhältnisse ungewohnt. Aber die Vorteile sprachen sich schnell herum, insbesondere bei den Fischhändlern, und einer von ihnen war besonders couragiert.

Der Geestemünder Fischgroßhändler und gelernte Schiffszimmermann Friedrich Busse kannte nicht nur die englischen Fischdampfer sehr gut, er hatte auch die großen Fischmärkte in England und Nordamerika besucht und an den Fischauktionen teilgenommen. Als innovationsfreudiger Unternehmer witterte er ein gutes Geschäft und beauftragte 1884 die Wencke-Werft mit dem Bau des ersten deutschen Fischdampfers. Das Schiff war 33 Meter lang, mit 145 Bruttoregistertonnen (BRT) vermessen, und die Zwei-Zylinder-Verbund-Dampfmaschine brachte eine Leistung von 260 PS. Im Laderaum konnten 950 Korb (Zentner) Fisch gestaut werden. Getauft wurde das Schiff auf den Namen „Sagitta" (Pfeil), im Fischereiregister erhielt es das Kennzeichen PG 3. Es war das dritte registrierte Fischereifahrzeug im preußischen Geestemünde (PG). Am 7. Februar 1885 war es endlich so weit, die „Sagitta" lief mit zehn Mann Besatzung zu ihrer ersten Fangreise aus (Abb. 1).[2]

Nach anfänglichen Schwierigkeiten – insbesondere das Fanggeschirr musste verbessert werden – wurde die „Sagitta" zu einem Erfolgsmodell, das von anderen Reedern übernommen wurde und einen rasanten Aufstieg der deutschen Hochseefischerei verursachte. Ein wichtiger Vorteil der Fischdampfer war, dass sie wetterunabhängig lange auf See bleiben konnten. Mit Eis konserviert hielt sich der gefangene Fisch bis zu 17 Tage im Laderaum, so dass die Fangreisen etwa 21 Tage dauerten (Abb. 2). Der Fischdampferbau entwickelte sich für die Werften zu einem lukrativen Geschäft. Die Geestekaje wurde zu klein für die steigende Zahl an Fischdampfern, so dass 1896 ein Fischereihafen in Geestemünde eröffnet wurde. Im benachbarten Bremerhaven wurde der Alte Hafen als Fischereihafen genutzt. Mit der Zeit wurden die Fischdampfer immer größer, da das 1895 eingeführte Schleppnetz mit Scherbrettern größere Fangmengen ermöglichte und immer weiter nördlich liegende Fanggründe angesteuert wurden. Die Arbeit der Hochseefischer war hart und gefährlich. Durch geschlossene Ruderhäuser und die Einführung der Back wurden die Arbeitsbedingungen auf den Schiffen etwas verbessert und die Sicherheit erhöht.[3]

Bis zum Ausbruch des Ersten Weltkriegs waren 85 Fischdampfer in Geestemünde und 54 Fischdampfer in Bremerhaven beheimatet.

3: Sechs Neubauten auf den Helgen der Tecklenborg-Werft an der Geeste (von links nach rechts): Schlepper „Britannia", Fischdampfer „Prangenhof" und „Elsfleth" für die Reederei Wieting, Viermastbark „Pangani" sowie die beiden Passagierdampfer „Scharnhorst" und „Roon", 28.10.1902

Eines dieser Schiffe war der Geestemünder Fischdampfer PG 87 „Prangenhof", benannt nach einer kleinen Ortschaft in der Wesermarsch. Als Bau-Nummer 186 lief er im Oktober 1902 auf der Tecklenborg-Werft an der Geeste vom Stapel, im Dezember des gleichen Jahres wurde der Neubau an die Geestemünder Reederei Julius Wieting abgeliefert (Abb. 3). Das 36 Meter lange Schiff fuhr zunächst mit 11, später mit 12 Mann Besatzung. Die Dreifachexpansions-Dampfmaschine mit 300 PS ermöglichte eine maximale Geschwindigkeit von 11 Knoten und war auch bei Tecklenborg gebaut worden. Die Ladekapazität des Fischdampfers lag bei 1.200 Korb. 1907 wurde die Reederei in die „Hochseefischerei J. Wieting AG" umgewandelt und verlegte ihren Firmensitz von Geestemünde nach Bremerhaven, so dass die „Prangenhof" das neue Fischereikennzeichen BX 82 erhielt.[4]

Die „Prangenhof" war nicht der erste Fischdampfer der Reederei Wieting, und auch zur Tecklenborg-Werft wurden schon seit Jahren Geschäftskontakte unterhalten. Vor seiner Reeder-Karriere befehligte Julius Wieting (1835 Tossens – 1895 Bremerhaven) als Kapitän verschiedene Schiffe, darunter von 1862 bis 1864 die Bark „Helvetia", die dem Werftbesitzer Franz Tecklenborg gehörte.[5] Mitte der 1880er Jahre wurde Julius Wieting Reedereivertreter in Bremerhaven. Anschließend wagte er 1888 den Sprung in die Selbstständigkeit und erwarb zwei bei Tecklenborg gebaute Frachtsegelschiffe.[6] Ein Jahr später stieg Wieting als Reeder in die Hochseefischerei ein und ließ drei Fischdampfer bauen. Zwei dieser Schiffe, die ungefähr die Größe und die Leistung der „Sagitta" hatten, gab er bei der Tecklenborg-Werft in Auftrag, ein drittes orderte er bei der englischen Werft von T.R. Oswold in Milford Haven (Abb. 4). Dieses Schiff zählte mit 350 PS zu den damals leistungsstärksten Fischdampfern, was der Besatzung allerdings wenig nutzte, als das Schiff 1892 von einer Bark gerammt wurde und sank.[7]

Schiffsverluste und damit zumeist verbundene Verluste der Besatzung waren Erfahrungen, die alle Fischdampferreeder hinnehmen mussten. Auch die „Sagitta", der erste deutsche Fischdampfer, kam von einer Fangreise nach Island im Jahr 1901 nicht zurück, Schiff und Mannschaft gelten als verschollen. Unter Island, dem wichtigsten Fanggebiet der deutschen Hochseefischerei vor dem Ersten Weltkrieg, gab es besonders im Winter oft schwere Stürme bei eisigen Temperaturen. Bis 1914 ließ die Reederei Wieting 23 Fischdampfer bauen, davon gingen acht in Stürmen verloren, die häufig in der Weihnachtszeit auftraten. In der Nacht vom 22. auf den 23. Dezember 1894 wütete ein Sturm unter Island so heftig, dass gleich fünf Fischdampfer sanken, zwei davon gehörten zur Reederei Wieting.[8] Bei solchen Schiffsunglücken waren die Überlebenschancen der Mannschaft sehr gering. Reeder und Besatzungsmitglieder in der Hochseefischerei verdienten zwar relativ gut, dafür trugen sie aber auch ein hohes Risiko (Abb. 5). Nicht nur Stürme bedrohten ihr Leben, auch die Arbeit beim Aussetzen und Einholen des Netzes auf dem offenen Fangdeck war Schwerstarbeit mit hohem Unfallrisiko (Abb. 6). Angesichts solcher Arbeitsbedingungen verwundert es

4: Fischdampfer der Reederei Wieting beim Einholen des Netzes, Ansichtskarte, um 1900

5: Die Mannschaft des Fischdampfers PG 129 „Polarstern" vor dem Deckshaus, um 1910

nicht weiter, dass die Besatzungen gelegentlich streikten. So weigerten sich beispielsweise 1906 Matrosen und Netzmacher eines Fischdampfers der Reederei Wieting nach einer Fangreise, im Hafen den Fisch zu löschen und Kohle und Eis für die nächste Reise zu bunkern (Abb. 7). Diese Streiks führten letztlich dazu, dass 1908 eine Fischereihafen-Betriebsgesellschaft gegründet wurde, die das Löschen der Ladung seitdem übernahm.[9]

Der Fischdampfer „Prangenhof" hatte nur zwei Monate nach seiner Indienststellung einen schweren Sturm zu überstehen, wie ein Zeitungsbericht vom 28. Februar 1903 belegt: „Schwere Stürme hatten die hier beheimateten Fischdampfer ‚Prangenhof' und ‚Karl Adolf' am 20. und 21. d. Mts. auf der Heimfahrt von Island in der Nähe der Färöer zu bestehen. Dem letzteren Dampfer wurden durch überkommende See unter anderem die Greeting über Bord geschlagen und das Rettungsboot vollständig zertrümmert. Viel schlimmer sah es noch auf dem erst seit Dezember v. Js. in Fahrt befindlichen neuerbauten, für die Islandfahrt besonders eingerichteten Fischdampfer ‚Prangenhof' aus. Diesem war die Steuerbordreeling bis zur Hälfte des Schiffes

6: Blick auf das Fangdeck des Fischdampfers PG 129 „Polarstern“, wo gerade der Steert (Netzbeutel) eingeholt wird, um 1910

7: Löschen des Fischdampfers PG 51 „Oldenburg“ der Reederei Wieting im Geestemünder Fischereihafen, um 1905

eingedrückt und die starken Reelingsstützen vollständig krumm gebogen. Die Dampfwinde war stark demoliert und betriebsunfähig. Die im Ruderhaus befindlichen Türen und Fenster waren sämtlich zertrümmert. Durch das furchtbare Arbeiten des Schiffes brachen dann auch noch die Stangen des Steuerruders, wurden aber durch das tapfere Eingreifen der Besatzung bald wieder notdürftig repariert und so dem Schiff die Manövrier-Fähigkeit wiedergegeben. Zeitweilig hat das Schiff bis zu 30 Minuten auf der Seite liegend getrieben. Nur mit den größten Anstrengungen gelang es dem Maschinen-Personal Feuer und somit Dampf zu halten, da beim Öffnen der Thüren das Feuer in den Heizraum flog und dadurch das Heizen fast unmöglich wurde. Zeugsäcke hatte man mit Twist und Bettstücken – beides in Öl getränkt – gefüllt und sich so stündlich Ölbeutel hergestellt. Diese hat man außerbords aufgehängt um die Macht der überkommenden See abzuschwächen. Drei Mann der Besatzung haben sich Verletzungen durch Quetschungen zugezogen und müssen ärztliche Hilfe in Anspruch nehmen. Außer den hier angeführten, geben noch viele andere kleine Havarien an Deck Zeugnis von der furchtbaren Gewalt der unerbittlichen See, der diese Dampfer zu widerstehen hatten.“[10]

Während des Ersten Weltkriegs (1914–1918) mussten nach und nach fast alle deutschen Fischdampfer an die Kaiserliche Marine abgegeben werden. Sie wurden als Vorpostenboote (Abb. 9) dazu eingesetzt, in der Nord- und Ostsee den Schiffsverkehr zu überwachen, die Annäherung feindlicher Kriegsschiffe zu melden und Handelsschiffe durch Minensperren zu geleiten.[11] Von dieser Regelung war auch die Reederei Wieting betroffen.

8: Im Geestemünder Fischereihafen haben mehrere Fischdampfer der Reederei Wieting festgemacht (von links nach rechts): BX 132 „Georg Robbert“, BX 124 „Konsul Reepen“ und BX 79 „Oldenburg“, um 1920

9: Das Vorpostenboot „Haun“ wurde 1918 als Neubau direkt an die Kaiserliche Marine geliefert und zeigt eine deutlich stärkere militärische Ausrüstung als die 16 Jahre ältere „Prangenhof“. Die „Haun“ fuhr nach dem Ersten Weltkrieg nur wenige Tage als Fischdampfer, 1918

10: Das Wrack der „Prangenhof“ taucht vom Meeresboden auf, 28.11.2001

Neben der „Prangenhof“ hatte die Reederei 1914 noch fünf weitere Fischdampfer in Fahrt und einen Neubau in Auftrag gegeben, der jedoch nicht an den Auftraggeber ausgeliefert, sondern sofort zur Marine eingezogen und erst nach Kriegsende 1918 an die Reederei zurückgegeben wurde.[12] Im Laufe des Jahres 1915 wurden fünf Wieting-Fischdampfer zur Kaiserlichen Marine eingezogen und als Vorpostenboote eingesetzt. Nur drei dieser Schiffe wurden nach Kriegsende an die Reederei zurückgegeben, zwei Schiffe gingen durch Kriegseinwirkungen verloren. Der einzige Fischdampfer, der während des Ersten Weltkriegs bei der Reederei verblieb, wurde 1916 von britischen Kriegsschiffen aufgebracht und war damit für den Eigner ebenfalls ein Verlust.[13] Insgesamt gingen in Geestemünde und Bremerhaven während des Ersten Weltkriegs 99 Fischdampfer durch Kriegseinwirkungen verloren, das waren rund 70 Prozent der Vorkriegsflotte.[14] Da die Besatzungen größtenteils zur Kriegsmarine eingezogen wurden, war die Zahl der gefallenen Soldaten, die vorher in der Hochseefischerei gefahren waren, entsprechend hoch.

Ein ähnliches Schicksal ereilte auch den Fischdampfer „Prangenhof“, der am 6. März 1915 an die Kaiserliche Marine abgeliefert werden musste.[15] Zum Vorpostenboot umgerüstet, wurde er zusammen mit sieben weiteren deutschen Fischdampfern im besetzten Flandern („Bootsabteilung Flandern“) stationiert. Für die Kaiserliche Marine war es von großer strategischer Bedeutung, die Küste Flanderns insbesondere gegen englische Angriffe zu sichern.[16] Ein Jahr später, am 27. April 1916[17], strandete die „Prangenhof“ auf einer Sandbank in der Nähe von Zeebrügge und musste aufgegeben werden. Die Hafeneinfahrt von Zeebrügge und das vorgelagerte Küstengebiet zu sichern, barg Gefahren für die Schiffe, da zahlreiche Sandbänke, abfallende Wassertiefen und ein starker Gezeitenstrom das Navigieren erschwerten.[18] Die Wahrscheinlichkeit ist jedoch hoch, dass sich die Mannschaft der „Prangenhof“ retten konnte oder gerettet wurde.

Damit wäre die Geschichte dieses Schiffs eigentlich zu Ende erzählt, aber es sollte im wahrsten Sinne des Wortes noch einmal auftauchen (Abb. 10). Am 28. November

11: Das Wrack der „Prangenhof" wird auf einen Ponton gehievt, 28.11.2001

13: Die im Fischladeraum gefundene Munition wurde zuerst entsorgt, 28.11.2001

2001 hob eine belgische Bergungsfirma in der Nähe von Zeebrügge ein Schiffswrack, das den Schifffahrtsweg behinderte, vom Meeresboden und verbrachte es in den Hafen von Ostende (Abb. 11). Kurze Zeit später traf per Email die erste Anfrage der Hafenkapitänin von Ostende, Réjane Gyssens, im Historischen Museum Bremerhaven ein. Gewünscht war die

12: Schiffsglocke des Wieting-Fischdampfers BX 75 „Nereus", der 1916 von englischen Kriegsschiffen aufgebracht wurde, 2014

Bestätigung, dass es sich bei dem Wrack um den ehemaligen Bremerhavener Fischdampfer „Prangenhof" handelte. Ein reger Austausch von Informationen und Fotos begann, der Spannendes zu Tage förderte.

Originale Ausrüstungsgegenstände von deutschen Fischdampfern aus der Zeit vor den beiden Weltkriegen sind ausgesprochen selten, da diese Schiffe entweder im Sturm oder im Krieg verloren gingen oder verschrottet wurden. Schiffstagebücher, eine Schiffglocke (Abb. 12) oder Seefahrtsbücher gehören zu den wenigen erhaltenen Relikten. Bei dem Schiffswrack handelte es sich zwar um einen zum Vorpostenboot umgerüsteten Fischdampfer, doch diese Veränderungen waren relativ gering.[19] Vermutlich waren Schnellfeuerkanonen auf der Back und dem Achterdeck installiert worden, denn der Fischladeraum diente nun zum Lagern von 5 cm-Patronen (Abb. 13). Obwohl nur der Schiffsrumpf – ohne Deckshaus und Masten – geborgen wurde, befand sich die Fischnetzwinde noch an ihrem Platz auf dem Fangdeck (Abb. 14). Sogar der Hersteller der Winde ließ sich entziffern, die Geestemünder Maschinenfabrik und Eisengießerei M. Achgelis & Söhne (Abb. 15).

14: Blick auf das Deck der geborgenen „Prangenhof"; gut erkennbar ist die Back auf dem Vorschiff sowie die verdrehte Netzwinde vor den Resten des Deckshauses, 28.11.2001

Auch die Fischgalgen waren noch vorhanden. Da das Wrack auf dem Meeresboden komplett von Schlick und Sand eingeschlossen war, befand es sich in einem guten Erhaltungszustand. Probleme mit der Konservierung ergeben sich erst, wenn Metallobjekte aus dem Salzwasser geborgen werden und mit Sauerstoff in Berührung kommen. Ohne aufwändige konservatorische Behandlung zerfallen sie schnell.

Das Wrack wurde nach der Reinigung und der Räumung von Munition im Hafen von belgischen Schiffsarchäologen eingehend untersucht und dokumentiert, da es anschließend verschrottet wurde.[20] Bewegliche Objekte wurden geborgen, gereinigt und aufbewahrt, einige Exponate dem Historischen Museum Bremerhaven gestiftet (vgl. Kat. Nr. 6.1–6.8 in diesem Band). Außer einem Pfeifenkopf, einem Schuh oder einem Mützenband mit der Aufschrift „8 I Matrosenregiment" (1. Matrosenregiment der 8. Kompagnie) fanden sich relativ wenig persönliche Gegenstände auf dem Schiff, was dafür spricht, dass die Mannschaft geordnet von Bord gehen konnte.

Der Maschinentelegraf stand auf „HALT", das heißt, die Gefahr war zwar noch erkannt worden, aber nicht mehr vermeidbar gewesen (Abb. 16). Geborgen wurden auch die Bauschilder des Schiffs und der Dampfmaschine, die die Schiffsidentität eindeutig belegen.

15: Der Spillkopf der Netzwinde mit der Herstellermarke, 28.11.2001

16: Der Maschinentelegraf der „Prangenhof" nach der Bergung, 28.11.2001

---

1 Benscheidt/Kube 2010.

2 Benscheidt/Kube 1996, S. 13.

3 Benscheidt/Kube 1995, S. 16f.

4 Liste Tecklenborg; Albers 1991.

5 Pawlik 2008, S. 342.

6 Liste Tecklenborg; Beckmann 2003, S. 190f.

7 Albers 1991.

8 Ebd.

9 Herbig 1979, S. 165.

10 Archiv Deutsches Schifffahrtsmuseum, Bremerhaven.

11 Bestandsbeschreibung RM 120, Bundesarchiv Freiburg.

12 Albers 1991; Deutscher Seefischerei-Almanach für 1914.

13 Albers 1991.

14 Benscheidt/Kube 1995, S. 17.

15 Gröner 1993, S. 224; laut Albers 1991 wurde die „Prangenhof" am 11. Mai 1915 aus dem Fischerei-Register ausgetragen.

16 Gröner 1993, S. 224.

17 Schulze 1922, S. 379.

18 Ebd., S. 382.

19 Ebd., S. 383f berichtet von behelfsmäßig mit alten Geschützen und Maschinengewehren ausgerüsteten Fischdampfern.

20 Termote 2003.

Objekte
Archäologie unter Wasser

Archäologie unter Wasser

Wracks sind Zeitkapseln, die wie in einer Momentaufnahme das Leben und Arbeiten ihrer Epoche dokumentieren. Archäologen bemühen sich, dieses Kulturerbe zu schützen und es als Quelle nicht nur für die Geschichte des Schiffbaus, sondern darüber hinaus auch für die Erforschung von Fragen der Politik, des Handels und der Kultur zu nutzen. Nur unter strengen Regeln erlauben Archäologen die Bergung eines Wracks. Jeder Schritt bei einer solchen Grabung muss genau dokumentiert werden. Besondere Umsicht verlangt die Konservierung der Funde, denn beim Kontakt mit Sauerstoff drohen sie zu zerfallen.

Die Anziehungskraft, die von versunkenen Schiffen ausgeht, bringt sie allerdings auch in Gefahr, denn dadurch werden Schatzjäger auf sie aufmerksam. Durch die Verbesserung der Technik für das Tauchen sowie für das Orten und Erkunden werden immer mehr Wracks zugänglich. Die UNESCO bemüht sich, diese Fundstätten durch die 2001 verabschiedete und 2009 in Kraft getretene „Konvention zum Schutz des Kulturerbes unter Wasser" zu bewahren. *AS*

Schiffs-katastrophen

Die Angst vor dem Untergang

Schätzungen zufolge liegen auf dem Grund der Meere etwa drei Millionen unerforschte Schiffswracks. Viele Untergänge haben Weltgeschichte gemacht: die Zerstörung der persischen Flotte 480 v.Chr. bei Salamis, der Verlust der spanischen Armada vor Großbritannien 1588 oder die Versenkung des Passagierdampfers „Lusitania" 1915, die zum Eintritt der USA in den Ersten Weltkrieg führte.

Die Furcht, beim Untergang eines Schiffs zu ertrinken, gehört zu den Urängsten der Menschen. Die berühmteste Schiffskatastrophe der Welt ist der Verlust der „Titanic" im April 1912. Es ist kein Wunder, dass gerade dieses Ereignis bis heute so hohe Wellen schlägt, denn es ereignete sich in einer Epoche, in der die Menschen die Hoffnung hegten, die Natur durch Technik überwinden zu können. Dass die Jungfernfahrt dieses Weltwunders auf dem Grund des Atlantischen Ozeans endete, löste einen Schock aus, der bis heute anhält. Aber auch Katastrophen, die erst vor kurzem passierten, haben sich in das kollektive Gedächtnis eingegraben, vor allem dann, wenn sie starke Bilder lieferten. *AS*

Bildliche Darstellungen

1.1
Havarie vor Helgoland

Heinrich Gätke
(Pritzwalk 1814 – Helgoland 1897)
um 1850
Öl auf Leinwand; H. 34, B. 39
Bremerhaven, Deutsches Schifffahrtsmuseum; I/10329/08

Die Gattung der Marinemalerei kam im 19. Jahrhundert zu einer neuen Blüte. Die Darstellung von Schiffsuntergängen durch die Künstler dieser Zeit griff eine zwei Jahrhunderte zuvor in den Niederlanden begründete Tradition auf, entwickelte diese jedoch weiter. Seesturm und Wrack interpretierten sie nun als romantische Weltschmerz- und Sehnsuchtsmotive.

Heinrich Gätke war 1841 auf die Insel Helgoland gezogen. Trotz der dramatischen Szene sind auf seinem Bild keine Menschen zu erkennen, der Himmel ist klar und die See leicht unruhig. Der melancholische Charakter des Bildes entspricht dem Geist seiner Zeit.

Bekannt geworden ist Gätke vor allem durch ornithologische Studien. Auf Helgoland beschäftigte er sich wissenschaftlich mit dem Vogelzug. Seine Arbeiten auf diesem Gebiet waren Grundlage für die moderne Vogelkunde; durch seine Publikationen fand der Begriff „Vogelwarte" in den deutschen Sprachschatz. *MW*

Gebhardt 1964; Knupp 1973

1.1

1.2
Schwerer Brecher kommt über

Kaeseberg & Oertel nach Ferdinand Lindner
(Dresden 1842 – Berlin 1906)
um 1890
Holzstich; H. 19,8, B. 29,2
Bremerhaven, Historisches Museum
Bremerhaven; 13/1279.02

Sturm und Schiffbruch waren verbreitete Motive in der Trivialkunst um 1900. Solche Bilder zeigen die maximale Konfrontation von Mensch und Natur. Im Zeitalter der Industrialisierung griffen sie damit ein aktuelles Konfliktfeld auf. Außerdem sorgten sie für wohliges Schauern bei den Konsumenten der Publikationen, in denen diese Motive abgebildet wurden.

Ferdinand Lindner stellt zwei Matrosen dar, die auf einem Segelschiff gegen einen Sturm kämpfen. Er präsentiert sie als starke Figuren, die sich mutig und tapfer der Gefahr stellen, während einer ihrer Schicksalsgenossen den Kampf gegen die Wellen bereits verloren hat. Die so gezeigten Matrosen haben einen engen Bezug zum militärischen Männlichkeitsideal, das auch die kaiserliche Marinepropaganda transportierte.

Das Image der Seeleute erlebte in dieser Zeit eine starke Wandlung. Besonders die katholische Kirche hatte lange das Bild des verruchten und sündigen Seemanns vertreten. Seit dem ausgehenden 19. Jahrhundert werden Seeleute dagegen eher mit weltoffenen Draufgängern assoziiert, und der Freiheitsbegriff verbindet sich untrennbar mit diesem Beruf. *MW*

Hüttinger 1970; Mertens 1987

Schwerer Brecher kommt über.

1.2

1.3
Der Kuß der Welle

Richard Brend'amour nach Gustav Wertheimer
(Wien 1847 – Paris 1904)
1884
Holzschnitt; H. 36,4, B. 49,1
Bremerhaven, Historisches Museum
Bremerhaven; 13/322

Allegorische Darstellungen von Schiffsuntergängen weisen über konkrete Ereignisse hinaus und greifen auf lange tradierte Mythen zurück. Gustav Wertheimers Gemälde, das die Vorlage für die in der „Illustrirten Zeitung“ vom 5. Januar 1884 abgedruckte Graphik bildete, liegt ein Gedicht von Hermann Lingg (1820 Lindau – 1905 München) zugrunde. Ein Mann auf einem untergehenden Boot küsst eine aus dem Meer aufsteigende unbekleidete Frau. Die Darstellung besteht aus Kontrasten: Mann und Frau – unruhige Wellen und stille Umarmung – Tod und Leben.

In Literatur und Kunst symbolisiert Wasser zugleich Liebe und Vergänglichkeit. Es gilt als Sinnbild der Sexualität und Fruchtbarkeit, bringt aber auch Gewalt und Zerstörung. In Wertheimers Gemälde werden Leben und Tod jedoch nicht als Widerspruch präsentiert, sondern zeigen sich als Kreislauf.

Das Bildmotiv ist an die literarische Figur der Nixe angelehnt. Nixen werden als verführerisch und schön dargestellt, führen ihre Opfer jedoch ins Verderben. Berühmte Beispiele hierfür sind die Sirenen aus Homers „Odyssee“ und Goethes Ballade „Der Fischer“. In beiden Fällen locken sie Seeleute herbei, um sie in den Tod zu reißen. *MW*

Otto 2001

1.3

1.4
Das Floß der Medusa

Charles Maurand nach Théodore Géricault
(Rouen 1791 – Paris 1824)
um 1861
Kupferstich; H. 30, B. 43,2
Bremerhaven, Historisches Museum
Bremerhaven; 13/282

Als das Gemälde „Le Radeau de la Méduse“ 1819 im Pariser Salon ausgestellt wurde, sorgte es für einen Aufschrei. Als zu detailliert und zu grausam empfanden die Besucher das knapp sieben mal fünf Meter große Gemälde. Es zeigt die Überlebenden der „Méduse“, einer französischen Fregatte, die 1816 vor der westafrikanischen Küste auf Grund lief. An Bord waren 400 Menschen. Es gab nicht genügend Rettungsboote, also baute man zusätzlich ein Floß, das an diese Boote gehängt wurde. Das Ziehen des Floßes war sehr mühselig, so dass die Besatzung der Boote das Seil kappte. Manövrierunfähig und ohne Vorräte trieb das mit 147 Menschen besetzte Floß auf das offene Meer hinaus. Bald herrschte Kannibalismus, nur 15 Überlebende konnten nach zwölf Tagen gerettet werden.

Das Gemälde zeigt den Moment, in dem am Horizont das rettende Schiff zu sehen ist. Das Bild war besonders umstritten, weil es einen Schwarzen inmitten der anderen Passagiere präsentiert, was als Kritik am französischen Kolonialismus empfunden wurde. Zeitgenössisch erfuhr Géricault keine Anerkennung für sein Gemälde, heute hängt es als eines der Hauptwerke der französischen Malerei im Pariser Louvre. Es gilt außerdem als die berühmteste künstlerische Darstellung eines Schiffsuntergangs, die auf einem tatsächlichen Vorfall beruht. *MW*

Hüttinger 1970; Mertens 1987

1.4

1.5
Der Untergang der „Northfleet". Der Kapitän nimmt Abschied von seiner Frau

Monogrammist A.H.
um 1873
Holzstich; H. 31,2, B. 49,2
Bremerhaven, Historisches Museum Bremerhaven; 13/213

„Frauen und Kinder zuerst!" Um 1900 galt dieser Verhaltenskodex besonders bei der Evakuierung von Schiffen, denn oft standen nicht genügend Rettungsboote für die Passagiere und die Besatzung zur Verfügung.

Die Graphik zeigt den Untergang der „Northfleet" am 22. Januar 1873. Das Dreimast-Segelschiff stieß im Ärmelkanal mit dem spanischen Dampfer „Murillo" zusammen und sank innerhalb von 30 Minuten. Auf Deck herrschte Panik. Um Frauen und Kindern den Vortritt zu gewähren, versuchte der Kapitän Edward Knowles vergeblich, die Männer mit Waffengewalt in Schach zu halten. Nur die Frau des Kapitäns und zwei Kinder schafften es in die Rettungsboote.

Die ab den 1840er Jahren zuerst in England und dann auch in anderen europäischen Ländern gegründeten Illustrierten, die als erste Massenmedien auf Bildreportagen setzten, griffen solche Unglücke dankbar auf und widmeten ihnen ganzseitige Abbildungen, so hier die seit 1858 in Stuttgart erscheinende Zeitschrift „Über Land und Meer".

Der Grundsatz „Frauen und Kinder zuerst!" ist nicht im Seerecht verankert. Dass der Kapitän erst als Letzter das Schiff verlassen darf, ist jedoch in vielen Ländern Gesetz. *MW*

Däbritz 2002, S. 21–26; Elinder/Erixson 2012, S. 15

1.5

1.6
Untergang des französischen Dampfers „Ville du Havre" am 22. November

Unbekannter Künstler

1874

Holzstich; H. 23,5, B. 35

Bremerhaven, Historisches Museum Bremerhaven; 13/229

Der Untergang der „Ville du Havre" am 22. November 1873 gilt als eines der schwersten Unglücke der französischen Schifffahrt. Der Passagierdampfer der Reederei „Compagnie Générale Transatlantique" wurde ab 1866 für den Transatlantikverkehr von Le Havre nach New York eingesetzt. Das Schiff war bereits 1865 unter dem Namen „Napoléon III." als Raddampfer in London vom Stapel gelaufen. 1871 wurde es aufwändig umgebaut. Dabei wurde es vergrößert, und die Schaufelräder wurden demontiert.

Es befand sich auf der Rückreise nach Le Havre, als es 680 Seemeilen nordwestlich der Azoren mit dem Segelschiff „Loch Earn" kollidierte. Für die 226 Personen waren nicht genügend Rettungsboote verfügbar, so dass nur 87 das Unglück überlebten. Die Abbildung stammt aus der in Leipzig verlegten „Illustrirten Zeitung" vom 3. Januar 1874.

Auf dem Bild sieht man deutlich, dass das Schiff außer Schornsteinen auch noch Segel hatte. Diese Hybrid-Schiffe stellten den technischen Übergang zum reinen Dampfer dar. Die Segel unterstützen die schwache Dampfmaschine und sorgten für zusätzliche Geschwindigkeit. *MW*

Wittkop 1979

Untergang des französischen Dampfers Ville du Havre am 22. November. Nach einer Skizze.

1.6

1.7
Die „Sophie Görbitz"

J. Dilschmann

um 1880

Gouache; H. 52, B. 63

Bremerhaven, Deutsches Schifffahrtsmuseum; I/03644/85

Die Reederei F. Hilken aus Vegesack setzte die 1869 gebaute „Sophie Görbitz" für den Transport von Kohle und anderen Schüttgütern nach Brasilien, Mexiko und zu den Westindischen Inseln ein. Bei einer Fahrt vom Senegal in die Karibik um 1880 infizierte sich die Mannschaft mit Malaria. Nur zwei Besatzungsmitglieder waren noch in der Lage, das Schiff zu steuern. Als es in einen Sturm geriet, verlor die Mannschaft die Kontrolle und kappte die Masten. Nur mit großer Mühe gelang es den Seeleuten, die „Sophie Görbitz" in den Hafen von Saint Thomas manövrieren. Das stark beschädigte Schiff war nicht mehr zu retten und wurde abgewrackt.

Die anschauliche Zeichnung, die vom ersten Steuermann der „Sophie Görbitz" stammt, zeigt den Kampf der Besatzung gegen den Sturm. *MW*

Spengemann 1935

1.7

1.8
Der Untergang des Dampfers „Utopia" vor Gibraltar

Unbekannter Künstler

1891

Holzstich; H. 26,2, B. 18,9

Bremerhaven, Historisches Museum Bremerhaven; 13/358

Um 1900 befand sich Europa im Technikrausch: Es schien, als sei es möglich, alle natürlichen Barrieren mit technischen Mitteln zu überwinden. Ein ungebrochener Fortschrittsoptimismus hatte die Menschen erfasst. Auch im Schiffbau glaubte man, mit der Einführung von Stahlrümpfen und Dampfmaschinen die Gefahren der Seefahrt überwunden zu haben. Die ersten stählernen Schiffe galten als unsinkbar und wurden entsprechend begeistert aufgenommen.

Der 1874 durch die Reederei „Anchor Line" für den Transatlantikverkehr in Dienst gestellte Auswandererdampfer „Utopia" war ein solches Schiff. Dennoch kam es am 17. März 1891 zur Katastrophe: Im Hafen von Gibraltar stieß die „Utopia" bei schlechtem Wetter mit dem britischen Kriegsschiff „Anson" zusammen. Der Rammbug der „Anson" schnitt ein fünf Meter langes Loch in den Rumpf der „Utopia". Nur 318 der 880 Menschen an Bord überlebten das Unglück. Die Opfer versanken vor den Augen der im Hafen versammelten Schaulustigen, die wegen der starken Brandung nicht eingreifen konnten. Die bildliche Darstellung dieser Tragödie wurde in der „Illustrirten Chronik der Zeit" abgedruckt. Nicht zuletzt wegen ihres beziehungsreichen Namens erschien der Untergang der „Utopia" den Zeitgenossen als Menetekel. *MW*

Berghoff 2000

1.8

1.9
Die „Saint-Jean-de-Kerlouan" in Not

Unbekannter Künstler
um 1900
Siebdruck; H. 38,5, B. 28,5
Bremerhaven, Historisches Museum
Bremerhaven; 14/633

Um 1800 war die Rettung von Schiffbrüchigen keine rechtliche, sondern eine rein moralische Verpflichtung. Oftmals verlangten die Bewohner küstennaher Dörfer Geld für ihre Hilfe. Zunehmender Seeverkehr und schwere Unfälle führten zur Gründung der ersten auf nationaler Ebene tätigen Seenotrettungsgesellschaften. 1824 entstand in Großbritannien als erste Organisation ihrer Art die „National Institution for the Preservation of Life from Shipwreck", weitere folgten in ganz Europa. An besonders gefährlichen Küstenabschnitten richteten Freiwillige Stationen mit Rettungsbooten ein.

In Frankreich gründete sich 1865 – im selben Jahr wie die „Deutsche Gesellschaft zur Rettung Schiffbrüchiger" – die „Société Nationale de Sauvetage en Mer". Das abgebildete französische Fischereischiff „Saint-Jean-de-Kerlouan" geriet 1900 an der Küste der Bretagne in Seenot. Die gesamte Besatzung konnte von den Seenotrettern mit dem Boot „Marie Thérèse" gerettet werden. *MW*

Ostersehlte 1990; Schwabedissen 2004

1.9

1.10
Die "Herald of Free Enterprise"

Claude Salhani

7. März 1987

Fotografie

CORBIS

Bilder von Schiffsuntergängen werden heute nicht mehr durch Druckgraphiken, sondern durch Fotografien und Filmsequenzen übermittelt. Der Verlust der Kanalfähre "Herald of Free Enterprise" gehört zu den Unglücken, die im Gedächtnis geblieben sind – nicht zuletzt deshalb, weil das Schiff nicht komplett versank, sondern bei niedrigem Wasserstand auf der Backbord-Seite liegen blieb, was für spektakuläre Luftbilder sorgte.

Die „Herald of Free Enterprise" kenterte am 6. März 1987 bei der Ausfahrt aus dem Hafen von Zeebrügge. Ihr Ziel war Dover. Von den 623 Menschen an Bord starben 193. Die Katastrophe ist darauf zurückzuführen, dass ein Matrose versäumte, die Bugklappen der Roll-on-Roll-off-Fähre rechtzeitig zu schließen, so dass Wasser eindringen konnte. *AS*

1.10

1.11
Die Bugklappe der „Estonia"

Jaakko Avikainen/Lehtikuva Oy

19. November 1994

Fotografie

dpa Picture-Alliance

Beim Untergang der „Estonia" am 28. September 1994 starben 852 Menschen. Die Fähre war auf dem Weg von Tallinn nach Stockholm, als sie vor der finnischen Insel Utö Schlagseite bekam und versank.

Als schwerste Schiffskatastrophe der Nachkriegszeit in Europa ist diese Tragödie unvergessen, obwohl es von diesem Ereignis, das sich mitten in der Nacht abspielte, keine wirkmächtigen Bilder gibt. Das Foto der aus den Tiefen geborgenen Bugklappe, deren Verlust den Untergang vermutlich hervorrief, steht stellvertretend für das gesamte Schiff, das auf dem Meeresgrund verblieb. *AS*

1.11

1.12
Die „Costa Concordia"

Topdeq
28. April 2013
Fotografie
Dreamstime

Der spektakulärste Schiffsuntergang der letzten Jahre ereignete sich am 13. Januar 2012, als das Kreuzfahrtschiff „Costa Concordia" mit 4.229 Menschen an Bord vor der toskanischen Insel Giglio kenterte. Schuld war ein riskantes Manöver des Kapitäns, der nach der Havarie panikartig das Schiff verließ, während die gestrandeten Passagiere noch festsaßen. 32 Menschen starben, darunter zwölf deutsche Urlauber.

Das zur Hälfte unter Wasser vor dem Hafen liegende Kreuzfahrtschiff sorgte für eine Bildikone, die in das kollektive Gedächtnis der Menschheit eingegangen ist. Im September 2013 wurde die „Costa Concordia" aufgerichtet und schließlich im Juli 2014 nach Genua geschleppt, wo der zerstörte Rumpf verschrottet wurde. *AS*

1.12

Die „Titanic"

1.13
Mythos Titanic

Washington., D.C., 2012
(National Geographic Society)
Box mit 3 DVDs
Privatbesitz

Der Untergang der „Titanic" ist nicht nur wegen der hohen Zahl der Opfer zum Mythos geworden, sondern auch deshalb, weil er den Glauben der Moderne an die Technik erschütterte. Der Luxus an Bord sowie der Reichtum und die Prominenz vieler Passagiere regen die Phantasie zusätzlich an.

Zum 100. Jahrestag des Untergangs der „Titanic" veröffentlichte die „National Geographic Society", eine der wichtigsten populärwissenschaftlichen Institutionen der USA, eine DVD-Box, die den Untergang des Ozeanriesen dokumentarisch nachzeichnet. Ein besonderes Augenmerk liegt dabei auf der Entdeckung des Wracks durch den Ozeanographen Robert D. Ballard am 1. September 1985 in 3.740 m Tiefe vor der Küste Neufundlands. Dessen Arbeit wird als „Top-Secret"-Mission dargestellt, um so nicht nur den Untergang des Schiffs, sondern auch die Suche nach dessen Überresten als dramatische Episoden des „Mythos Titanic" darzustellen. Das Cover der DVD-Box zeigt den von Korallen überwachsenen Bug des Schiffs am Meeresboden. *MW*

Ballard 1987, S. 61–89

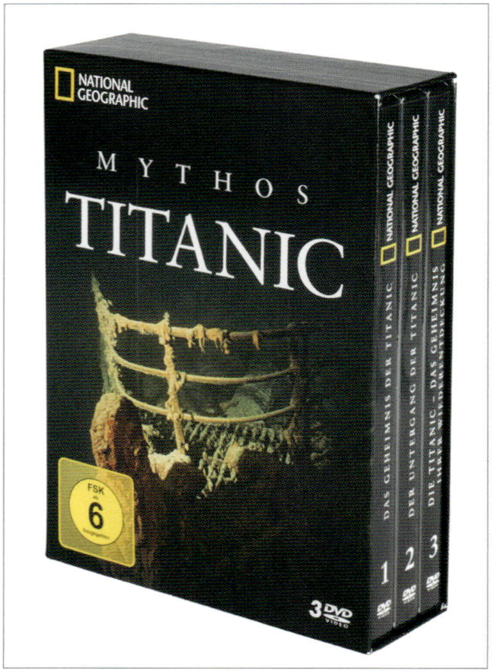

1.13

1.14
Titanic

James Cameron (Regie und Drehbuch)
1997 (20th Century Fox/Paramount Pictures)
DVD
Privatbesitz

James Camerons Filmepos „Titanic", das 1997 in die Kinos kam, brach alle Rekorde. Die Love-Story mit Kate Winslet und Leonardo DiCaprio räumte elf Oscars ab und spielte mit 1,8 Milliarden US-Dollar mehr Geld ein als jeder Film zuvor. Sie erzählt von der die gesellschaftlichen Schranken überwindenden Liebe zwischen der 17jährigen Rose, die der Oberschicht Philadelphias entstammt, und dem Glücksritter Jack. Auf dem Filmplakat ist der (hier noch makellose) Bug des Schiffes zu sehen – der Schauplatz des ersten Kusses der Liebenden. Die Rahmenhandlung bildet die Suche eines Schatzjägers, der ein Diamanten-Collier aus einem Tresor des versunkenen Schiffes bergen will und dabei eine Aktzeichnung entdeckt, die Rose darstellt.

Der tauchbegeisterte Regisseur James Cameron (* 1954 Kapuskasing, Ontario) unternahm schon bald nach der Entdeckung des Wracks der „Titanic" durch Robert D. Ballard mehrere U-Boot-Fahrten, um den Ozeanriesen vor Ort möglichst genau zu studieren. Mit dem überwältigenden Erfolg des Films setzte eine regelrechte Titanic-Hysterie ein. Alles, was mit der Katastrophe zu tun hatte, wurde vermarktet. Auch Touristen konnten nun zum Wrack reisen, wenn sie mehrere 10.000 Dollar für den Platz in einem U-Boot aufbringen konnten. Ein Broadway-Musical tourte um die Welt, und „Titanic-Dinners", bei denen das luxuriöse Abendessen für die Erste Klasse nachgekocht wurde, fanden großen Anklang. *MW*

Koldau 2012

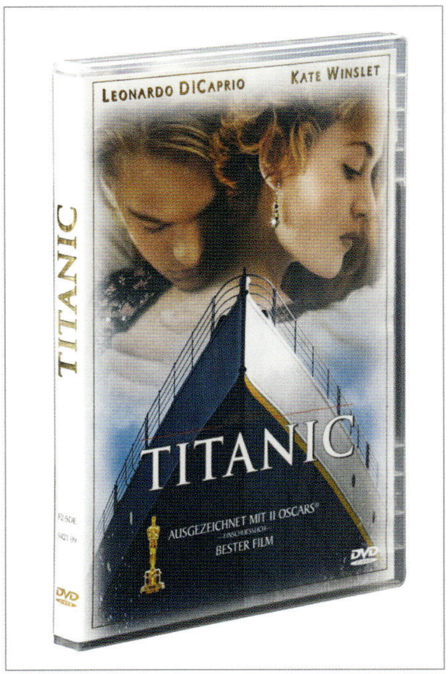

1.14

1.15
Titanic.
Mit imposantem 3-D-Modell des Ozeanriesen

Martin Jenkis und Brian Sanders
Hamburg, 2007 (Verlag Friedrich Oetinger)
Dortmund, LWL-Industriemuseum

In diesem (sicherlich nicht nur für Kinder gedachten) Buch „entfaltet" sich die Geschichte des berühmten Ozeanriesen als 75 cm langes Pop-Up-Modell. Kleine Klapp-Dioramen zeigen einzelne Innenräume von der Brücke bis zum Palmengarten. Ein Begleitheft erläutert die Geschehnisse vom Baubeginn der „Titanic" bis zur Katastrophe am 14. April 1912. Einzeln beigefügte Nachdrucke wichtiger Dokumente, darunter eine deutsche Übersetzung der Speisekarten vom Abend der fatalen Kollision mit dem Eisberg, machen die Schiffspassage anschaulich. *MW*

1.15

1.16
Replica-Set "Titanic"

Edinburgh, um 2010
(The Memorabilia Pack Co.)
Dortmund, Privatbesitz

Seit 1995 vertreibt die „Memorabilia Pack Co." Sets mit nachgedruckten Dokumenten historischer Ereignisse. Das Ziel ist es, ein Gefühl des „being there" zu erzeugen. Angesprochen werden auch Schüler, die sich mit den behandelten Themen im Rahmen von Schulprojekten beschäftigen sollen.

Im Set zur „Titanic" befinden sich insgesamt 18 verschiedene Faksimiles, darunter Werbe-Flugblätter, Bordprospekte, Ansichtskarten, Zeitungsausschnitte und die unvermeidlichen Speisekarten. Anhand dieser Dokumente wird die zeitgenössische Begeisterung für das bereits vor der Jungfernfahrt als Wunderwerk gepriesene Schiff spürbar. Auch das Leben an Bord sowie der Untergang und seine Folgen werden deutlich. Das Set bedient den Wunsch vieler Menschen, sich möglichst intensiv mit dieser Jahrhundertkatastrophe auseinanderzusetzen. *MW*

1.17
Eiswürfel-Form

Fred & Friends
Cumberland, Rhode Island, 2008
Kunststoff; H. 16, B. 13
Privatbesitz

Durch zahlreiche Scherzartikel entfremdet sich der Titanic-Mythos zusehends vom Schicksal der Opfer. Aus der Katastrophe ist Mode und Kult geworden.

Ein Set, mit dem man Eiswürfel in Form des Ozeanriesen und eines Eisbergs herstellen kann, ist dafür ein besonders treffendes Beispiel. Bei jeder Runde Gin Tonic könne man nun – so die fröhliche Aufforderung auf der Packung – den Untergang neu beginnen lassen: „sink one in your drink" – „and re-create history". Als passender Trinkspruch wird empfohlen: „Ice Ahoy!!" *MW*

Koldau 2012

1.16

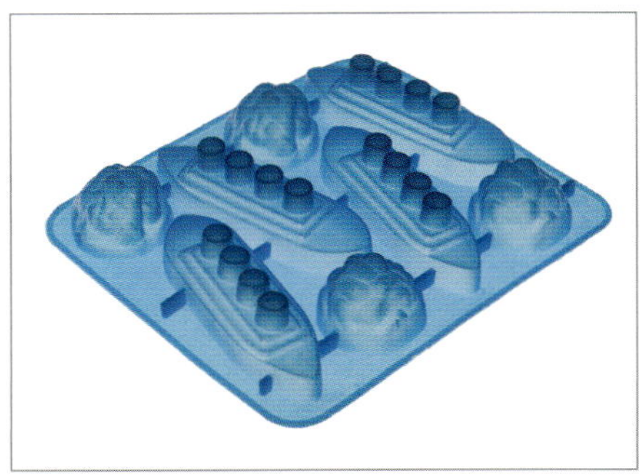

1.17

Forschung

Wissenschaft unter Wasser

Der erste Schritt zur Durchführung einer Ausgrabung ist die Entdeckung von Fundstellen unter Wasser. Anhaltspunkte für die Suche nach einem bestimmten Wrack liefern Berichte über Schiffsuntergänge in historischen Chroniken, Handbüchern oder Journalen. Andere Forschungsprojekte widmen sich nicht einzelnen Schiffen, sondern wollen den Überblick über die Fundsituation in ganzen Regionen gewinnen. Mit moderner Erkundungs- und Ortungstechnik wird der Meeresgrund flächendeckend abgetastet. Auffällige Messdaten können dann von Tauchern unter Wasser überprüft werden.

Bei der Bergung ist die genaue Dokumentation wichtig, um die Funde nicht aus dem Zusammenhang zu reißen. Die Gestalt des Schiffs ist dabei ebenso relevant wie die Ladung. Mit den seit den 1950er Jahren verbreiteten mobilen Tauchgeräten können Archäologen direkt am Wrack arbeiten. Das vorrangige Ziel einer solchen Ausgrabung ist nicht unbedingt die vollständige Bergung der Funde, sondern die Vermessung und Sicherung von Einzelobjekten, während das eigentliche Wrack vor Ort belassen wird, um später weitere Untersuchungen zu ermöglichen. AS

1.18
Magnetometer

MBT Underwater Technology

Kiel, um 2010

Metall, Kunststoff; L. 86, Dm. 18

Bremerhaven, Deutsches Schifffahrtsmuseum

Neben Seitensicht-Sonaren, die Schallwellen ausstoßen, gehören Magnetometer zu den wichtigsten Ortungsgeräten bei der Suche nach versunkenen Schiffen. Sie zeigen Störungen an, die Objekte aus Eisen und Stahl im Magnetfeld der Erde hervorrufen.

Die Messdaten von Seitensicht-Sonaren und Magnetometern können in dreidimensionale Bilder umgewandelt werden, die die Umrisse eines Schiffskörpers auf dem Grund eines Gewässers erkennen lassen. Diese Messdaten sind mit GPS verknüpft, was die Lokalisierung von Fundstellen erleichtert. Ein wichtiger Vorteil beider Geräte ist, dass sie nicht nur eine rasche, sondern auch eine zerstörungsfreie Untersuchung ermöglichen. *AS*

Shope 1997; Klein 2002; Tuttle 2011, S. 122–124

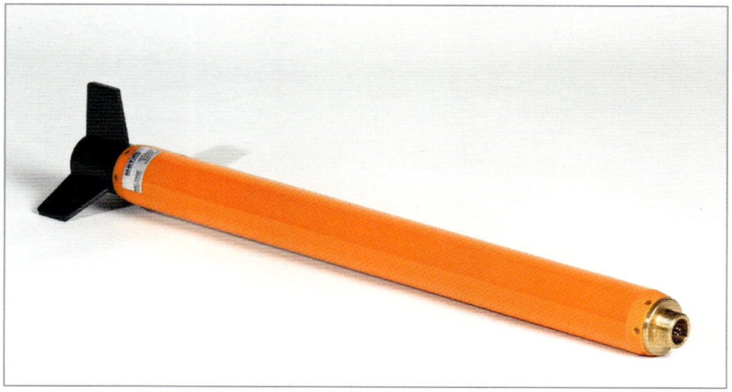

1.18

1.19
Fächer-Echolot

Kongsberg GeoAcoustics
Kongsberg (Norwegen), um 2010
Metall, Glas; H. 55, B. 33, T. 48
Bremerhaven, Deutsches Schifffahrtsmuseum

Fächer-Echolote dienen zur Vermessung des Bodens in Meeren oder Seen. Sie senden fächerförmig ausgestoßene Schallsignale auf den Grund herab, die dort reflektiert werden. Ein Computer errechnet daraus ein dreidimensionales Geländemodell. Dabei fallen ungewöhnliche Ablagerungen auf, bei denen es sich um Wracks handeln könnte.

Das Gerät wird – ebenso wie das Magnetometer (Kat. Nr. 1.18) – von Forschern des am Deutschen Schifffahrtsmuseum in Bremerhaven angesiedelten Projekts „Bedrohtes Bodenarchiv Nordsee" eingesetzt. Wo sich heute zwischen Deutschland, den Niederlanden, Dänemark und Großbritannien die Nordsee erstreckt, war bis vor etwa 10.000 Jahren noch trockenes Land. Erst als der Wasserspiegel am Ende der letzten Eiszeit durch das Abschmelzen der Gletscher stark anstieg, überflutete das Meer die Siedlungen in dieser Region. Diese potentielle archäologische Schatzkammer liegt heute außerhalb der Zwölf-Meilen-Zone, in der das Denkmalrecht der deutschen Länder gilt. In der „Ausschließlichen Wirtschaftszone" (AWZ), einem 200 Seemeilen breiten Gebiet, das Deutschland exklusiv ökonomisch nutzen darf, sind Kulturgüter ungeschützt. Das gilt auch für die mehr als 1.000 dort vermuteten Schiffswracks. Um die besonders wichtigen Fundplätze zu erfassen, finanziert das Bundesforschungsministerium seit 2011 das „Bedrohte Bodenarchiv Nordsee", das mit Hilfe moderner Ortungstechnik eine Datenbank erstellen soll, die alle relevanten Fundstätten enthält. *AS*

1.19

1.20
Taucherausrüstung um 1960

a) Anzug
Gummi; Oberteil L. 80, Hose L. 106
b) Brille
Gummi, Metall; H. 12, B. 19, T. 10
c) Schnorchel
Gummi; L. 47,5, H. 2,5, B. 13
d) Flossen
Gummi; L. 47, H. 7, B. 21
e) Pressluftflasche
Metall; H. 78, Dm. 18
f) Bleigürtel
Blei, Leder; L. 92,5, B. 11,5
Bremerhaven, Deutsches Schifffahrtsmuseum;
I/10843/12

Bei den ersten unterwasserarchäologischen Ausgrabungen, z.B. der um 1910 durchgeführten Untersuchung des antiken Wracks von Mahdia, tauchten die Archäologen nicht selbst, sondern verließen sich auf Helmtaucher, denen sie vom Bord der Forschungsschiffe aus Anweisungen zu geben versuchten.

Das änderte sich erst, als Jacques-Yves Cousteau und Émile Gagnan 1943 die „Aqualunge" entwickelten. Ausgestattet mit den hier ausgestellten Utensilien konnten entsprechend ausgebildete Archäologen nun selbst zu den Wracks vordringen, die sie interessierten. *AS*

1.20 a

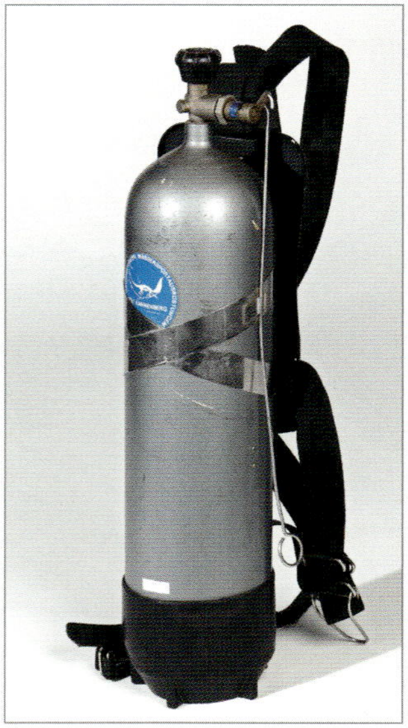

1.20 e

1.21
Druckkammer

Drägerwerk
Lübeck, 1969
Stahl, Glas; L. 225, Dm. 93
Bremerhaven, Deutsches Schifffahrtsmuseum; IV/1163/12

Druckkammern für Taucher dienen der Behandlung der Caissonkrankheit. Sie entsteht dadurch, dass die verdichtete Luft, die ein Taucher unter Wasser einatmet, zur Bildung von Bläschen im Blut und im Gewebe führt, wenn er zu schnell wieder aufsteigt. Diese Bläschen können Blutgefäße verstopfen und das Gewebe zerreißen. Auf dem Weg zur Wasseroberfläche muss der Taucher daher bestimmte Dekompressionszeiten einhalten, um den Stickstoff, der sich in seinem Körper angesammelt hat, wieder auszuscheiden. Versäumt er dies, drohen Lähmungen oder gar der Tod. Zeigen sich Symptome der Caissonkrankheit, muss der Taucher sofort eine Druckkammer aufsuchen, in der die versäumte Dekompression nachgeholt wird.

Die Dekompressionszeiten begrenzen den Arbeitseinsatz unter Wasser. Bei Unternehmungen, die lange Tauchzeiten erfordern, werden deshalb große Druckkammern bereitgestellt, in denen sich mehrere Taucher wochenlang aufhalten können. Diese Druckkammern sind geschlossene Systeme aus einer möblierten Stahlkapsel, die den Tauchern als Rückzugsort dient, und einer Glocke, die sie zu ihrem Arbeitsort bringt. Die gesundheitlich sehr belastende Arbeitsweise des „Sättigungstauchens“ stammt aus der Ölindustrie und ist bei der Erkundung von Wracks nur dann erforderlich, wenn diese in Tiefen um die 70 Meter liegen, wie z.B. bei dem vietnamesischen Wrack von Hoi An (Kat.-Nr. 4.11). *AS*

1.21

1.22
Die Schweigende Welt. Vorstoß der Fischmenschen in eine geheimnisvolle neue Tiefenwelt

Jacques-Yves Cousteau und Frédéric Dumas
Berlin, 1956 (Lothar Blanvalet-Verlag)
Privatbesitz

Jacques-Yves Cousteau (1910 Saint-André-de-Cubzac – 1997 Paris) war der bekannteste Unterwasserexperte seiner Zeit. Mit Büchern, Kinofilmen und Fernsehserien begeisterte er ganze Generationen für die Welt der Ozeane. Von 1930 bis 1956 gehörte er der französischen Kriegsmarine an. Als Marinetaucher war er maßgeblich an wichtigen Innovationen wie der Aqualunge (1943) beteiligt, die ein schwereloses Gleiten ohne direkte Verbindung zu einem Schiff erlaubt. Auch an der Entwicklung von Forschungs-U-Booten wirkte er mit. Sein bekanntestes Schiff war seit 1950 die „Calypso". Sie diente ihm bis 1996 als Basisstation für die Aufrechterhaltung seiner ungeheuren Medienpräsenz.

Das Projekt „Die Schweigende Welt", bestehend aus einem Buch (1953) und einem Kinofilm (1956), gehört zu seinen erfolgreichsten Aktivitäten. Zusammen mit seinem Cheftaucher Frédéric Dumas stellte er – erstmals mit Farbaufnahmen – die Fauna und Flora der Weltmeere vor und berichtete von Tauchexpeditionen in bis zu 90 Metern Tiefe. Auch Wracks besuchte er mit seiner Aqualunge, allerdings wird bei diesen Ausflügen deutlich, dass er sich dabei eher als neugieriger Gast an Bord der versunkenen Schiffe denn als Archäologe verstand. Eine der ersten von ihm geleiteten Exkursionen – zu dem 1928 vor Marseille gesunkenen Frachter „Dalton" – schilderte er so: „Taillez nahm mehrere Schiffslampen als Andenken mit, aber Didi war geradezu unersättlich. Er sägte das eichene Steuerrad ab und tauchte mehrmals nach Tellern und Silber. Wir hatten den Verdacht, er sammele Hausrat für seine Hochzeit, von der er uns bisher nur nichts erzählt habe." (S. 52) Allerdings entwickelte Cousteau bald Respekt vor dem „versunkenen Museum" (S. 119) auf dem Grund des Mittelmeers und beteiligte sich an der Wiederentdeckung des antiken Wracks von Mahdia vor der tunesischen Küste. Ausdrücklich warnte er davor, Schatzgräbern auf den Leim zu gehen: „Der Wunschtraum, schnell reich zu werden, der uns allen gern im Kopf spukt, wird nirgends so erfolgreich ausgebeutet wie durch die Schatzbergungsunternehmer, die mit verblaßten Karten, auf denen versunkene Galeonen eingezeichnet sind, hausieren gehen." (S. 116) *AS*

www.biography.com/people/jacques-cousteau-9259496#lite-rature-cinema-tv-and-later-expeditions (abgerufen am 30.08.2014); www.cousteau.org/who/the-captain/ (abgerufen am 30.08.2014)

1.22

1.23
Archaeology under Water

George F. Bass
London, 1966 (Thames & Hudson)
Privatbesitz

Die Erfindungen von Jacques-Yves Cousteau und anderen Tauchern nutzte George F. Bass (* 1932 Columbia, South Carolina) für die wissenschaftliche Erforschung des maritimen Kulturerbes. Er gilt als der Vater der Unterwasserarchäologie. Nach ersten Erfahrungen bei konventionellen Land-Grabungen in Griechenland wechselte er 1960 an die University of Pennsylvania in Philadelphia. Hier begann er mit dem Tauchunterricht. Sein erstes Unterwasserprojekt war die Ausgrabung eines bronzezeitlichen Wracks am Kap Gelidonya in der Türkei. Dabei handelte es sich um das erste Schiff, das unter der Leitung eines selbst tauchenden Archäologen ausgegraben und durch eine wissenschaftliche Publikation dokumentiert wurde. 1972 gründete er das American Institute of Nautical Archaeology, das seit 1976 der Texas A&M University angeschlossen ist. 1984 begann er mit der Erforschung des bronzezeitlichen Schiffs von Uluburun. Das im türkischen Bodrum gegründete Museum für Unterwasserarchäologie (siehe den Artikel von Linda Wilken in diesem Band) geht auf seine Initiative zurück. Seine bekannteste Publikation ist das hier gezeigte, 1966 erschienene Buch, das die erste umfassende Beschreibung des neuen Forschungsgebiets der Unterwasserarchäologie darstellt. *AS*

http://nauticalarch.org/about/key_figures/bass/ (abgerufen am 30.08.2014)

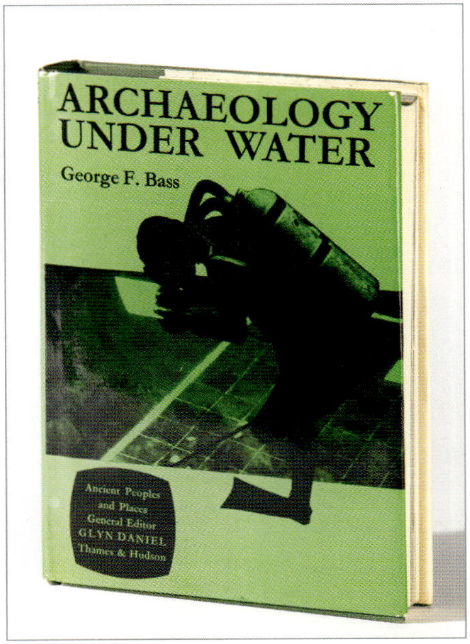

1.23

1.24
Schale aus einem unbekannten Schiffswrack

Anxi (China), südliche Song- oder beginnende Yuan-Dynastie (12./13. Jahrhundert)
Steinzeug; H. 5,4, Dm. 16,7
Privatbesitz

Welche Folgen es hat, wenn ein Objekt nicht aus einer wissenschaftlich dokumentierten Grabung stammt, zeigt diese mit eingeritzten Lotusblüten dekorierte Reisschale. Sie wurde möglicherweise um 1200 in Anxi in der südchinesischen Provinz Fujian hergestellt. Dass sie aus einem Wrack geborgen wurde, offenbaren die matte, von Salzwasser angegriffene Glasur und die am Rand haftende Seepocke.

Das Objekt wurde im Londoner Kunsthandel erworben. Wer es wann aus welchem Wrack geborgen hat, ist nicht bekannt. Dadurch sind auch alle anderen Informationen verloren gegangen: Gehörte die Schale zu einer umfangreichen Ladung mit zur gleichen Zeit am selben Ort gebrannter Keramik, oder war sie ein Einzelstück aus dem Besitz eines Passagiers oder Besatzungsmitglieds? Sollte sie, wofür die grobe Ausführung und die spontan ausgeführte Dekoration spricht, von China nach Südostasien exportiert werden? Das isolierte, aus dem Zusammenhang gerissene Objekt bleibt stumm, es vermag nicht mehr dabei zu helfen, die Wirtschaftsstrukturen und Handelbeziehungen seiner Herkunftsregion zu erhellen.

Die hier angestellten Vermutungen über Alter und Herkunft der Schale basieren auf der Ähnlichkeit zu Objekten aus dem Wrack der an der Nordküste Javas untergegangenen Demak-Dschunke, deren Ladung ein indonesischer Möbelfabrikant und ehemaliger Marineoffizier auf eigene Faust gehoben und verkauft hat. *AS*

Schulenburg/Simon 2002, S. 132f, 190f, 263; Crick 2010, S. 138f

1.24

Konservierung

Rettung vor dem schnellen Verfall

Archäologische Funde aus Nassgrabungen zu konservieren, stellt Restauratoren immer wieder vor große Probleme. Denn Objekte, die unter Wasser Jahrhunderte überdauerten, beginnen oft unmittelbar nach der Bergung zu zerfallen, obwohl sie zunächst gut erhalten zu sein scheinen.

Die Funde müssen direkt nach dem Kontakt mit Sauerstoff sachgerecht versorgt werden, um sie zu stabilisieren. Sonst droht der vollständige Verlust der Objekte. Besonders gefährdet sind Gegenstände aus Holz und Eisen – also ausgerechnet aus den beiden Materialien, die beim Bau historischer Schiffe die größte Bedeutung hatten.

Wissenschaftlich dokumentierte Grabungen an versunkenen Schiffen haben wertvolle Erkenntnisse für die Konservierung erbracht. So hat das Deutsche Schifffahrtsmuseum in Bremerhaven wegweisende Forschungsarbeit bei der Behandlung der "Bremer Kogge" geleistet (siehe den Aufsatz von Ursula Warnke in diesem Band). Die besondere Anfälligkeit von nass geborgenen Gegenständen verstärkt die Gefahr, die von Raubgrabungen ausgeht. Denn Laien, die Wracks plündern, haben oft keine Ahnung, wie schnell der Zerfallsprozess ihrer "Schätze" verläuft.

Vorgestellt werden im Folgenden nicht nur Objekte aus Schiffen, sondern auch Gegenstände, die in später verlandeten Flussarmen gefunden wurden. Auch Grabungen in solchen Uferzonen gehören zur Unterwasserarchäologie. Die dabei gemachten Funde müssen ebenfalls aufwändig konserviert werden. Sie zeigen, welchen Beitrag die Unterwasserarchäologie zum Verständnis historischer Lebensweisen und Handelswege leisten kann. *AS*

Holz

1.25
Holznagelabschnitte der Weserlastkähne aus Rohrsen

Vlotho, um 1750

a) unkonservierter Holznagel

Eiche; L. 4, Dm. 3

b) konservierter Holznagel

Eiche; L. 4, Dm. 3,2

Lemgo, Weserrenaissance-Museum Schloss Brake

Holz besteht aus Zellen, die hauptsächlich aus Zellulose und verwandten Stoffen aufgebaut sind. In den Zellwänden ist Wasser gebunden, das durch starke Absorptionskräfte unter hohem Druck steht. Hinzu kommt Wasser aus den Säften der lebenden Pflanzen. Das gebundene Absorptionswasser allein ist jedoch entscheidend für die Aufrechterhaltung von Form und Volumen des Holzes. Wird solches Holz in einer Umgebung von weniger als 50% relativer Luftfeuchtigkeit über den „Fasersättigungspunkt" hinaus getrocknet, so verdunstet nicht nur das freie Wasser, sondern auch das Absorptionswasser: Das Holz schwindet, reißt, verformt sich (vgl. Kat. Nr. 2.3).

Eine Konservierung von abgebautem Nassholz muss darauf abzielen, das Absorptionswasser durch einen nicht verdunstenden Stoff zu ersetzen und so eine Schrumpfung und Verformung möglichst zu verhindern. Im Fall der Weserlastkähne von Rohrsen entschieden sich die Konservatoren für eine Berieselung mit Wasser, das mit Polyethylenglykol 200 angereichert war. Der Vergleich zwischen konservierten und luftgetrockneten Holznägeln beweist, dass dadurch das Volumen und die Form des Holzes erhalten geblieben sind. *ED*

1.25 b 1.25 a

1.26
Plankenquerschnitte der Weserlastkähne aus Rohrsen

Vlotho, um 1750

a) Plankenquerschnitt Wrack A

Eiche; L. 44, B. 5

b) Plankenquerschnitt Wrack B

Eiche; L. 29,5, B. 4,5

Lemgo, Weserrenaissance-Museum Schloss Brake

Die beiden unkonservierten Plankenquerschnitte wurden für eine dendrochronologische Untersuchung direkt nach dem Eintreffen der Kähne in Brake abgetrennt. Bei der Dendrochronologie wird das Alter eines Holzstücks durch den Vergleich mit dem für Bäume seiner Herkunftsregion typischen Muster der Jahresringe ermittelt.

Betrachtet man die beiden natürlich getrockneten Holzstreifen und die im feuchten Zustand genommenen Umrisslinien, wird der Grad der Schrumpfung des Holzes ohne Konservierung deutlich. *ED*

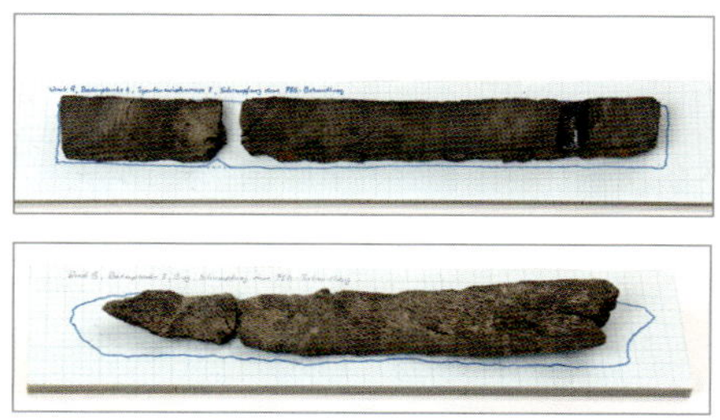

1.26

1.27
Holzdübel der „Bremer Kogge"

Bremen, um 1380

a) unkonserviert

Eiche; L. 23,5, Dm. 3,5

b) konserviert

Eiche; L. 12, Dm. 2,5

Bremerhaven, Deutsches Schifffahrtsmuseum

Zu Demonstrationszwecken wurden von den zahlreichen Holzdübeln der „Bremer Kogge" nicht alle mit Polyethylenglykol (PEG) konserviert. Einige, wie dieser, blieben unkonserviert, um einen Methodenvergleich vornehmen und das Ergebnis in Ausstellungen zeigen zu können. Der unbehandelte Holzdübel, der im Gegensatz zu seinem konservierten Pendant stark zerfasert ist, wurde lediglich gefriergetrocknet. *UW*

Hoffmann 2003a

1.27

1.28
Löffel vom Bremer Teerhof

Bremen, um 1650

Holz; L. 19,5, B. 5,5

Bremen, Landesarchäologie Bremen

Holz war vom Mittelalter bis ins 17. Jahrhundert ein weit verbreitetes Material für Löffel, Schalen und Teller. Dennoch haben sich – verglichen mit ähnlichen Gegenständen aus Metall oder Keramik – nur wenige Objekte aus diesem Material erhalten. Diejenigen hölzernen Essgeräte, die in Museen aufbewahrt werden, stammen oft aus Grabungen in nassem Erdreich. Sie mussten nach der Bergung konserviert werden.

Eine solche Grabung führte auch die Landesarchäologie Bremen 2006/07 am Teerhof durch, einer Weserinsel in der Altstadt (siehe den Aufsatz von Dieter Bischop in diesem Band). Den Anlass bot der Bau des Hauptquartiers der Beluga-Reederei. Besonders in der „Piepe", einem ehemaligen Flussarm, der die kleine mit der großen Weser verband, konnten zahlreiche Funde geborgen werden. Abschnittsweise diente die „Piepe" auch als Verteidigungsgraben für eine als „Braut" bezeichnete Burganlage. Sie wurde bis 1714 mit anfallendem Erdmaterial aus der Stadt verfüllt. Alles, was sich im Laufe der Jahrhunderte darin angesammelt hatte, war nun wie in einer Zeitkapsel eingeschlossen und konserviert. Flussläufe, Brunnen und Kloaken sind hervorragende Fundorte für Alltagsgegenstände, die ungeplant dort hineinfielen oder geplant dort entsorgt wurden, weswegen sie für die Unterwasserarchäologie eine wichtige Rolle spielen. *LW*

Kühn 1981, S. 386; Bischop 200b, S. 167–169

1.28

Metall

1.29
Bootshaken vom Bremer Teerhof

16./17. Jahrhundert

a) unkonserviert

Eisen; L. 23, B. 14

b) konserviert

Eisen; L. 24, B. 13

Bremen, Landesarchäologie Bremen

Viele Funde vom Bremer Teehof weisen auf einen florierenden Werft- und Hafenbetrieb hin. Dazu gehören zwei Bootshaken, von denen einer restauriert wurde, während der andere noch eine Korrosionsschicht trägt (vgl. Kat. 3.8 und 3.12). Diese Schicht entsteht durch Salze, insbesondere Chloride, die bei einer Bodenlagerung in Eisenobjekte eindringen. Um den Erhalt solcher Funde zu sichern, müssen sie zunächst in einem Entsalzungsbad behandelt werden. Wird die Korrosionsschicht abgelöst, ist es möglich, die ursprüngliche Form eines Objekts wiederherzustellen. Völlig durchgerostete Stellen sind allerdings für immer verloren. Röntgenaufnahmen erlauben einen Blick unter die Korrosionsschicht, sie machen Oberflächendetails oder Auflagen aus anderen Metallen sichtbar. Eine Korrosionsschicht wird in der Regel mechanisch entfernt. Dabei kommen Schaber, Skalpelle, Fräser und Schleifrädchen, aber auch Sandstrahlgeräte und Ultraschallmeißel zum Einsatz. Nach der Reinigung wird der Fund noch einmal entsalzt und, wenn nötig, mit Kunstharz gefestigt. *LW*

Herold 1990, S. 73–75; Greiff/Bach 2000, S. 319, 326; Bischop 2008a, S. 95f

1.29

1.30
Essbesteck vom Bremer Teerhof

um 1650

a) Gabel

Eisen, Holz, Bein; L. 13,2, B. 1,5

b) Klappmesser

Eisen, Holz; L. 17,5, B. 1,9

Bremen, Landesarchäologie Bremen

Besteckteile geben wertvolle Hinweise auf den sozialen Stand ihrer Besitzer. Bei der Gabel vom Bremer Teerhof handelt es sich um eine Vorlegegabel; mit einer Gabel Speisen zum Mund zu führen, war im 17. Jahrhundert noch wenig gebräuchlich. Eigene Messer mitzuführen, war dagegen zu dieser Zeit durchaus üblich. Die Gabel und das Messer vom Bremer Teerhof gehören zu den wenigen Funden, die noch ihren originalen Griff aus Holz bzw. Bein besitzen. *LW*

Bischop 2008b, S. 167–169

1.30

1.31
Scheren vom Bremer Teerhof

um 1650

Eisen; a) L. 11,5, B. 5; b) L. 17, B. 10,7

Bremen, Landesarchäologie Bremen

Zahlreiche Bruchstücke von Scheren fanden sich am Teerhof. Es handelt sich um Scharnierscheren, bei denen die beiden Schneiden in der Mitte verbunden sind. Diese Form ist bereits moderner als die im 17. Jahrhundert durchaus noch gebräuchliche Bügelschere, die aus einem Stück geschmiedet wurde. *AS*

1.32
Degen vom Bremer Teerhof

Bremen, 16. Jahrhundert

Eisen, Messing; L. 42,5, H. 6,5, B. 6,5

Bremen, Landesarchäologie Bremen

Die Grabung von 2006/07 förderte verschiedenartige Waffen aus der Zeit zwischen 1522 und 1739 zutage. In dieser Zeit schützte auf dem Teerhof der 55 Meter hohe Herrlichkeitszwinger den Stadtzugang über die Weser. Neben Resten von Rüstungen, Geschützkugeln, Armbrustbolzen und Gussformen für Bleikugeln wurde auch dieser Degen gefunden. *LW*

Bischop 2008a, S. 99f

1.33
Korrodiertes Metall mit Porzellanknöpfen

Thasos (Griechenland)

Eisen, Porzellan; L. 11, H. 11,5, B. 16

Bremerhaven, Deutsches Schifffahrtsmuseum; I/09238/01

Dieser vor der makedonischen Insel Thasos geborgene Unterwasserfund zeigt, dass ein Eisenobjekt durch eine Korrosionsschicht so stark überformt werden kann, dass der ursprüngliche Gegenstand nicht mehr zu erkennen ist. Typisch ist auch, dass sich in einer solchen Korrosionsschicht andere Objekte befinden, wie hier die Knöpfe aus Porzellan, einem Material, das Salzwasser wesentlich besser standhält. *AS*

1.31

1.32

1.33

1.34
Dukat vom Bremer Teerhof

Salzburg, 1627

Gold; Dm. 2,5

Bremen, Landesarchäologie Bremen

Ein 1627 geprägter Dukat gehört zu den vielen verlorenen Gegenständen, die aus der Weser geborgen wurden. Im Gegensatz zu anderen Metallen ist Gold gegen Luft, Wasser und die meisten Säuren beständig. Die Münze wurde durch chemische Prozesse im Erdreich nicht beschädigt; eine Konservierung war daher nur im beschränkten Maße notwendig.

Auf der Vorderseite ist das Stifts- und Familienwappen des Erzbischofs von Salzburg, Paris Graf Lodron, abgebildet. Seine Regentschaft (1618-1653) war vom Dreißigjährigen Krieg geprägt, den er durch diplomatisches Geschick von Salzburg weitgehend fernhalten konnte. Er gründete die bis heute bestehende Universität und stellte den Dom fertig.

Die Rückseite zeigt den heiligen Rupert, den Schutzpatron des Landes Salzburg, der von 696 bis 716 als erster Abtbischof Salzburgs wirkte und zudem der Patron des Salzbergbaus und der Salzarbeiter ist. Als bekannte Handelsmünze gewann der Golddukat weltweite Verbreitung. Salzburger Golddukaten zeichneten sich durch ihren guten Gehalt und ein schönes Gepräge aus, so dass es nicht verwunderlich ist, das ein solches Stück in Bremen auftauchte. Bis zum 2011 erfolgten Konkurs des Unternehmens schmückte die Münze als Leihgabe den Schreibtisch des Gründers der Beluga-Reederei, auf dessen Gelände sie gefunden worden war. *LW*

Bernhart/Roll 1929, S. 2f; Drescher 1988, S. 139; Herold 1990, S. 10, 30f; Deutinger 2005; Bischop 2008a, S. 101

1.34

1.35
Münzgewicht vom Bremer Teerhof

Amsterdam, 1619

Messing; H. 1,5, B. 1,5

Bremen, Landesarchäologie Bremen

Im Schlick der „Piepe" lag ein weiteres Stück, das auf die internationalen Handelsbeziehungen Bremens verweist: Auf der Rückseite dieses Münzgewichts sind die Initialen des Amsterdamer Münzmeisters Gerrit Gens und dessen Zeichen, die Jakobsmuschel, zu sehen. Auf der Vorderseite zeigt das Objekt einen Holk, ein Schiff im Holzklinkerbau mit Bug- und Heckkastell und wehenden Fahnen. Diese Darstellung bezieht sich auf eine englische Goldmünzen-Einheit, den „Schiffsnoble", den König Edward III. 1344 aus Anlass eines Seesieges über Frankreich herausgegeben hatte. Als

1.35

das Amsterdamer Münzgewicht geprägt wurde, war der „Schiffsnoble" längst von der „Crown" abgelöst worden. Auch der Holk war inzwischen aus der Mode gekommen, doch galt er noch immer als das Symbol für englische Goldmünzen. Eine Münzwaage mit Gewichten war für Kaufleute und Geldwechsler in den Zeiten der frühneuzeitlichen Währungsvielfalt unerlässlich. *LW*

Bischop 2008a, S. 103f

1.36
Tuchplomben vom Bremer Teerhof

a) Bremen, etwa 1650 bis 1714
Blei; L. 6,7, B. 5,6
b) Hamburg, 17. Jahrhundert
Blei; L. 7,5, B. 4,5
c) Leiden, etwa 1650 bis 1714
Blei, L. 3,7, B. 3,5
d) Colchester, etwa 1650 bis 1714
Blei; L. 5,7, B. 4
e) Exeter, etwa 1650 bis 1714
Blei; L. 4,2, B. 2,4
Bremen, Landesarchäologie Bremen,
a) 230/107, b) 230/121, c) 230/176, d) 230/92,
e) 230/28

Mit dem wachsenden Handel von Textilien gewann die Sicherung von Qualitätsstandards an Bedeutung. Ab dem 13. Jahrhundert wurde die „Schau" eingeführt, in Norddeutschland auch als „Legge" oder „Brake" bezeichnet. Durchgeführt wurde sie von den Zünften, der städtischen Obrigkeit oder den Landesherren. Die geschauten Waren mussten hinsichtlich ihrer Größe, ihres Gewichts oder ihrer Farbe bestimmte Normen erfüllen. Entsprachen sie den geltenden Qualitätsstandards, wurden sie in bestimmte Güteklassen eingeordnet und mit einem Schauzeichen in Form einer siegelartigen Tuchplombe versehen. Die 189 gefundenen Tuchplomben von Bremer Teerhof stammen nicht nur aus der Umgebung Bremens, sondern aus ganz Europa. In der Weser entsorgt und im Schlamm versunken, geben sie wertvolle Hinweise über Handelswege und Gewerberegionen. In seinem guten Erhaltungszustand und seiner Vielfalt ist die Plombensammlung vom Bremer Teerhof in Europa bisher einzigartig. *LW*

Bippen 1919; Kaiser 1988; Bischop 2008a, S. 107–109; Hittinger 2008, S. 115; Struckmeier 2011, S. 21

1.36 a

1.36 c

1.37 Bartmannskrug vom Bremer Teerhof

Frechen, um 1650

Steinzeug; H. 12, Dm. 17,5

Bremen, Landesarchäologie Bremen

Keramikfragmente fanden sich in der Verfüllung der „Piepe" besonders häufig. Tausende Scherben von Haushaltswaren wie Kannen, Tellern, Koch- und Vorratsgefäßen wurden im Fluss entsorgt. Viele davon waren in der Umgebung Bremens hergestellt worden, andere stammten aus dem Oberweserraum, aus Thüringen und aus dem Rheinland. Keramik ist ein sehr stabiles Material, deshalb ist es nicht verwunderlich, dass es bei archäologischen Grabungen besonders häufig anfällt. Allerdings reagieren die unterschiedlichen Keramikarten verschieden auf Umgebungseinflüsse.

Die in Frechen bei Köln produzierten Bartmannskrüge aus dem stabilen Steinzeug waren nicht nur im deutschsprachigen Raum, sondern auch in England und Holland weit verbreitet. Auf Schiffen reisten sie als persönlicher Besitz von Besatzungsmitgliedern um die ganze Welt; so fanden sich auch im Wrack des 1613 vor der Insel St. Helena gesunkenen holländischen Ostindienfahrers „Witte Leeuw" solche Gefäße.

Die Bedeutung des für diese Trink- und Schenkkrüge typischen, plastisch aufgelegten bärtigen Gesichts ist nicht eindeutig. Möglicherweise wurde es als ein Talisman betrachtet, der vor Unheil schützte. Archäologische Funde wie dieser Bartmannskrug geben demnach nicht nur über europäische Handelswege Aufschluss, sondern auch über religiöse und magisch anmutende Vorstellungen. *LW*

Boiten/Vuuren 1982, S. 246f; Petri 2006, S. 79; Freckmann 2013, S. 1f

1.37

1.38
Fayence vom Bremer Teerhof

vermutlich Delft,

2. Hälfte des 17. Jahrhunderts

a) Teller

Fayence; H. 5,5, Dm. 35

b) Fliese

Fayence; H. 13

Bremen, Landesarchäologie Bremen

Zwei Keramikfunde stammen vermutlich aus dem niederländischen Delft: ein Teller und eine Fliese aus Fayence. Bei dieser Keramikart verbindet sich die Glasur nicht fest mit dem Scherben, so dass die Oberfläche solcher Stücke bei der Lagerung in nasser Umgebung leicht angegriffen werden kann.

Auf dem Teller ist ein typisches Landschaftsmotiv des 17. Jahrhunderts abgebildet. Zu dieser Zeit zeigten Keramiken aus Delft häufig Katen und Häuschen an Flussufern. Ab Mitte des 17. Jahrhunderts wurden Bemühungen erkennbar, auch die Atmosphäre von Landschaften einzufangen. Die Darstellungen wurden durch Segelschiffe auf Binnengewässern bereichert.

Die Fliese zeigt die Figur eines grüßenden Landsknechts. Sie spiegelt die Lebenswelt der Bremer Bürger wider, die sich mit einem Graben und einem Zwinger an der Weser vor Eindringlingen zu schützen versuchten. *LW*

Fliesen 1965; Lunsingh Scheurleer 1984, S. 32, 143; Bischop 2008a, S. 97 f, 100–102

1.38 a

1.38 b

1.39
Porzellan vom Bremer Teerhof

Jingdezhen (China), um 1700

a) Koppchen

Porzellan; H. 5, Dm. 7

b) Schale

Porzellan; H. 2,2, Dm. 9,5

Bremen, Landesarchäologie Bremen

Vereinzelte Funde vom Bremer Teerhof verweisen auf den beträchtlichen Anteil Bremens am internationalen Handel. Zu diesen Belegen zählen Fragmente von chinesischem Porzellan, das aus den Brennöfen von Jingdezhen stammt. Die Glasur dieser im Schlamm des ehemaligen Flussbetts gefundenen Objekte ist deutlich besser erhalten als die durch Salzwasser geschädigte Oberfläche vergleichbarer Porzellanobjekte, die vom Meeresboden geholt wurden.

Gebrauchs- und Kunstgegenstände aus chinesischem Porzellan waren im Europa des 17. und 18. Jahrhunderts durch die Handelstätigkeit der großen europäischen Handelskompanien sehr begehrt. Vor allem unter dem Einfluss des immer populärer werdenden Konsums von Tee, Kaffee und Schokolade entwickelte sich eine regelrechte China-Mode, die allerdings nur wohlhabende Bürger ausleben konnten.

Die Bremer Archäologen fanden ein Koppchen, eine kleine henkellose Trinkschale für Tee oder Kaffee, dessen Boden ein Fisch schmückt. Sie entdeckten auch den Rest einer Schale, die mit einem von Pflanzen umgebenen Felsen bemalt ist. Solche Motive blieben jahrhundertelang aktuell (vgl. Kat. Nr. 4.6 und 4.2). *LW*

Park 1973, S. 12; Sheaf/Kilburn 1988, S. 113f; Bischop 2008a, S. 101f

1.39

1.40
Schale aus einem von Mike Hatcher gefundenen Wrack

Jingdezhen (China), um 1640

Porzellan; H. 6,8, Dm. 14

Privatbesitz

Keramik, die auf dem Grund der Ozeane gefunden wurde, wird zunächst in mit Süßwasser gefüllten Entsalzungsbecken gelagert. An der Oberfläche der Stücke bildet sich ein Salzschleier, der entfernt werden kann. Die Beschädigung der Glasur durch den langen Kontakt mit Salzwasser ist allerdings irreparabel. Dies zeigt sich auch bei dieser Reisschale. Ihre kobaltblaue Unterglasurfarbe wirkt – anders als bei den aus der Weser geborgenen, ebenfalls in Jingdezhen gebrannten Objekten (Kat. Nr. 1.39) – matt.

Die Schale stammt aus dem Besitz des australischen Schatzgräbers Mike Hatcher. Weil er keine Dokumentation seiner Funde angelegt hat, lässt sie sich heute keinem bestimmten Wrack mehr zuordnen. Hatcher suchte 1983 nach dem holländischen Schiff „Geldermalsen", das 1751 in internationalen Gewässern vor der indonesischen Küste gesunken war. Dabei stieß er zunächst auf eine hundert Jahre ältere chinesische Dschunke, die mit einer Fracht unterschiedlicher Güter für Südostasien unterwegs war. Ihre Ladung war eine der letzten, die das untergehende Ming-Reich verließ, bevor die vorrückenden mandschurischen Truppen die Porzellanöfen von Jingdezhen zerstörten. Hatcher barg die Stücke, die er in diesem namenlosen Wrack fand, und bot sie 1983 bei Christie's in Amsterdam an. Nachdem er anschließend doch noch die eigentlich gesuchte „Geldermalsen" aufgespürt hatte und 1986 mit der spektakulären Versteigerung dieser Beute (ebenfalls bei Christie's in Amsterdam) zu weltweitem Ruhm gelangt war, brachte er über das gleiche Auktionshaus sowie über den Londoner Antiquitätenhändler Heirloom & Howard weitere Stücke auf den Kunstmarkt, die er während der Suche nach dem holländischen Schiff entdeckt hatte.

Zu diesem Konvolut unbestimmter Herkunft gehört auch das hier ausgestellte Objekt, an dessen oberem Innenrand die Spuren einer Muschelanhaftung erkennbar ist. Die Schale zeigt spielende Jungen – ein beliebtes Motiv in China, das Kinderreichtum verheißt, wobei sich die Eltern damals wie heute lieber männlichen als weiblichen Nachwuchs wünschten. Die beiden Jungen auf dem Grund der Schale kicken einen Fußball hin und her. Dieses Freizeitvergnügen wurde seit dem 4. Jahrhundert v. Chr. in den Städten Chinas als Volkssport betrieben. *AS*

Sheaf/Kilburn 1988, S. 25–30; Keguan 1991, S. 130–132; Brinker 2006, S. 13

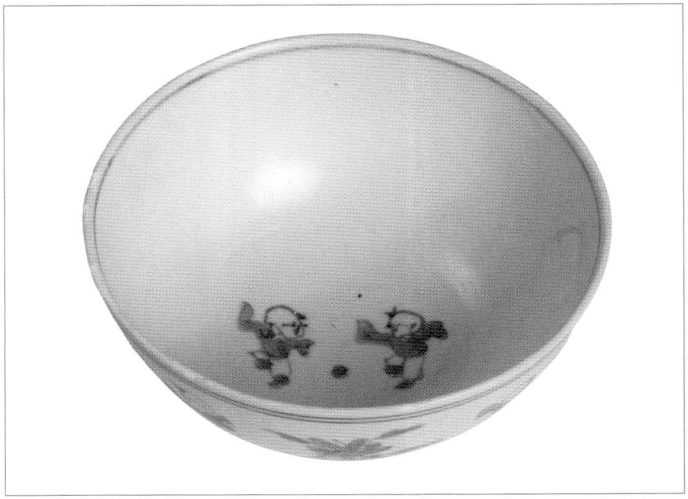

1.40

Glas

1.41 Apothekerfläschchen vom Bremer Teerhof

17. Jahrhundert

a) vier vollständig erhaltene Fläschchen

Glas; H. 6 bis 9,5, Dm. 3,2 bis 5

b) zwei Flaschenhälse mit Korken

Glas; H. 3,5 bis 4, Dm. 1,5 bis 2

Bremen, Landesarchäologie Bremen

Im Südwesten der „Piepe" wurden Fläschchen aus einer Bremer Apotheke gefunden. Sie dienten zur Aufbewahrung ätherischer Öle oder anderer Arzneien. Vermutlich wurde das beschädigte Inventar dieser Apotheke im Fluss entsorgt.

Durch die jahrhundertelange Lagerung im Wasser und im feuchten Boden ist das Glas korrodiert. Es wirkt matt und hat an Transparenz verloren. Die Ursache dafür ist eine mikroskopisch dünne Aufrauhung der Oberfläche, die durch das Herauslösen verschiedener chemischer Substanzen entsteht. Nach der Bergung von korrodierten Gläsern ist es wichtig, ihren feuchten Zustand zu erhalten, um ein Austrocknen zu verhindern. Daher werden sie bis zur Bearbeitung mit dem anhaftenden Erdreich feucht gelagert. Die Reinigung der Gläser erfolgt unter fließendem, handwarmem Wasser mit einem weichen Pinsel. Fest anhaftende Auflagerungen können nach dem langsamen Trocknen der Gläser mechanisch entfernt werden. Die Glasoberfläche kann mit Paraloid B72 überzogen werden, um sie zu sichern. Dabei handelt es sich um ein Kunstharz, das als Klarlack zum Schutz verschiedener Materialien angewendet wird. *LW*

Bischop 2008a, S. 102; Töbe 2008, S. 76f

1.42 Trinkbecher vom Bremer Teerhof

17. Jahrhundert

Glas; H. 11, B. 8,8

Bremen, Landesarchäologie Bremen

Zur gehobenen Tafelkultur gehörten kostbar geschliffene Trinkgläser. Die Bremer Archäologen bargen einen Glasbecher, auf dem ein Amor als Bogenschütze abgebildet ist. *LW*

1.41

1.42

Stein

1.43
Steinanker

Mittelmeergebiet, um 600 v.Chr.

Kalkstein; L. 100,5, H. 10, B. 19,5

Bremerhaven, Deutsches Schifffahrtsmuseum, I/10795/11

Steinanker sind eine seit der Bronzezeit verwendete frühe Form des Ankers. Das Schiff von Uluburun (siehe den Aufsatz von Linda Wilken in diesem Band) war mit 14 Steinankern ausgestattet. Auch als Ecksteine oder Schwellen von Tempeln wurden Steinanker verwendet. Dass das hier ausgestellte Exemplar aus dem Meer geborgen wurde, zeigt die Versinterung. Mit 27,2 kg Gewicht zählt es zu den leichteren Exemplaren seiner Art. Es weist kein Loch auf, dafür sind Einkerbungen am Rand vorhanden, an denen ein Tau befestigt werden konnte. *AS*

Frost 1997

1.43

1.44
Fragment einer Statue vom Bremer Teerhof

Bremen, um 1650

Sandstein; H. 17,5, B. 12

Bremen, Landesarchäologie Bremen

Statuetten aus Sandstein, wie dieser kleine Löwe aus dem 17. Jahrhundert, standen häufig auf Podesten, wie sie z.B. längs der großen Weserbrücke zu finden waren. Aufgrund seiner günstigen Lage an der Weser und seiner guten Außenverbindungen lag der Handel mit Sandstein fest in Bremer Hand (Kat. Nr. 3.9). Der Kopf des Löwen wurde unglücklicherweise bei der Bergung von einem Bagger zerstört. Das Hinterteil mit dem zwischen die Beine gezogenen Schwanz ist jedoch gut erhalten. Da es sich um einen Süßwasserfund handelt, ist die Oberfläche, anders als häufig bei Salzwasserfunden, kaum von Organismen zerfressen. *LW*

Cosack 2001, S. 21; Bischop 2008a, S. 101

1.44

1.45
Blinker zum Angeln vom Bremer Teerhof

Bremen, 17. Jahrhundert

Kalk; Dm. 6,5 bis 8,5

Bremen, Landesarchäologie Bremen

In den Uferaufschüttungen der Weser finden sich auch Objekte, die unmittelbar aus dem Meer stammen. Diese Materialien halten sich in feuchtem Untergrund natürlich relativ gut.

Die gelochten Austernschalen vom Bremer Teerhof wurden wahrscheinlich als Blinker verwendet, die beim Angeln Fische anlocken sollten. Sie gehören zu den zahlreichen von Archäologen in der Bremer Altstadt ausgegrabenen Werkzeugen, die dem Fischfang dienten. Es ließen sich dort auch Netzsenker aus Ton, Angelhaken aus Bronze und Eisen sowie Reste eines Fischzauns und einer Fischreuse finden. Diese Stücke sowie zahlreiche Fischknochen bezeugen den florierenden Fischfang in Bremen.

Nicht nur der Fang dieser Tiere hatte in Bremen seit dem späten 11. Jahrhundert eine große Bedeutung, sondern auch der Handel mit ihnen. Als wichtiger Eiweißlieferant war Fisch eines der Grundnahrungsmittel im Mittelalter und in der Frühen Neuzeit. Er konnte durch Trocknen oder Entsalzen haltbar gemacht werden und war insbesondere als Fastenspeise von großer Bedeutung. *LW*

Bischop 2008b, S. 207–213

1.45

1.46
Kugelgelenk eines Nordkaperwals vom Bremer Teerhof

um 1650

Knochen; H. 24, B. 29, T. 23

Bremen, Landesarchäologie Bremen

Der Atlantische Nordkaperwal, heute stark vom Aussterben bedroht, ist ein langsamer Schwimmer mit küstennahen Lebensrevieren. Deshalb zählte er zu den ersten Glattwalen, die bejagt wurden. Die frühesten Fahrten aus Bremen in Richtung Grönland sind für 1653 überliefert. An Bord eines solchen Walfangschiffes muss dieses Kugelgelenk nach Bremen gelangt sein. Es gehört zu einem über 15 Meter langen, aber noch nicht ganz ausgewachsenen Nordkaperwal, der im Erwachsenenalter rund 80 Tonnen Gewicht aufgebracht hätte.

Das Kugelgelenk wurde aus einer der unteren Schichten der zwischen 1653 und 1714 vorgenommenen Verfüllung der „Piepe" am Bremer Teerhof geborgen. Es weist 15 Hiebspuren auf, möglicherweise durch eine Axt. Walknochen dienten als Material für die Herstellung von Schiffsersatzteilen und für kunsthandwerkliche Arbeiten der Matrosen. Nicht selten brachten erfolgreiche Walfangkapitäne solche Knochen mit in ihre Heimathäfen, um sie als Statussymbole aufzustellen oder als Architekturelemente zu verbauen. Das Kugelgelenk vom Bremer Teerhof gilt als wichtiger und europaweit seltener Beleg für den Hochseewalfang der Frühen Neuzeit.

Durch die schützende Sedimentschicht ist das Fundstück gut erhalten, es besitzt eine dunkle, gelblich-braune Farbe und ist weder spröde noch brüchig. Im Boden gelagerte Knochen verlieren im Laufe der Zeit ihre organische Substanz, das Ossein. Es wird durch kalk-, silikat- und andere mineralhaltige Ablagerungen ersetzt, was zu einer Art Versteinerung führt. *LW*

Kühn 1981, S. 256; Küchelmann 2007, S. 131–135

1.46

1.47
Lederschuhe vom Bremer Teerhof

Bremen, um 1630

a) Schuh mit Holzabsatz

Leder; L. 29, H. 8,5, B. 9

b) Kinderschuh

Leder; L. 13,5, H. 3,3, B. 6,5

Bremen, Landesarchäologie Bremen

Am Bremer Teerhof gefundene Gegenstände wie Textilien, Kämme und Schnallen geben Einblicke in die private Ausstattung der Bremer Bürger des 17. Jahrhunderts. Auch die beiden Lederschuhe gehören zu den sehr persönlichen Fundstücken dieser Zeit. Die Größen der am Bremer Teerhof gefundenen Lederschuhe lassen vermuten, dass es sich um einen Schuh für einen Erwachsenen und um einen Kinderschuh handelt.

Aus Gewässern oder feuchter Erde geborgene Lederschuhe besitzen meist noch ihre ursprüngliche Form. Sie dürfen nicht unmittelbar nach der Bergung getrocknet werden, da sie sonst schrumpfen oder brüchig werden. Am besten werden sie nach der Ausgrabung feucht gehalten. Zur Konservierung wird vielfach – wie bei Holz (Kat. Nr. 1.25–1.27) – Polyethylenglykol verwendet. Es verdrängt bzw. ersetzt das zwischen den Lederfasern eingelagerte Wasser, so dass das Leder beim Trocknen nicht mehr schrumpft. *LW*

Kühn 1981, S. 272; Bischop 2008a, S. 101

1.47

Ausstellungsobjekte Wracks

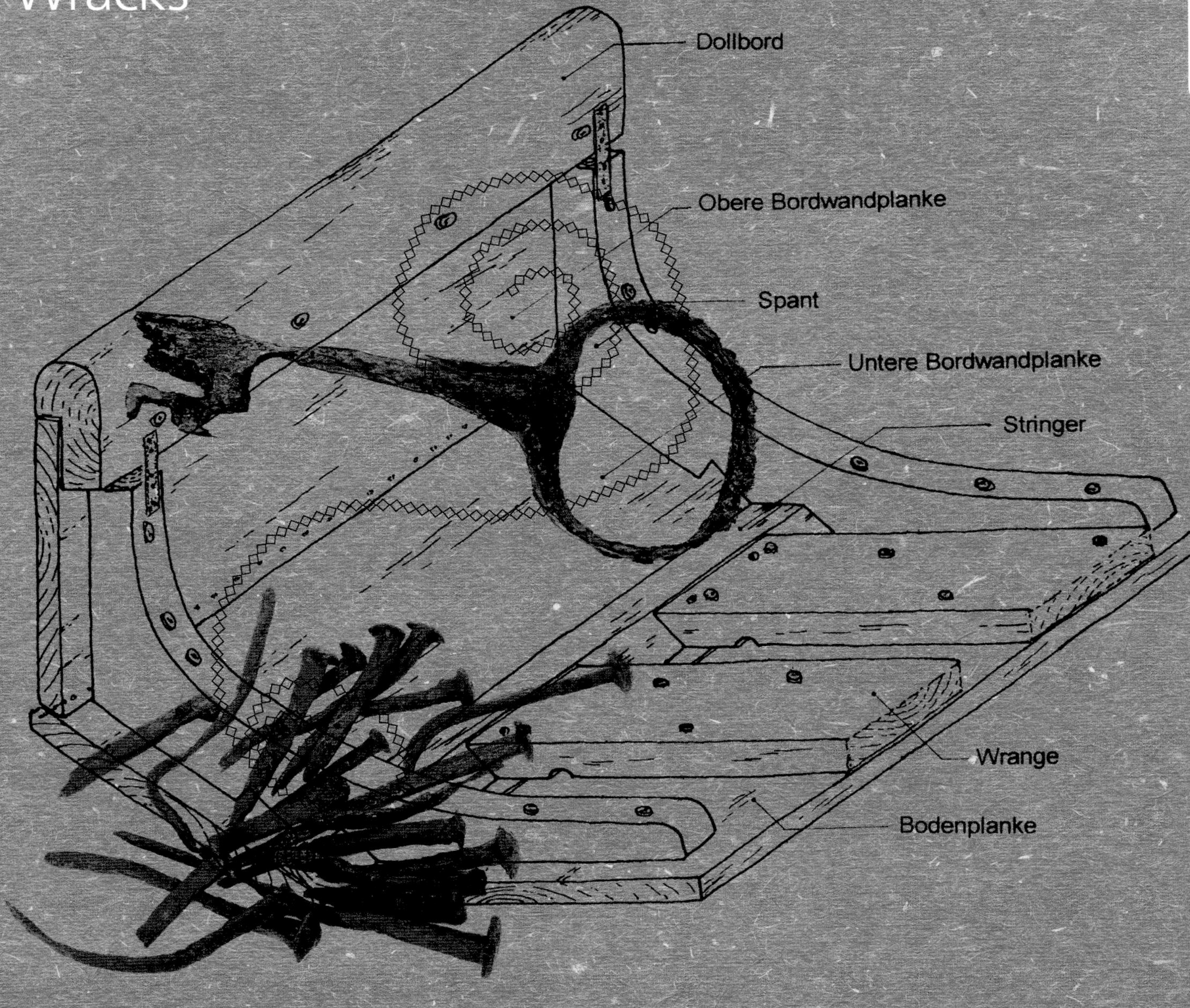

Die „Bremer Kogge"

2.1
Modell der Kogge „Ubena von Bremen"

Rainer Wedel, Langen; 1987–1991

Linde, Ahorn; L. 37, H. 117,2, B. 24,8

Bremerhaven, Deutsches Schifffahrtsmuseum; IV/1159/11

Die „Ubena von Bremen" ist ein Nachbau der „Bremer Kogge" aus dem Jahr 1380 und entspricht den aus dem Wrackfund abgeleiteten Originalmaßen (L. 23,23 m, B. 7,62 m, Tiefgang 2,25 m, Mastlänge 22,9 m, Segelfläche 200 qm). Es handelt sich dabei um eines der bekanntesten Beispiele für die experimentelle Archäologie, die mit Hilfe von Repliken in Originalgröße versucht, Daten wie Fahrverhalten, Geschwindigkeit und Mannschaftsstärke eines im Wrackzustand gefundenen Schiffs zu ermitteln.

Das hier gezeigte Modell der „Ubena von Bremen" entstand zeitgleich mit seinem großen Vorbild. Alle Verbände und Planken wurden am neuzeitlichen Bauplatz der „Ubena" vermessen und im Maßstab 1:20 nachgebaut. Die Anzahl der Bauelemente und deren Verbindungen sind detailgetreu ausgeführt. Das gilt auch für die Bolzen und die Verklinkerung. Um möglichst alle Details zeigen zu können, wurde die Steuerbordseite des Modells nicht vollständig beplankt. Für den Rumpf wurde Lindenholz gewählt, da Eiche zu grob gemasert gewesen wäre. Das gelegte Deck ist aus Ahornholz gefertigt. *UW*

2.1

2.2
Schiffstoilette der „Bremer Kogge“

Bremen, um 1380

Eiche; L. 60, H. 36, T. 45

Bremerhaven, Deutsches Schifffahrtsmuseum; I/10381/08

Die Toilette der „Bremer Kogge“ ist die älteste erhaltene Schiffstoilette, die bisher bekannt ist. Sie wurde, wie die Kogge selbst, mit Polyethylenglykol (PEG) konserviert.

Die Toilette stand nur den Gästen auf dem Achterdeck zur Verfügung und ist somit ein Beleg für die Hierarchisierung an Bord einer Kogge. Im vorderen Teil der Öffnung befindet sich eine Aussparung, die die Benutzung – insbesondere für eine männliche Person – vereinfachte. Die Toilette war so an der Steuerbordseite angebracht, dass Urin und Fäkalien direkt ins Wasser fallen konnten. *UW*

Lahn/Kiedel 1981

2.3
Plankenstücke der „Bremer Kogge“

Bremen, um 1380

a) Probeholz für die Tränkung mit verschiedenen PEG-Konzentrationen

Eiche; L. 99, B. 31, T. 4,5

b) Probeholz für die Tränkung mit PEG 200

Eiche; L. 76, B. 16, T. 3

Bremerhaven, Deutsches Schifffahrtsmuseum

Die Tränkung von unter Wasser geborgenen Hölzern mit Polyethylenglykol (PEG) im „Zweistufenverfahren“ war noch nicht ausreichend erprobt, als die Konservierung der „Bremer Kogge“ anstand. Daher wurden vor und während dieses Prozesses viele Probehölzer mit verschiedenen PEG-Konzentrationen behandelt, um das beste Verfahren und die günstigste Zeitdauer der Tränkung zu ermitteln.

Bewährt hat sich dann eine erste Tränkung mit einem niedrigmolekularen PEG (200 oder 400), die auch ins Innere der Hölzer gelangen konnte, und einer abschließenden Tränkung mit einem hochmolekularen PEG (3000), die die oberflächennahen Teile durchdrang. Das größere der hier ausgestellten Stücke wurde mit verschiedenen PEG-Konzentrationen behandelt, das kleinere nur mit PEG 200. *UW*

Hoffmann 2003a

2.2

2.3 a

2.3 b

2.4
Befestigungsmaterial für die Planken der „Bremer Kogge“

Bremen, um 1380

a) Holzdübel

Holz; L. 29 bis 45, Dm. 4

b) Nägel

Eisen; L. ca. 5

Bremerhaven, Deutsches Schifffahrtsmuseum; a) I/10388/08, b) I/10386/08

Die Planken der Kogge waren mit Holzdübeln (Kat. Nr. 1.27) und Eisennägeln verbunden. Die handgeschmiedeten Nägel hielten die Außenhautplanken zusammen. Bei der Ausgrabung wurden auch mehrere unbenutzte Nägel gefunden. Die Oberseite der Köpfe ist mehrfach facettiert, die Unterseite ist flach, und die Schäfte sind vierkantig ausgeschmiedet.
Da das Konservierungsmittel PEG Eisen angreift, wurden die originalen Eisennägel entfernt und separat konserviert. Während die Kogge im zusammengesetzten Zustand im Konservierungsbad lag, sorgten hölzerne Dübel für den Halt, und bei der Aufstellung im Museum kamen Stahlschrauben zur Anwendung. *UW*

Aniol 2003

2.4 a

2.4 b

2.5
Kalfatmaterial der „Bremer Kogge“

Bremen, um 1380

a) Kalfatleisten

Eiche; B. bis zu 5,1

b) Kalfatklammern

Eiche; L. 2,2 bis 5,6

c) Kalfatmasse

Tierhaare, Teer

Bremerhaven, Deutsches Schifffahrtsmuseum; I/10388/08

Die aus Tierhaaren und Teer gemischte Kalfatmasse ergab ein wasserdichtes Material. Damit wurden die Zwischenräume der einzelnen Planken abge-

2.5 a

2.5 b

dichtet und bauzeitliche Risse in den Planken verschlossen, was nötig war, weil auch windrissiges Holz minderer Qualität verwendet wurde, wie beim Zusammenbau der Kogge im Museum offensichtlich wurde. Die Kalfatmasse wurde von den Restauratoren zur Konservierung gefriergetrocknet.

Die Kalfatleisten dienten der Sicherung der Kalfatmasse in den Fugen. Darüber sicherten dann die Kalfatklammern (Sinteln) das Ganze. Ihrer Form nach sind sie in das 14. Jahrhundert zu datieren. *UW*

Vlierman 1996

2.5c

2.6 Holzteer aus der „Bremer Kogge"

Bremen, um 1380

Bremerhaven, Deutsches Schifffahrtsmuseum; I/10389/08

Bei der Ausgrabung der „Bremer Kogge" wurde auch ein Holzfass mit Teer gefunden. Bei der Bergung brach das Fass auseinander, und der Teer lief aus. Nur diese Probe konnte aufgefangen und für weitere Forschungen erhalten werden. Untersuchungen an der Universität Hamburg (Bereich Holztechnologie und Holzchemie) zeigten, dass es sich um Nadelholzteer handelt. Bis ins 19. Jahrhundert hinein wurde dieses Material im Schiffbau als Dichtmittel und Schutzanstrich gegen Fäulnis verwendet. Fäulnisgefahr bestand vor allem bei Überdeckungen, also dort, wo Hölzer aufeinander lagen. Nadelholzteer war ein wichtiges Exportgut aus den Ländern rund um die Ostsee.

Bei den Untersuchungen im Rahmen des Wiederaufbaus der Kogge im Museum fanden sich Teerspuren in den Laschen und Überlappungen der Außenhautplanken sowie zwischen den Spanten und der Außenhaut. Es fanden sich aber keinerlei Spuren auf der äußeren Oberfläche des Rumpfes. Dort hätte der Teeranstrich der fertig gestellten Kogge als Schutzanstrich gedient. Dieser war beim Sinken des Schiffs also noch nicht aufgebracht. Durch dieses Fehlen lässt sich schlussfolgern, dass die Kogge gesunken ist, bevor sie fertiggestellt war. Gestützt wird diese Deutung zusätzlich durch das Fehlen von Ballaststeinen im Schiffrumpf und den noch nicht aufgerichteten Mast. *UW*

Lange 1983; Hoffmann 2003b

2.6

2.7
Spitzhammer

Bremen, um 1380

Eisen mit Holzresten; Kopf L. 22, quadratische Bahn L. 2

Bremerhaven, Deutsches Schifffahrtsmuseum; I/10386/08

Im Rumpf der Kogge wurden verschiedene Schiffszimmermannswerkzeuge gefunden, die einen weiteren Beweis dafür darstellen, dass das Schiff zum Zeitpunkt ihres Untergangs noch nicht fertiggestellt war. Der Spitzhammer hat einen aus einem Stück geschmiedeten Kopf mit quadratischer Bahn (das ist die Hammerschlagfläche gegenüber der Schneide) und spitz zulaufender Finne. Reste des Holzstiels sind im angeschweißten Schaftrohr erhalten geblieben. *UW*

Aniol 2003

2.8
Axt

Bremen, um 1380

Eisen; Klinge L. 19,6, Schneide B. 13,9

Bremerhaven, Deutsches Schifffahrtsmuseum; I/10386/08

Diese ebenfalls den Schiffszimmerleuten zuzurechnende Axt hat eine asymmetrische, zum Stiel hin breiter ausgeschmiedete Klinge mit angeschweißter, wahrscheinlich gehärteter Schneide. Das Öhr und die Klinge sind aus einem Stück geschmiedet. Wie für eine Axt typisch, wurde sie längsgeschäftet. *UW*

Aniol 2003

2.9
Meißel/Kalfateisen

Bremen, um 1380

Eisen; L. 45

Bremerhaven, Deutsches Schifffahrtsmuseum; I/10386/08

Der spitze Meißel zeigt am Kopf Schlagspuren. Die abgewinkelte Spitze bringt Schlag- und Hebelkraft auch an schlecht zugängliche Stellen. Das Werkzeug war auch als Kalfateisen zu gebrauchen. Mit einem solchen Gerät wurde die Kalfatmasse in die Zwischenräume der Außenhautplanken fest eingeschlagen. *UW*

Aniol 2003

2.7

2.8

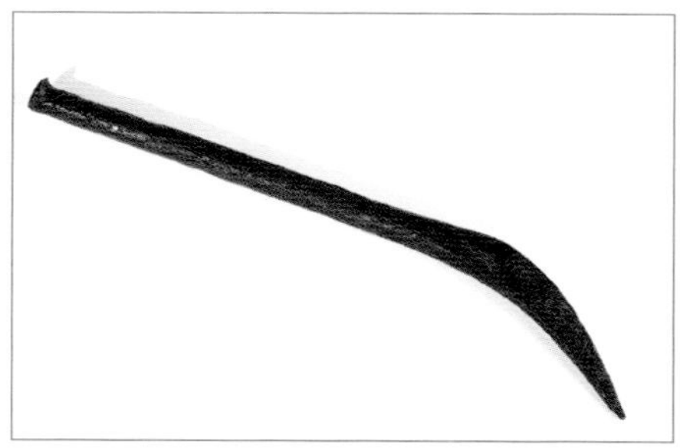

2.9

2.10
Dechselhammer

Bremen, um 1380

Eisen; Kopf L. 26, Schneide B. 9, quadratische Bahn L. 2,4

Bremerhaven, Deutsches Schifffahrtsmuseum; I/10386/08

Der Dechselhammer konnte sowohl als Dechsel wie als Hammer verwendet werden. Der Kopf wurde aus einem Stück geschmiedet, das zur Dechselschneide flach ausgeschmiedet wurde. Das runde Schaftrohr wurde nachträglich angeschweißt. *UW*

Aniol 2003

2.10

2.11
Schuh

um 1380

Rindleder, Pflanzenbast; L. 27, H. 10,5, B. 9

Bremerhaven, Deutsches Schifffahrtsmuseum; I/10387/08

Der in der Kogge gefundene Schnürschuh hat nach dem heutigen Größensystem die Größe 40/41. Er wurde am rechten Fuß getragen, möglicherweise von einem der Schiffszimmerleute. Der Halbschuh war mit einfacher Sohle, trapezförmiger Fersenkappe und Schaftrandeinfassung ausgestattet Genäht worden war er vermutlich mit Pflanzenbast. Er weist starke Gebrauchs- und Abnutzungsspuren auf. Die dunkelbraune Färbung muss nicht ursprünglich sein, es könnte sich um eine nachträgliche Verfärbung durch die Bodenlagerung handeln.

Das Oberleder war aus drei Teilen zusammengesetzt. Das größte dieser Teile reicht von der Außenseite des Fußes über den Vorderfuß und weiter am linken Knöchel entlang und um die Ferse bis zum äußeren Knöchel. Dort ist ein rechteckiges zweites Teil zur Verlängerung angesetzt. Ein drittes dreieckiges kleines Teil, das das Verlängerungsstück ergänzte, ist verloren gegangen. Zur Verstärkung der Ferse wurde eine trapezförmige Hinterkappe eingearbeitet, die von dem durchgezogenen Verschlussband mit gehalten wird. Diese ebenfalls aus Rinderleder gefertigte Kappe war an den Seiten mit einer verdeckten Applikationsnaht befestigt.

Am oberen Schaftrand sind in gleichmäßigen Abständen fünf Paar senkrechte Schlitze angeordnet, durch die ein Lederband geführt ist, mit dem der Schuh über dem Rist gebunden wurde. Das Band ist 1,2 cm breit und reicht in seiner erhaltenen Länge einmal um den oberen Schuhrand.

Gleichartige Schuhe wurden in Schleswig ausgegraben und werden als Halbschuhe D2 bezeichnet. Sie datieren ebenfalls in das 14. Jahrhundert. Weitere Vergleichsfunde stammen aus dem skandinavischen und mitteleuropäischen Raum. In der Bremer Altstadt wurde bislang kein vergleichbares Exemplar gefunden.

Das Oberleder eines mittelalterlichen Schuhs wurde auf links über einem Leisten bearbeitet. Daher auch die Bezeichnung „wendegenäht". War der Schuh fertig, wurde er gewendet – die Nähte waren nicht mehr sichtbar. Deshalb hat sich in unserem Sprachgebrauch die Redewendung „Umgekehrt wird ein Schuh daraus" überliefert. *UW*

Schnack 1992, Abb. 8,2; Klonk 2003

2.11

2.12
Nierendolch

um 1380

Eisen, Messing, Holz; L. 39, B. 4,5

Bremerhaven, Deutsches Schifffahrtsmuseum; I/10387/08

Nierendolche sind die am weitesten verbreitete Dolchform des hohen und späten Mittelalters. Der Name erklärt sich durch die beiden runden Ausstülpungen bzw. Verdickungen am Griffende, die die Funktion einer Parierstange erfüllen.

Die Klinge ist im Querschnitt dreieckig, wobei die Spitze heute mit Kunststoff ergänzt worden ist. Mit der Klinge ist die 6 mm dicke Heftplatte verbunden. Diese besteht aus elf Lagen dünner Bleche: acht aus Eisen, drei aus Messing, wahrscheinlich mit organischem Kleber verbunden. Die Verwendung unterschiedlicher Metalle diente der Zier. Die untere (klingenseitige) dickere Eisenlage hat an beiden Seiten eine rechteckige Verlängerung, die rechtwinklig zur Klinge hin umgebogen ist. Wahrscheinlich griffen die beiden Haken über den Rand der Dolchscheide.

Der Holzgriff war mit vier von der Klingenseite her eingeschlagenen Nägeln an der Heftplatte befestigt. Er ist insgesamt wie ein Phallus gestaltet. *UW*

Aniol 2003

2.13
Taucherhelm

um 1960

Eisen, Glas, Gummi; L. 40, B. 32

Bremerhaven, Deutsches Schifffahrtsmuseum; I/100526/73

Dieser Taucherhelm stammt aus den frühen 1960er Jahren, also genau aus der Zeit, in der die „Bremer Kogge" ausgegraben wurde. Helmtaucher bargen dabei die Hölzer, die in der Weser zum Vorschein kamen (siehe die Abb. 3 auf S. 57 in diesem Band). Ob dieser Helm dabei zum Einsatz kam, lässt sich heute nicht mehr mit Sicherheit nachweisen. *UW*

2.14
Sedimentproben vom Fundort der „Bremer Kogge"

Bremen, 1962-1965

Bremerhaven, Deutsches Schifffahrtsmuseum; I/10386/08

Bei einer Ausgrabung werden Bodenproben entnommen, um die ursprünglichen Schichten genau rekonstruieren zu können. Bei der Entdeckung und nachfolgenden Ausgrabung zeigte sich, dass die „Bremer Kogge" von Sand und Klei (verdichtetem und entwässertem Schlick) bedeckt war. Diese Schichten schützten das Wrack vor Umgebungseinflüssen. *UW*

2.12

2.13

2.14

Die Weserlastkähne von Rohrsen

3.1 Zweiteiliger Schiffsverband

Modellbau Helmut Hannes
Kassel, 1999/2000
a) Wrack A
Eiche, Fichte; L. 192, H. 39, B. 17
b) Wrack B
Eiche, Fichte; L. 134, H. 36, B. 11
Lemgo, Weserrenaissance-Museum Schloss Brake

Auf der Weser verkehrten Schleppzüge, die „Mast" genannt wurden. In Abhängigkeit der landesherrlichen Privilegien schrieben die Schiffergilden von Hannoversch Münden, Vlotho und Bremen vor, ob eine „Mast" aus zwei oder drei Kähnen zu bestehen habe. Der größte Kahn war der „Bock". Ihm folgten der „Hinterhang" und als kleinster der „Bulle". Der Name „Mast" erklärt sich aus der Technik der Bergfahrt. Bergauf wurde die „Mast" getreidelt, mittels Tau gezogen. Das Tau war am Mastbaum des ersten Kahns befestigt. Zur Stabilisierung steckte er im Mastschuh und war rechts und links an den Bordwänden vertäut.

Bis 1815 übernahmen Menschen, Leinenzieher, das Treideln. Ab dann setzte man Pferde ein, die über mehr oder weniger befestigte Uferwege, die Treidelpfade, geführt wurden. 40 Leinenzieher waren für die Bergfahrt von Bremen nach Landesbergen nötig. Auf Grund der Steigung mussten ab dort weitere Leinenzieher bzw. 12 Pferde eingesetzt werden. In Minden übernahmen 45 Leinenzieher die Last und wurden wiederum in Hameln von weiteren Leinenziehern unterstützt bzw. von 14 Pferden abgelöst. Zwischen Bremen und Minden mussten Mensch und Tier wegen unüberwindlicher Hindernisse 24 Mal das Ufer wechseln. Dazu wurde ein „Leichter", ein weiterer Kahn, mitgeführt.

Gemäß einer Statistik aus dem Jahre 1836 dauerte die Fahrt von Bremen bis Hannoversch Münden im 18. Jahrhundert 21 bis 28 Tage; stromabwärts nur 8 bis 11 Tage. Die Schiffer ließen ihre nebeneinander gebundenen Kähne mit der Strömung treiben. Bei dieser Fortbewegungsart spricht man vom „kalten Druck". Gelenkt, nötigenfalls gestakt, wurden die Kähne mit dem charakteristischen Schweberuder und dem Schurbaum, einer 8 bis 10 cm dicken, 10 m langen Fichtenholzstange.

Die Schiffsarchäologen haben lange diskutiert, ob eine Talfahrt möglich gewesen sei, während zwei Kähne nebeneinander vertäut fuhren. Bei den Donauschiffern war dies die übliche Methode. Der Fundumstand der Rohrsener Kähne – nämlich völlig parallel nebeneinander auf dem Wesergrund liegend – und Eisenringe am Dollbord

3.1

der Bremer Funde bestätigen diese Art der Talfahrt auch für die Weser.

Auch wenn Bremen bzw. Hannoversch Münden über Land in fünf bis sechs Tagen zu erreichen waren, wurde der Weg über den Fluss bis zur Etablierung des Schienengüterverkehrs aus Sicherheitsgründen vor allem für fragile Waren wie Glas und Keramik, für Luxusartikel wie Kunstwerke, Bücher und Gewürze sowie schweres Transportgut wie Steine und Roheisen bevorzugt. *VL*

Rauers 1919, S. XIV; Neweklowski 1952, S. 284f; Hinweis von Timm Wenski, Bayerisches Landesamt für Denkmalpflege, München

3.2
Modell der Fundsituation mit teilweise rekonstruierter Ladung

Eckehard Deichsel

Lemgo, 2001

Balsa, Sand, Hartschaum; L. 138, H. 20, B. 65

Lemgo, Weserrenaissance-Museum Schloss Brake

Die Fundsituation der beiden Lastkähne erlaubt Rückschlüsse auf die ursprüngliche Verteilung der Ladung, die Fahrweise und den Verlauf der Havarie. Die Sandsteinblöcke lagen ausschließlich im mittleren Teil der Lastkähne, dreischichtig. Heck und Bug blieben frei, waren aber möglicherweise mit leichterem Transportgut beladen. Weil sie nicht beschwert waren, sind Heck- und Bugpartie im Laufe der Jahrhunderte von der Wasserströmung weggetragen worden. Ein „Querschläger" hat sich bei der Havarie aus der oberen Steinlage des größeren Kahnes gelöst und ist in die Bordwand des parallelliegenden kleineren „Bullen" gerutscht.

Nicht nur Unwetter, Hochwasser und unfallträchtige Flussläufe behinderten damals die Flussschifffahrt. Stark gestört wurde sie durch die zunehmende Zahl an Wassermühlen, für die der Fluss durch Staudämme aufgestaut werden musste. Die Zollstellen und Stapelplätze behinderten ebenfalls den Verkehr und verteuerten die Ware. Erst 1804 wurden alle Stapel- und Umladezwänge sowie die übrigen Schiffsprivilegien abgeschafft. In der „Schiffahrtsakte" von 1823 wurde die Flussschifffahrt auf der Weser umfassend reglementiert. Seitdem mussten die Schiffer einen Befähigungsnachweis vorlegen und ihre Schiffe regelmäßig auf ihre technische Fahrtüchtigkeit hin überprüfen lassen. *VL*

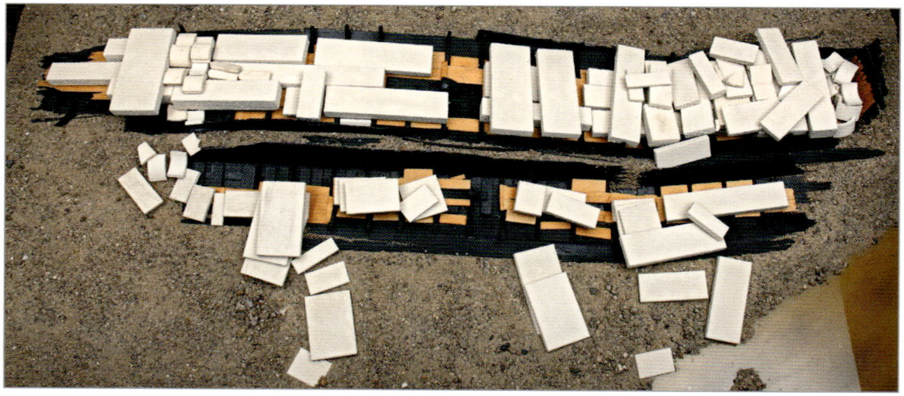

3.2

3.3
Originalteile des Weserbocks (Wrack A)

Vlotho, um 1750

a) Dollbord

Eiche; L. 191, B. 26, T. 16

b) senkrechte Bordwand-Planke

Eiche; L. 371, B. 63, T. 5

c) schräg ansteigende Bordwand-Planke

Eiche; L. 269, B. 58, T. 4,5

d) Stringer

Eiche; L. 179, B. 30, T. 7

e) Spant

Eiche; L. 195, B. 12,5, T. 18

f) Wrange

Eiche; L. 206, B. 27,5, T. 7,5

Lemgo, Weserrenaissance-Museum Schloss Brake

Das Konstruktionsprinzip der beiden plattbodigen Weserlastkähne ist einfach und weniger aufwändig als das von Kielschiffen. Es ist ideal geeignet für den Bau langer schmaler Kähne mit großer Ladekapazität und geringem Tiefgang. Für die Flussschifffahrt, die es mit zahlreichen natürlichen und künstlichen Hindernissen zu tun hatte, waren diese Kriterien wesentlich. Die Grundelemente der Konstruktion sind Planken, welche die Außenhaut bilden, sowie Wrangen und Spanten, die der Verbindung und Aussteifung dienen. Nur der größere Kahn verfügt zusätzlich über Stringer, Konstruktionsteile, welche zwischen dem waagerechten Boden und den schräg ansteigenden Bordwänden vermitteln. Die Bordwandoberkanten waren jeweils mit einem Dollbord verstärkt.

Für den Bau der Kähne wurde das Eichenholz auf dem Werftplatz von Hand aufgesägt; an vielen Teilen kann man noch die entsprechenden Spuren erkennen, die sich von denen der mechanischen Säge (Sägemühle) klar unterscheiden. Für die sogenannten Knick-Spanten suchte man zu Gunsten einer höheren Bruchfestigkeit krumm gewachsene Äste oder dünne Stämme aus. Die Planken wurden aus starken geraden Stämmen geschnitten. Besonders geformte Teile wie Dollbord, Stringer oder Mastfuß wurden nach dem Aufsägen noch mit Dechsel, Beil oder Stoßaxt bearbeitet.

Für den Boden wurden die Planken stumpf gefügt und von den mit Holznägeln aufgenagelten Wrangen zusammengehalten. Die Bordwandplanken verband man durch unzählige Eisennägel miteinander und mit dem Stringer. Die wiederum mit Holznägeln befestigten Knick-Spanten banden schließlich Boden und Bordwand zusammen. Eisenbänder stellten zusätzlich eine Verbindung zwischen den Spanten und dem ebenfalls mit Holznägeln befestigten Dollbord her. *ED*

3.4
Spantenmodell

Eckehard Deichsel

Lemgo, 1999/2000

Limba, Stahl, Blei;

L. 29, H. 22, T. 14

Lemgo, Weserrenaissance-Museum Schloss Brake

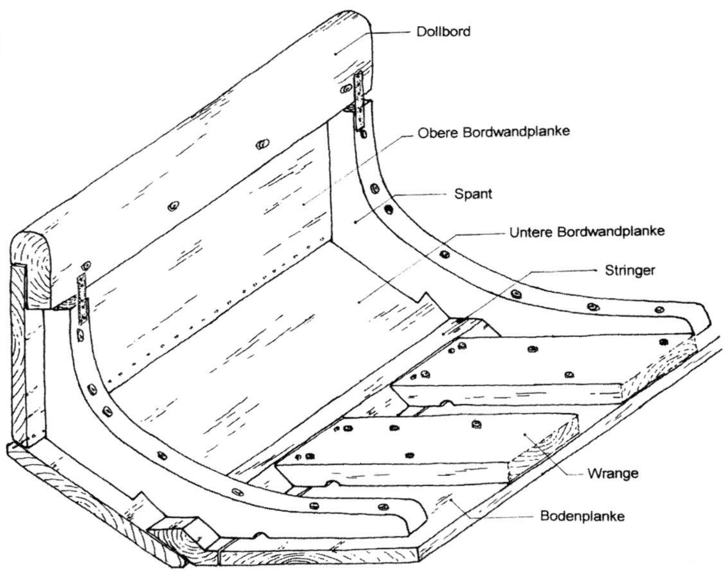

3.4 (Zeichnung)

3.5
Plombenstück

Vlotho, um 1750

Eiche; L. 27, B. 10, T. 4,5

Lemgo, Weserrenaissance-Museum Schloss Brake

Astlöcher des zu verarbeitenden Holzes, oder auch gebrauchsbedingte Schäden erforderten Ausbesserungsarbeiten. Das Holz wurde so bearbeitet, dass es passgenau an die schadhafte Stelle eingefügt werden konnte. Mehrere Astpartien in den Boden- und Bordwandplanken, die zum Reißen und Herausfallen neigen, hat man vorsorglich herausgeschnitten und mit diesen Holzstücken „plombiert". *ED*

3.5

3.6
Nägel

Vlotho, um 1750

Eisen, geschmiedet; L. 6–13

Lemgo, Weserrenaissance-Museum Schloss Brake

Zur Verbindung der Hölzer dienen Nägel aus Eichenholz (Kat. Nr. 1.25), an bestimmten Stellen aber auch geschmiedete Eisennägel. Beim größeren der beiden Kähne sind die Kopfenden der Wrangen mit dem Stringer durch zwei Holz- und Eisennägel verbunden. Die oberen Bordwandplanken sind mit Eisennägeln an den unteren befestigt. Auch die Überblattungen der Bordwandplanken sind durch Eisennägel gesichert.

Da die Bordwandplanken mit bis zu 83 cm sehr breit sind und sie zudem nicht ständig feucht blieben, war bei ihnen die Gefahr des Reißens besonders groß. Um diesem entgegenzuwirken, hat man zahlreiche Eisenbänder quer über bereits entstandene und oder befürchtete Risse genagelt. *ED*

3.6

3.7
Kalfatmasse

Vlotho, um 1750

Kiefernpech, Flachs- oder Hanfschäben

Lemgo, Weserrenaissance-Museum Schloss Brake

Die gesamte Konstruktion der beiden Lastkähne besteht aus Eichenholz. Zur Verbindung der Hölzer dienen eichene Holznägel und oder geschmiedete Eisennägel. Alle Holzteile waren geteert, alle Fugen mit Kalfatmasse abgedichtet. Für die Dichtigkeit der durchgebohrten Holznagellöcher sorgte das Quellen der ständig feuchten Holznägel.
Das Kalfatern und Teeren gehörte zur jährlichen Überholung auch neuer Schiffe. Die Schäben waren Abfallprodukte der Flachs- und Hanfverarbeitung. Hanfblätter und -blüten waren, Berichten zufolge, beliebte Beimengungen des „Knaster" genannten Tabaks der Weserschiffer. *ED*

3.7

3.8
Zwei Anker

Vlotho, um 1750

a) Anker-Bruchstück mit Korrosionsschicht

Eisen, geschmiedet; H. 26, B. 72, T. 5 und

H. 9, B. 17, T. 4

b) Anker

Eisen, geschmiedet; H. 107, B. 66,5, T. 7

Lemgo, Weserrenaissance-Museum Schloss Brake

Bei dem nur bruchstückhaft erhaltenen Anker a ist der Schaft – offenbar ohne zu verbiegen – durch große Krafteinwirkung abgebrochen. Dem nahezu vollständigen Anker b fehlt lediglich das vermutlich von der Strömung abgerissene hölzerne Querstück am oberen Schaft, unterhalb der Ringöse. Beide Teile waren von einer dicken Rost-Kies-Kruste überzogen. Beide tragen am Kreuzungspunkt von Schaft und Armen auch die Hausmarke CO mit stilisiertem Anker, die 1999 bei der Restaurierung durch die zentrale Restaurierungswerkstatt des LWL-Museumsamtes freigelegt wurden.

Georg Heil, Lemgo, ist es geglückt, die Marke zu identifizieren. Entscheidend dafür war das Verzeichnis der Vlothoer Schiffsherren von 1763, erhalten im Landesarchiv NRW, Abt. Westfalen. Demnach steht CO für Christian Osterloh, Mitglied einer alteingesessenen Vlothoer Familie, für die seit der zweiten Hälfte des 17. Jahrhunderts Schiffsherren quellenmäßig bezeugt sind. Schiffsherren waren die Eigentümer der Kähne, in deren Auftrag die Schiffer fuhren. *VL*

3.8

3.9
Teile der Steinladung

Bückeberge, um 1750

a) vier Brunnen-Schachtwandungsteile

Obernkirchner Sandstein;

H. 43, B. 75, T. 17 (Schachtwandungsteile);

b) zwei Grenzsteine

Obernkirchner Sandstein, scharriert;

a) H. 96, B. 22, T. 16; b) H. 84, B. 27, T. 17

Lemgo, Weserrenaissance-Museum Schloss Brake

Bei Brunnenringen muss zwischen Teilen der Brüstung und des Schachtes unterschieden werden: Brüstungsteile sind größer, außen nicht nur roh behauen, sondern scharriert und haben oben, manchmal auch unten, einen um ca. 2 cm verdickten Rand. Ausgegraben wurden drei Brunnenringe und 22 Wandungsteile plus sieben Bruchstücke, die zusammen wahrscheinlich einen kompletten Brunnen-Bausatz bildeten. Die übrigen Steine waren am Steinbruch grob behauen worden und wurden als Halbfertigprodukt gehandelt. Ihre endgültige Fertigstellung übernahmen die Steinmetze an den jeweiligen Bestimmungsorten.

Da der Stein relativ weich ist, ist er vom Steinmetz bzw. Bildhauer gut zu bearbeiten. Gleichzeitig ist er resistent gegen sauren Regen, was ihn heute für Restaurierungsmaßnahmen, wie beispielsweise am Kölner Dom, begehrt macht.

Seit dem Mittelalter wurde er regional verbaut. Ab der Frühen Neuzeit können weltweite Exporte nachgewiesen werden, wie die für das Stadttor „Waterpoort" der niederländischen Kolonie Batavia, dem heutigen Djakarta, bestimmte Sandsteinladung des Seglers Batavia der „Vereenigde Oostindische Compagnie" (VOC) von 1628 beweist. Während anfangs noch mit ihm gemauert wurde, vgl. den Mindener Dom, wurde er aus wirtschaftlichen Gründen später nur noch zu Bauplastik und -ornamentik sowie Fenster- und Türgewänden verarbeitet.

1597 gaben sich die Obernkirchner Steinhauer eine Zunftordnung, worin u.a. Ausbildung und Handel geregelt waren. Zu den Zunftunterlagen gehören heute noch erhaltene renaissancezeitliche Vorlageblätter u.a. zur klassischen Säulenordnung. Der Handel war ab Verladestelle an der Weser erlaubt. Häufig ging die Fracht am Bremer Stapelplatz vorbei, ohne Zoll dafür zu entrichten. Das Ende des daraus resultierenden Konfliktes war die monopolartige Dominanz der Bremer Händler. In den Zolllisten und Rechnungen war nun nicht mehr von Obernkirchner, sondern von „Bremer Stein" die Rede. Nach vorübergehendem Abbaustopp in den Steinbrüchen kam es Ende der 1770er Jahre zum einem Exklusiv-Vertrag zwischen Steinhauern und Bremer Händlern, wonach diese sich verpflichteten, 1.000 Fuder (= 1.000 Tonnen) jährlich zu einem Festpreis abzunehmen. *VL*

3.9 a

3.9 b

3.10
Flaschenzug mit Haken und Tauöse

Vlotho, um 1750

Holz und Eisen, geschmiedet;

L. 60, B. 14, T. 11

Lemgo, Weserrenaissance-Museum Schloss Brake

Erst der Einsatz des Flaschenzuges ermöglichte das Be- und Entladen der tonnenschweren Sandsteinladung. Er war Bestandteil eines Einbaumkrans, zum dem drei hölzerne Pfähle, zwei hölzerne Angeln und Tauwerk gehörten. Schon die Antike kannte diese Form des Hebezeugs als Trispastos bzw. Pentaspastos. Den Einbaumkran konnten die Schiffer rasch und vor allem unabhängig von Verladeeinrichtungen aufrichten. *VL*

3.10

3.11
Blockrolle mit Haken, Öse und Tauöse

Vlotho, um 1750

Holz und Eisen, geschmiedet;

L. 46, B. 19, T. 13

Lemgo, Weserrenaissance-Museum Schloss Brake

Die Blockrolle brauchten die Schiffer zum Treideln. Sie war am Schiffsmast befestigt. Durch sie wurde die Treidelleine geführt. So konnten nötigenfalls ohne große Kraftanstrengung die Zugrichtung geändert oder die Leinen umgelenkt werden. *VL*

3.11

3.12
Zwei Kettenösen mit Spreizdorn

Vlotho, um 1750

Eisen, geschmiedet; L. 61, B. 16, T. 8

Lemgo, Weserrenaissance-Museum Schloss Brake

Drei Kettenösen mit Spreizdorn wurden im Bereich der dicht nebeneinander liegenden Bordwände der beiden Wracks gefunden. Sie waren von einer starken Korrosionsschicht überzogen. Man nahm an, dass sie zur Koppelung der beiden Kähne dienten. Diese Annahme erwies sich jedoch als falsch, denn die Kettenösen waren lose liegend gefunden worden. Die Spreizdornen waren aber, wie bei den 2007 auf dem Bremer Teerhof gefundenen Kähnen zu erkennen war, dazu gedacht, durch die Bordwand geschlagen und außen umgelegt zu werden. Ob die dann gut befestigten Kettenösen notwendig waren, um den Mast als Ladekran nutzen zu können, oder ob sie auch anderen Zwecken dienten, ist noch ungeklärt. *ED*

3.12

Die Objekte am Fundort vor dem Entfernen der Korrosionsschicht

3.13
Acht-Groschen-Münze

Preußisch besetztes Sachsen, zwischen 1757 und 1762
Silberlegierung, gepunzt; Dm. 2,7
Lemgo, Weserrenaissance-Museum Schloss Brake

Nach der von Friedrich dem Großen 1750 eingeführten preußischen Münzordnung entsprach ein Taler 24 Groschen, ein Groschen zwei Schillingen und ein Schilling zwölf Pfennigen. Ein Tagelöhner verdiente um 1770 etwa 50 Taler im Jahr, ein Handwerker 70 Taler. Die Acht-Groschen-Münze entsprach demzufolge dem Lohn eines Tagelöhners für zweieinhalb Tage. Es liegt nahe anzunehmen, dass die in Rohrsen gefundene Acht-Groschen-Münze der Lohn eines Schiffsjungen war. Dann könnten wir es mit dessen halbem Wochenlohn zu tun haben. *VL*

3.14
Schlüssel

um 1750
Eisen, geschmiedet; L. 7, B. 3, T. 0,8
Lemgo, Weserrenaissance-Museum Schloss Brake

Über den bei den Kähnen geborgenen Schlüssel, bzw. über eine ursprünglich dazugehörige Kassette kann nur spekuliert werden: Geldkassette, Schmuckkästchen… .

Leider gibt es keinerlei Anhaltspunkte zur genaueren Bestimmung. Auch eine Materialanalyse würde keine genaueren Aufschlüsse erbringen. *VL*

3.15
Medizinfläschchen

um 1750
Waldglas, mundgeblasen; H. 4,8
Lemgo, Weserrenaissance-Museum Schloss Brake

Das kleine Fläschchen mit ovalem Körper, Röhrenhals und Lippenwulst besteht aus einfachem grünem Glas, das nicht durch Zugabe von „Glasmacherseife“ entfärbt worden war, wie für Trink- und Schaugläser im 18. Jahrhundert üblich. Es gehört zur großen Gruppe von Gebrauchsgläsern, wie sie schon für das 16. Jahrhundert als Arzneifläschchen nachweisbar sind (vgl. Kat. Nr. 1.41).

Die erhaltenen Rückstände sind mit Hilfe der Kopplung von Gaschromatographie und Massenspektrometrie analysiert worden. Demnach handelte es sich um Cubeben und Sabinen, möglicherweise einer Mischung aus indonesischem Stielpfeffer sowie Wacholder, Wermut und Pfeffer.

3.13

3.14

3.15

Welche Krankheit diese Ingredienzien bekämpfen sollten, kann nur vermutet werden. Pfeffer, Wermut und Wacholder wurden von alters her für verschiedenste Leiden verwendet. Allen dreien gemeinsam ist ihre Anwendung bei Übelkeit und Magenbeschwerden. Es ist nicht ausgeschlossen, dass wir es mit einem gegen Seekrankheit eingesetzten Kinetose-Mittel des 18. Jahrhunderts zu tun haben. *VL*

Analyse von Dr. Gaydoul, Herford, Mai 2000

3.16 Weserware

erste Hälfte des 18. Jahrhunderts

a) zweihenkeliger Topf

Ton; H. 20

b) zweihenkelige Schale

Ton; Dm. 24

Lemgo, Weserrenaissance-Museum

Schloss Brake

Die nicht gesinterte, engobierte, mit Malhörnchen dekorierte Weserware war eine Gebrauchskeramik, die schon im 16. Jahrhundert weltweit exportiert wurde. Neben dem Obernkirchner Sandstein gehörte sie zu den Exportschlagern des Weserraums. Von der zumeist mit figürlichen Darstellungen versehenen Werraware unterscheidet sie sich durch ihren überwiegend geometrischen Dekor. Ob die zweihenklige Schale der Rest einer größeren, für den Export bestimmten Schiffsladung war oder von der Besatzung als Essschale genutzt wurde, ist nicht zu klären, während die Schlichtheit des zweihenkeligen Topfes darauf schließen lässt, das wir es mit einem Vorratstopf zu tun haben, den die Mannschaft nutzte. *VL*

3.16 a

3.16 b

Die „Tek Sing"

4.1
Zwei Schälchen aus der „Tek Sing"

Dehua (China), vor 1822

Steinzeug; H. 2,2, Dm. 8,5

Privatbesitz

Bei den mehr als 350.000 Teilen der Keramikladung in den Frachträumen der 1822 vor Sumatra gesunkenen Dschunke „Tek Sing" handelt es sich um einfache Gebrauchsware, die für den Export nach Südostasien bestimmt war. Aufgrund der groben Konsistenz des Tons ist diese Keramik eher als Steinzeug denn als Porzellan zu klassifizieren. Die Stücke wurden in Dehua (Provinz Fujian) produziert. Fast alle sind mit kobaltblauen Verzierungen versehen, die schwungvoll mit freiem Pinsel aufgetragen wurden. Besonders beliebt waren Symbole und Schriftzeichen, die Glück, Reichtum oder andere positive Aussichten verheißen. Den potentiellen Kunden in Java, aber auch in Vietnam oder Thailand, war die Bedeutung dieser Muster vertraut.

Die „Tek Sing" transportierte Tausende kleiner Schälchen, die mit Schriftzeichen oder Blüten bemalt sind. Obwohl es wegen der unterschiedlichen „Handschriften" der Maler auf den ersten Blick nicht so aussieht, tragen die beiden hier gezeigten Stücke dasselbe Schriftzeichen: fu (für „Glück, Freude"). *AS*

Keguan 1991, S. 30–32; Referenzbuch 2000, Abb. S. 63, 214f (TS 155–160)

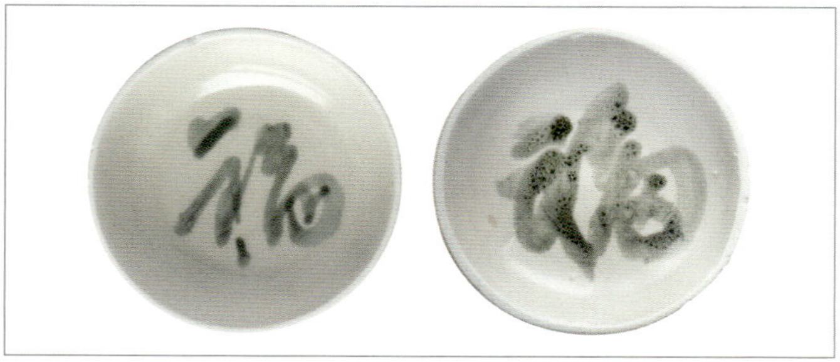

4.1

4.2
Teller aus der „Tek Sing"

Dehua (China), vor 1822

Steinzeug; H. 3,3, Dm. 15

Privatbesitz

Auch dieser Teller ist mit einem verheißungsvollen Motiv versehen: Ein Felsen, auf dem Schilf wächst, wird von einem Bambus und einer Päonie flankiert. Der Bambus steht für Bescheidenheit und Treue, die Päonie für Reichtum und Prestige. Tausende dieser Teller steckten im Wrack der „Tek Sing". Wie bei allen Stücken ist die kobaltblaue Bemalung durch das Salzwasser angegriffen worden.

4.2

Das hier gezeigte Objekt stammt aus einem Stapel von 50 Tellern, der im November 2000 bei der Versteigerung der Ladung der „Tek Sing" im Stuttgarter Auktionshaus Nagel zum Schätzpreis von 950 bis 1.900 € angeboten wurde. Der Zuschlag erfolgte bei 2.500 €. *AS*

Referenzbuch 2000, Abb. S. 62, 154f (TS 82); Auktionsliste 2000, S. 721, Nr. 11840; Pickford/Hatcher 2000, S. 140

4.3
Drei Teller aus der „Tek Sing"

Dehua (China), vor 1822

Steinzeug; H. 4, Dm. 20,5

Berlin, Stiftung Deutsches Technikmuseum Berlin

Bei diesem Teller ist die Päonie das zentrale Motiv, umgeben von blühenden Zweigen anderer Pflanzen. Der Spiegel und die Fahne werden von geometrischen Bordüren begrenzt.

Bei der Tek-Sing-Auktion, die das Auktionshaus Nagel 2000 in Stuttgart durchführte, ersteigerte die Stiftung Deutsches Technikmuseum Berlin nach sorgfältiger Abwägung der für und gegen eine Beteiligung an der Auktion sprechenden Gründe außer einer großen Auswahl repräsentativer Keramikstücke auch Teile eines Sextanten und eines Kompasses sowie viele andere Gebrauchsgegenstände aus dem Wrack, um in seiner 2003 eröffneten Dauerausstellung zur Geschichte der Schifffahrt eine chinesische Dschunke samt Ladung, Mannschaft und Passagieren vorstellen zu können. *AS*

Referenzbuch 2000, Abb. S. 164f (TS 94); Schmiedke 2005, S. 30

4.3

4.4
Geschirrteile aus der „Tek Sing“

Dehua (China), vor 1822

a) Teller

Steinzeug; H. 4,3, Dm. 18,9

Privatbesitz

b) drei Schalen

Steinzeug; H. 5, Dm. 15

Berlin, Stiftung Deutsches Technikmuseum Berlin

Das zentrale, von den Blättern einer Lotus-Blüte umrandete Spiralmedaillon ist das am häufigsten verwendete Muster bei den in der „Tek Sing“ gefundenen Stücken; es findet sich auf Schalen, Bechern und Tellern. Auf den Blättern sind abwechselnd blühende Pfirsichzweige und wolkenförmige Lingzhi-Pilze dargestellt. Beide Symbole verheißen Unsterblichkeit. Auch der Lotus steht für ein langes Leben.

Die Zustandsbeschreibung in der Auktionsliste, die das Auktionshaus Nagel allen potentiellen Käufern zur Kenntnis gab, wies darauf hin, dass das gesamte Steinzeug „soweit es für den täglichen Gebrauch geeignet ist, bereits zwei mal maschinell gespült“ worden sei. Auch bei dem hier gezeigten Teller wäre es möglich gewesen, die Anhaftungen von Muscheln und Korallen zu entfernen. Darauf hat man allerdings verzichtet, denn die Spuren zeugen von der Herkunft des Stücks aus dem Meer, was den Wert steigerte: „Es sind jedoch gerade diese optischen Zeugen, die das Porzellan [!] der Tek Sing einmalig machen.“ *AS*

Referenzbuch 2000, Abb. S. 112–116 (TS 45); Auktionsliste 2000, S. 12 (Zitat); Pickford/Hatcher 2000, S. 139

4.4a

4.4b

4.5
Teller aus der „Tek Sing“ in einer Geschenkverpackung

Dehua (China), vor 1822

Steinzeug; H. 3,4, Dm. 15,1

Papier, Plastikfolie; H. 30, B. 23, T. 10

Privatbesitz

Einige Großkunden, die sich bei Nagel in Stuttgart bedienten, verpackten die Teile aus der „Tek Sing“ einzeln in handliche Schmuckkartons und vermarkteten sie als faszinierende Geschenke, geeignet „even for the person who has everything.“ (= „auch für denjenigen, der schon Alles hat.“) *AS*

Referenzbuch 2000, Abb. S. 112–116 (TS 48); Auktionsliste 2000, S. 262, Nr. 4157; Pickford/Hatcher 2000, S. 139

4.5

4.6
Drei Deckeldöschen aus der „Tek Sing“

Dehua (China), vor 1822

Steinzeug; H. 4, Dm. 8

Berlin, Stiftung Deutsches Technikmuseum Berlin

Das Wrack der „Tek Sing“ enthielt eine Vielzahl von Deckeldöschen unterschiedlicher Größe, die – wie russische Matrjoschka-Puppen – ineinander gestapelt waren. Die Motive sind äußerst variantenreich: Pflanzen, Fische, Insekten und Fledermäuse, aber auch Berge, Wolken und Schriftzeichen. In der Regel handelt es sich dabei um Glück verheißende Symbole. Der Charme der Dekoration ergibt sich durch ihren flüchtigen und skizzenhaften Charakter.

Das hier gezeigte Exemplar, das mit dem Motiv eines Fächers dekoriert ist, lässt sich nicht mehr öffnen, da der Deckel durch die unter Wasser eingetretene Versinterung fest auf dem Döschen sitzt. *AS*

Referenzbuch 2000, Abb. S. 168–177; Pickford/Hatcher 2000, S. 135

4.7
Schale aus der „Tek Sing“

Dehua (China), vor 1822

Steinzeug; H. 6,5, Dm. 14,3

Privatbesitz

Die Dekoration dieser Schale, von der sich Tausende im Wrack der „Tek Sing“ befanden, ist ungewöhnlich, denn sie wurde nicht mit dem Pinsel, sondern mit einem Stempel aufgetragen. In der kunstgeschichtlichen Forschung sind Beispiele für diese Vervielfältigungstechnik in der chinesischen Keramikproduktion vor dem Fund der „Tek Sing“ kaum dokumentiert worden – wahrscheinlich, weil solche Stücke als Haushaltsgüter für den täglichen Bedarf nicht in die Sammlung von Museen gelangten. Die beiden Stempel zeigen das Zeichen „shou“ (für „langes Leben“) auf einer Lotusblüte sowie ein stark stilisiertes Pflanzenornament.

Wie jedes bei Nagel in Stuttgart versteigerte Stück trägt die Schale einen Aufkleber mit dem Namen des Auktionshauses und ein Papieretikett, bei dem die fett gedruckte Zahl auf die Lotnummer 8784 verweist. Der Schätzpreis für das Set von 24 Schalen, aus dem dieses Objekt stammt, lag bei 650 bis 1.300 €; der Käufer erhielt den Zuschlag bei 1.700 €. *AS*

Referenzbuch 2000, Abb. S. 64, 218f (TS 162); Auktionsliste 2000, S. 537, Nr. 8784; Pickford/Hatcher 2000, S. 144

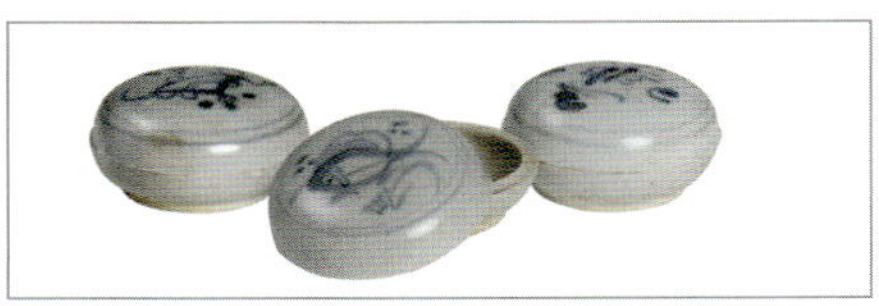

4.6

4.7

4.8 Kochgerätschaften aus der „Tek Sing

China, vor 1822

a) Ofen

Ton; H. 44, B. 31

b) Mörser mit Pistill

Stein; H. 8, Dm. 15 (Mörser); L. 13,5, B. 5 (Pistill)

Berlin, Stiftung Deutsches Technikmuseum Berlin

Die „Tek Sing" war mit etwa 1.600 Passagieren und 400 Besatzungsmitgliedern unterwegs. An Bord der Dschunke herrschten Enge und Gestank. Viele der Kulis, die zu den Zuckerplantagen auf Java reisten, kampierten an Deck. Dort kochten sie ihren Reis auf Holzkohleöfen, zu denen auch dieses bruchstückhaft erhaltene Exemplar mit dreispitzförmigem Rand und perforiertem Zwischenboden gehört haben dürfte. Der Mörser ist vermutlich ebenfalls eher den Passagieren und nicht der für den Verkauf in Batavia bestimmten Ladung zuzurechnen.

Um gesicherte Antworten auf solche Fragen zu erhalten, wäre eine genaue Dokumentation des Fundorts dieser Stücke innerhalb des Wracks erforderlich gewesen, die im Fall der „Tek Sing" aber nicht vorliegt. *AS*

Edwards 2000, S. 269f; Referenzbuch 2000, Abb. S. 312f, 320f, 344f

4.8 a

4.8 b

4.9
Literatur zur „Tek Sing"

a) The Legacy of the Tek Sing. China's Titanic – its Tragedy and its Treasure
Nigel Pickford/Michael Hatcher
Chesterton, 2000 (Granta Editions)
b) Treasures of the Deep. The Extraordinary Life and Times of Captain Mike Hatcher
Hugh Edwards
Sydney/Auckland, 2000 (Harper Collins)
Privatbesitz

Der Schatztaucher Mike Hatcher wollte seine in der „Tek Sing" gemachten Funde möglichst spektakulär vermarkten. Zwei Lektionen hatte er spätestens bei seinem Versuch gelernt, Objekte aus einer 17 Jahre zuvor von ihm entdeckten anonymen chinesischen Dschunke bei Christie's in Amsterdam (Kat. Nr. 1.40) zu versteigern: Um ein Wrack erfolgreich vermarkten zu können, müssen dessen Name und dessen Geschichte bekannt sein. Während die 1983 mangels genauerer Information anonym angepriesenen Stücke nur mäßiges Interesse fanden, lösten die Funde aus dem eindeutig identifizierbaren, 1751 untergegangenen holländischen und ebenfalls von ihm ausgeschlachteten Ostindienfahrer „Geldermalsen" 1986 ein internationales Käuferecho aus.

Deshalb sorgte er dafür, dass vor der Tek-Sing-Auktion zwei Bücher erschienen, die den dramatischen Untergang und die Ladung der „Tek Sing" in epischer Breite beschrieben. Mit der Bezeichnung des Schiffs als „China's Titanic", die sich auf die hohe Zahl der Toten bei diesem Unglück bezieht, war außerdem ein wirksamer Werbeslogan gefunden.

Die Recherchen, die zur Identifizierung der „Tek Sing" führten, lieferte der britische Historiker Nigel Pickford, der – ausgehend von einem Eintrag in dem 1843 erschienen Seefahrerhandbuch „Directions for Sailing to the East Indies" von James Horsburgh – in der Zeitung „Calcutta Journal" vom Juni 1822 den entscheidenden Hinweis auf die Schiffstragödie am Belvidere Riff und die Rettung der Schiffbrüchigen aufgespürt hatte. Mit Mike Hatcher publizierte er den reich illustrierten Band „The Legacy of the Tek Sing".

Das Werk „Treasures of the Deep" von Hugh Edwards ist eine wohlmeinende Biographie Mike Hatchers, in der der Schatztaucher als raubeiniger und schlitzohriger, aber kerniger und sympathischer Haudegen geschildert wird. Beide Bücher konnten zwar ein kauflustiges Publikum, aber nicht die wissenschaftliche Fachöffentlichkeit darüber hinwegtäuschen, dass eine wissenschaftlichen Standards genügende Dokumentation der Bergung der „Tek Sing" von Mike Hatcher nie angestrebt wurde. *AS*

4.9 a

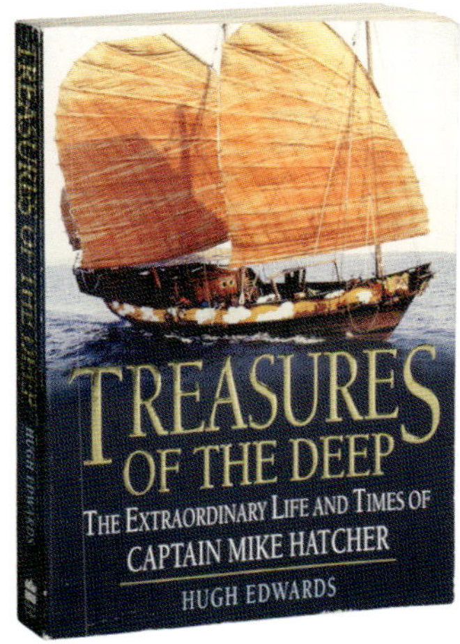

4.9 b

4.10
Kataloge der Firma Nagel Auktionen

Stuttgart 2000

a) Referenzbuch „Tek Sing Treasures"

Privatbesitz

b) Auktionsliste „Tek Sing Treasures" mit allen Lot-Nummern von 1 bis 16100 und allen Schätzpreisen

Berlin, Stiftung Deutsches Technikmuseum Berlin

Die etwa 350.000 Stücke, die Mike Hatcher aus dem Wrack der „Tek Sing" geborgen hatte, kamen nicht in einem der großen, weltweit operierenden Auktionshäuser wie Christie's oder Sotheby's zur Versteigerung, sondern bei Nagel in Stuttgart. Dieses Haus konnte zwar ebenfalls auf eine jahrzehntelange Tradition zurückblicken, festigte aber erst mit dieser Versteigerung seinen internationalen Ruf als Handelsplatz für Asiatische Kunst.

Ausschlaggebend für die Wahl von Nagel dürften die ungewöhnlichen Marketingaktivitäten sein, die das Unternehmen in Aussicht gestellt hatte. Es ließ im Stuttgarter Hauptbahnhof einen Pavillon auf Stelzen errichten, der einer Dschunke nachempfunden war. In diesem ungewöhnlichen Schauraum, den jeden Tag Tausende von Reisenden passierten, stellte es ein Teil der Exponate zur Schau. Eine kleinere Auswahl tourte nach London, Paris, New York und Singapur.

Der Auktionskatalog bestand aus zwei Teilen: einem „Referenzbuch", das die Geschichte des Wracks anhand von Auszügen aus dem Buch von Nigel Pickford und Mike Hatcher darstellt und die verschiedenen Objektgruppen farbig abbildet, sowie der eigentlichen „Auktionsliste", die alle 16.100 Lose mit den Ausrufpreisen verzeichnet. Um den Appetit breiter Käuferschichten zu wecken, stellte das Auktionshaus passende „Dinner-Services" zusammen, die durch Fotos gedeckter Tische im Referenzbuch und durch ein eigenes Faltblatt angepriesen wurden.

Nicht unwesentlich für die Vergabe der Auktion an Nagel könnte allerdings auch die Tatsache gewesen sein, dass die Versteigerung eines Wracks, das unter Missachtung sämtlicher wissenschaftlicher Gepflogenheiten geborgen worden war, den renommiertesten Auktionshäusern – anders als noch 1986 bei der Versteigerung der Schätze aus der „Geldermalsen" – inzwischen zu heikel war.

Vom 17. bis zum 25. November 2000 fand in Stuttgart die Tek-Sing-Auktion statt, die ein weltweites Medieninteresse hervorrief. Den enormen logistischen Aufwand, den die Lagerung, die Sortierung und der Verkauf der 350.000 Objekte bedeutete, bewältigte Nagel tadellos. Die Auktion erzielte einen Gesamterlöses von 11,5 Millionen €. *AS*

4.10 a

4.10 b

4.11
Drei kleine Vasen aus dem Wrack von Hoi An

Steinzeug; H. 5,7, Dm. 5,5;
H. 5,5, Dm. 5,2; H. 4, Dm. 3,9
Chu Dau (Vietnam), 1430–1480
Privatbesitz

Nur einen Monat vor der Auktion in Stuttgart fand in San Francisco eine andere Versteigerung statt, die in engem Zusammenhang mit der „Tek Sing" stand. Auch dabei wurde eine riesige Keramikladung verkauft. Es handelte sich um Stücke, die im 15. Jahrhundert in Vietnam hergestellt worden waren, aber stilistisch große Ähnlichkeiten mit den 400 Jahre später produzierten chinesischen Gefäßen aufweisen. Das Wrack, in dem sie gefunden worden waren, lag bei dem Ort Hoi An, zehn Seemeilen vor der vietnamesischen Küste.

Die Firma, die dieses Schiff entdeckte, gehörte Ong Soo Hin. Dieser malaysische Geschäftsmann chinesischer Abstammung hatte die Finanzen für Mike Hatchers erste Expeditionen bereitgestellt. Den Erfolg der „Geldermalsen"-Auktion von 1986 in Amsterdam hatten sie noch gemeinsam genossen, doch danach zerstritten sie sich und gingen getrennte Wege. Ong blieb im Geschäft, setzte aber nun auf eine seriösere Vorgehensweise und auf die Zusammenarbeit mit professionellen Archäologen. Für die Grabungsleitung bei dem 1997 entdeckten vietnamesischen Wrack sicherte er sich die Dienste von Mensun Bound, dem Gründer der renommierten Forschungsinstitution MARE, einem Institut der Universität Oxford.

Die Bergung der etwa 250.000 Gefäße erfolgte unter Aufsicht Bounds und unter Berücksichtigung archäologischer Mindeststandards, allerdings war von Anfang klar, dass die Funde zwischen der vietnamesischen Regierung und Ong aufgeteilt werden sollten. Sotheby's wollte die Versteigerung der Ong zugewiesenen Stücke durchführen, der Privatunternehmer entschied sich aber im letzten Moment für das wesentlich unbekanntere Auktionshaus Butterfields in San Francisco, das kurz zuvor von Ebay aufgekauft worden war und damit lockte, die Vermarktung über das Internet sicherzustellen.

Anders als bei der „Tek Sing" konnten weder der Name noch die Fahrtroute des Schiffes ermittelt werden. Nicht zuletzt deshalb geriet die Auktion zu einem Reinfall. Es wurden nur etwa drei Millionen Dollar eingespielt, während Ong seine Ausgaben mit 14 Millionen Dollar bezifferte. Wegen dieses finanziellen Desasters konnte die von Bound vorbereitete mehrbändige Dokumentation der Grabung nicht im geplanten Umfang publiziert werden. *AS*

Pope 2009

4.11

Die „Preussen“

5.1
Modell der „Preussen“

Ludwig Franz Ziehr

um 1950

Holz, Garn, Metall, Glas, Papier, Polyacryl;

L. 100, H. 58,5, B. 30

Bremerhaven, Deutsches Schifffahrtsmuseum;

I/10622/10

Dieses Modell der „Preussen“, die als schönstes Segelschiff der Welt galt, hat ein Seemann gebaut. Er bestückte die Vitrine zusätzlich mit einem Wimpel, der das Emblem der Hamburger Reederei F. Laeisz trägt, für die das Schiff 1902 vom Stapel lief. Die Rückseite der Vitrine schmückt eine Seekarte der Straße von Dover, in der die „Preussen“ 1910 mit dem britischen Dampfschiff „Brighton“ kollidierte. *LW*

5.1

5.2 Ansichtskarten

a) Gruß aus Hamburg Hamburg, um 1904

Papier; H. 14, B. 9

b) Fünfmaster-Vollschiff „Preussen". Grösstes Segelschiff der Welt

Papier; H. 9, B. 14

Hamburg, um 1905

c) Tocopilla, La Bahia. Saliendo la „Preussen"

Valparaiso, um 1907

Papier; H. 9, B. 14

Dortmund, Privatbesitz

Die „Preussen" galt bereits den Zeitgenossen als größtes und schönstes Segelschiff der Welt. Sie war ein beliebtes Motiv für Ansichtskarten. Zu sehen sind hier zwei Exemplare aus ihrem Heimathafen Hamburg. Eine weitere stammt aus ihrem Zielland; ein Monteur der „Preussen" warf sie am 23. September 1907 in der nordchilenischen Stadt Tocopilla in den Briefkasten. Zu diesem Zeitpunkt wartete die Besatzung darauf, am 4. November 1907 mit neuer Ladung auszulaufen, um knapp zwei Monate später in Hamburg einzutreffen. Obwohl die „Preussen" hier nur winzig klein abgebildet ist, lässt sie sich an ihrer unverwechselbaren Silhouette sofort erkennen. *LW*

5.2 b

5.2 a

5.2 c

5.3
Rasierklingen

um 1910

Metall; L. 9,2, H. 0,2, B. 2

Bremerhaven, Deutsches Schifffahrtsmuseum; I/10212/07

Die „Preussen" war am 31. November 1910 mit einer bunt gemischten Ladung aus Teppichen, Textilien, Tapeten, Lampen, Tonwaren, Schiefertafeln, Bindfäden, Zementsäcken, Stacheldrahtballen, Koks, Wachs und Zucker nach Valparaiso in Chile gestartet. Nach der Havarie des Schiffs konnten 550 der insgesamt 5.000 Tonnen Ladung unbeschädigt geborgen werden, bevor das Wrack in der Nacht vom 15. auf den 16. Dezember 1910 in einem schweren Sturm auseinanderbrach. Die Rasierklingen wurden erst 1974 von dem britischen Taucher Monty Dickson aus dem Wrack der „Preussen" geborgen. *LW*

Hamecher 1980, S. 324, 339

5.3

5.4
Löffelfragment

um 1910

Blech; L. 3,5, H. 1,5, B. 2

Bremerhaven, Deutsches Schifffahrtsmuseum; I/10212/07

1974 barg der britische Taucher Monty Dickson zahlreiche Gegenstände aus dem Wrack der „Preussen". Er übergab sie an Rita Vogtmann, ein Mitglied des Fördervereins des Deutschen Schifffahrtsmuseums Bremerhaven, das sich sehr für das Schicksal dieses berühmten Schiffes interessierte. Zu den Funden, die sie dem Deutschen Schifffahrtsmuseums Bremerhaven stiftete, zählte neben den anderen hier gezeigten Stücken (Kat. Nr. 5.3.-5.8) auch dieses Fragment eines Löffels. Er besteht aus dünnem Blech, weist Rostspuren und Risse auf und ist dementsprechend brüchig. *LW*

5.4

5.5
Weinflasche

um 1910

Glas; L. 24,5, B. 9,8

Bremerhaven, Deutsches Schifffahrtsmuseum; I/10212/07

Die grüne Flasche gehörte vermutlich zur Verpflegung der Besatzung der „Preussen". Sie wurde an Bord in einer Kiste mit Stroh gelagert und ist daher unbeschädigt geblieben. Sogar ein Rest einer nach Lakritz riechenden Flüssigkeit befindet sich noch in der Flasche. *LW*

5.5

5.6
Zwölf Medaillons

um 1910

Glas, Papier; Dm. 5,7

Bremerhaven, Deutsches Schifffahrtsmuseum; I/10212/07

Auf der „Preussen" wurden knapp 170 Papiermedaillons mit überwiegend religiösen Motiven geborgen, die zum Teil noch in Glasscheiben eingefasst waren. Sie trugen Abbildungen von Jesus und Maria sowie Heiligen und Schutzengeln. Sie sollten im stark katholisch geprägten Chile verkauft werden. Durch die Lagerung im Wasser sind einige der Gläser mit Schlieren und einem öligen Schimmer überzogen; das Papier ist zum Teil porös und droht sich ohne Konservierung aufzulösen. *LW*

Stüwe/Rinke 2008, S. 158

5.6

5.7
Teile einer Mundharmonika

um 1910

Metall; L. 5–17, H. 1–6, B. 3–5,5

Bremerhaven, Deutsches Schifffahrtsmuseum; I/10212/07

Die „Preussen" hatte auf ihrer Reise nach Chile Musikinstrumente geladen, darunter hundert wertvolle Klaviere, die überwiegend unbeschädigt geborgen werden konnten. Diese Mundharmonika konnte von Monty Dickson allerdings nur noch in Einzelteilen aus dem Wrack geholt werden. *LW*

Jansson 1976, S. 44

5.8
Menage mit Zubehör

um 1910

Metall, Glas; H. 15,5–18, B. 5 (Flaschen); H. 16,5–20,5; B. 15–16 (Ständer)

Bremerhaven, Deutsches Schifffahrtsmuseum; I/10212/07

Bei dieser Menage handelt es sich um einen Tischständer zur Aufbewahrung von Salz, Pfeffer, Gewürzen, Essig und Öl. Sie gehörte zur Ladung, die in Chile verkauft werden sollte. Auch hier hat die Lagerung im Wasser ihre Spuren hinterlassen: Das Glas der Gefäße ist trüb und das Metall der Menage mit einer leichten Korrosionsschicht überzogen. *LW*

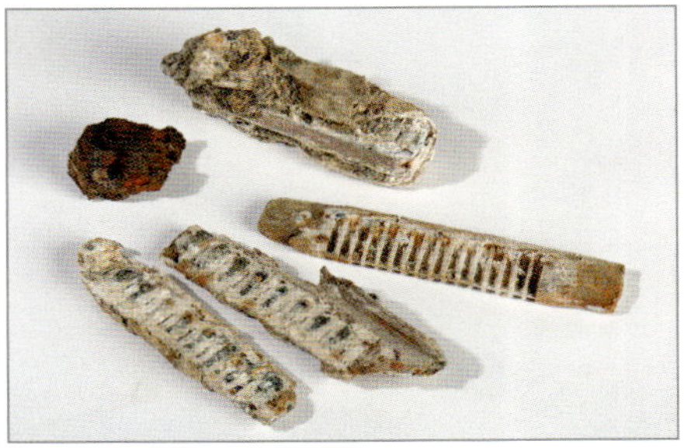

5.7

5.8

Die „Prangenhof"

6.1
Zwei Salbentöpfchen

um 1910

Porzellan; H. 5,5, Dm. 5

Bremerhaven, Historisches Museum

Bremerhaven; 02/32.07–08

Die gut erhaltenen Salbentöpfchen stammen aus der Bordapotheke der „Prangenhof". Auf See waren der Kapitän und der Steuermann für die Versorgung der Kranken und Verletzten zuständig. Die braunen Ablagerungen können ausgelaufene Salbenreste sein. *AB*

6.1

6.2
Medizinfläschchen

um 1910

Glas; H. 8,5, Dm. 4

Bremerhaven, Historisches Museum

Bremerhaven; 02/32.02

Die Arbeit auf den Fischdampfern barg ein hohes Verletzungsrisiko. Medikamente und Verbandszeug für Krankheitsfälle und Unfälle zählten daher zur Grundausstattung. Das Medizinfläschchen ist sehr gut erhalten. Auf dem Boden innen befinden sich Medizinreste. *AB*

6.2

6.3 Flaschen

um 1910

a) Glas; H. 30, Dm. 7,5

b) Glas, Kork; H. 29,5, Dm. 7

c) Glas, Kork; H. 31, Dm. 7,5

Bremerhaven, Historisches Museum Bremerhaven; 02/32.04-05-06

Die gut erhaltene, leere Flasche a ist aus grünem Glas. Die Flasche b ist mit einem Korken verschlossen geborgen worden, so dass auch der Inhalt konserviert wurde. Vermutlich handelt es sich um Wein (Portwein o. ä.). Außen sind Ablagerungen vom Meeresboden erkennbar. Die Flasche c aus grünem Glas ist leer, der Korken ist nach innen auf den Boden gefallen. Außen befinden sich Sandablagerungen und Pocken (Muschelbesatz). Aufgrund von senkrecht verlaufenden Ablagerungslinien lässt sich vermuten, dass die Flasche waagerecht im Schiff gelegen hat. *AB*

6.3 a

6.3 b

6.3 c

6.4
Herrenschnürschuh

um 1910

Leder, Holznägel; H. 14,5, B. 12, L. 29

Bremerhaven, Historisches Museum Bremerhaven; 02/32.03

Der Schnürschuh eines Besatzungsmitglieds mit der Schuhgröße 29,2 (unter der Sohle eingeprägt) hat sich unter Wasser relativ gut erhalten, das Leder ist allerdings sehr hart geworden. Oberleder und Besohlung mit Holznägeln sind vollständig, lediglich die Schnüre, Fäden und die Ösen haben sich zersetzt. *AB*

6.5
Lampengitter

um 1902

Bronze; H. 12, Dm. 27,5

Bremerhaven, Historisches Museum Bremerhaven; 02/32.14

Das Gitter diente als Schutz für die darunter angebrachte Lampe. Es ist stark korrodiert. Die grüne Korrosionsschicht zeigt Kupferanteile an. *AB*

6.6
Schamottstein

um 1902

Feuerfester Ton; L. 22,5, H. 6,5, B. 11

Bremerhaven, Historisches Museum Bremerhaven; 02/32.13

Der Schamottstein der Marke „PRESTON BRANGES“ diente zum Auskleiden der Feuerstelle im Kesselraum. Die Dampfmaschine der „Prangenhof“ wurde mit einer Kohlefeuerung betrieben. *AB*

6.4

6.5

6.6

6.7
a) Manometer

um 1902

Messing, Eisen; Dm. 12

Bremerhaven, Historisches Museum

Bremerhaven; 02/32.16

b) Röntgenaufnahme des Manometers

23. Mai 2002

Folie; H. 43, B. 35,5

Bremerhaven, Historisches Museum

Bremerhaven; 02/241

Nach 85 Jahren im Salzwasser ist das Objekt a nur schwer zu identifizieren: ein Manometer aus dem Maschinenraum der „Prangenhof". Es wurde vermutlich von außen beschädigt, da das Abdeckglas, das Ziffernblatt und die Ziffern fehlen. Die Röntgenaufnahme b belegt, dass es sich um ein Federmanometer handelt. Damit wurde der Druck im Dampfkessel gemessen. *AB*

6.8
Ölkanne

um 1910

Blech; H 16, Dm. 11

Bremerhaven, Historisches Museum

Bremerhaven; 02/32.15

An Bord befanden sich mehrere Ölkannen zum Schmieren der Maschinen. Die geborgene Ölkanne wurde zwar zerdrückt, aber Sieb, Henkel und Tülle haben sich erhalten. *AB*

6.7 a

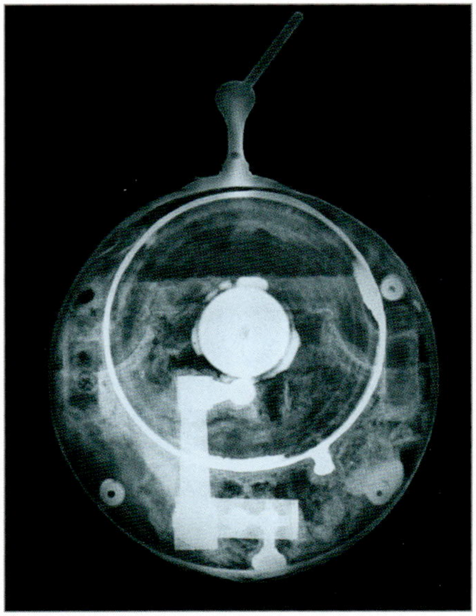

6.7 b

6.8

Quellen und Literatur

Ägyptens versunkene Schätze 2006 – Ägyptens versunkene Schätze, hrsg. von Franck Goddio und Manfred Clauss (Ausst. Kat. Martin-Gropius Bau, Berlin/Kunst- und Ausstellungshalle der Bundesrepublik Deutschland, Bonn), München/Berlin/London/New York 2006.

Albers 1991 – Hermann Albers, PG und BX. Ein Verzeichnis aller Hochseefischereifahrzeuge, die je in Geestemünde, in Wesermünde oder in Bremerhaven registriert wurden und somit eines der obigen Fischerei-Kennzeichen führten, Bremerhaven 1991 (Typoskript, Archiv Historisches Museum Bremerhaven).

Aniol 2003 – Roland W. Aniol, Die Eisenteile, in: Bremer Kogge 2003, S. 140-145.

Auktionsliste 2000 – Auktionsliste „Tek Sing Treasures" mit allen Lot-Nummern von 1 bis 16100 und allen Schätzpreisen, hrsg. von Nagel Auktionen, Stuttgart 2000.

Ballard 1987 – Robert D. Ballard, Das Geheimnis der Titanic. 3800 Meter unter dem Wasser, Berlin/Frankfurt am Main 1987.

Bass 1966 – George F. Bass, Archäologie unter Wasser [1966], Neuaufl. Bergisch Gladbach 1978.

Bass 2002 – George F. Bass, Archaeology in the 21st Century, in: International Handbook 2002, S. 803–806.

Bass 2011 – George F. Bass, The Development of Maritime Archaeology, in: Oxford Handbook 2011, S. 3–22.

Beckmann 2003 – Werner Beckmann, Die Reedereien der Hochsee- und Heringsfischerei in Bremerhaven, Bremerhaven 2003.

Beltrame 2002 – Carlo Beltrame, Vita di bordo in età romana, Rom 2002.

Benscheidt/Kube 1995 – Anja Benscheidt/Alfred Kube, Der letzte deutsche Seitentrawler. Hochseefischereigeschichte auf dem Museumsschiff „Gera", Bremerhaven 1995.

Benscheidt/Kube 1996 – Anja Benscheidt/Alfred Kube, Hochseefischerei. Bilder aus einer vergangenen Arbeitswelt, Bremerhaven 1996.

Benscheidt/Kube 2010 – Anja Benscheidt/Alfred Kube, Bremerhaven & Geestemünde. Historische Ansichten zweier konkurrierender Hafenstädte, Bremerhaven 2010.

Berger 2009 – Olivier Berger, Die Konservierung und Restaurierung des Unterwasser-Erbes. Logistik und Vorbereitungen für eine Wanderausstellung, in: Skyllis, 9, 2009, S. 72–77.

Berghoff 2000 – Hartmut Berghoff, Dem Ziele der Menschheit entgegen. Die Verheißungen der Technik an der Wende zum 20. Jahrhundert, in: Ute Frevert (Hrsg.), Das Neue Jahrhundert. Europäische Zeitdiagnosen und Zukunftsentwürfe um 1900, Göttingen 2000, S. 47–78.

Bernhart/Roll 1929 – Max Bernhart/Karl Roll, Die Münzen und Medaillen des Erzstiftes Salzburg, München 1929.

Bippen 1919 – Wilhelm von Bippen, Die bremischen Gewandschneider, in: Bremisches Jahrbuch, 27, 1919, S. 63–85.

Bischop 2008a – Dieter Bischop, Werften und Wracks am Weserufer. Vorbericht über die Grabung Beluga auf dem Teerhof 2007, in: Bremer Archäologische Blätter, 7, 2005–2008, S. 93–110.

Bischop 2008b – Dieter Bischop, Aus Pest und Krieg. Funde des frühen 17. Jahrhunderts aus dem Stadtgraben an der Bremer Adamspforte, in: Bremer Archäologische Blätter, 7, 2005–2008, S. 161–186.

Bischop 2008c – Dieter Bischop, Archäologische Nachweise vom Fischfang in Bremen, in: Bremer Archäologische Blätter, 7, 2005-2008, S. 207–214.

Bischop 2011 – Dieter Bischop, Archäologie der Brücken, hrsg. von der Bayerischen Gesellschaft für Unterwasserarchäologie, Regensburg 2011, S. 251–258.

Boiten/Vuuren 1982 – Adriaan Boiten/Saskia van Vuuren, European Ceramics, in: The Ceramic Load of the Witte Leeuw (1613), hrsg. von C.L. van der Pijl-Ketel, Amsterdam 1982, S. 246–249.

Brandt 1979 – Karl Heinz Brandt, Mittelalterliche und frühneuzeitliche Baggerfunde auf dem Teerhof, in: Bremisches Jahrbuch, 57, 1979, S. 321–331.

Bremer Kogge 2003 – Die Bremer Kogge. Sternstunde der deutschen Schiffsarchäologie, hrsg. von Gabriele Hoffmann und Uwe Schnall, Bremerhaven 2003.

Brinker 2006 – Helmut Brinker, Gedichte auf das runde Leder. Fußball im traditionellen China, in: Kult um den Ball. Auf den Spuren des Fußballs (Ausst. Kat. Roemer- und Pelizaeus-Museum Hildesheim), Nürnberg 2006, S. 12–19.

Coates/Bill 1997 – John F. Coates/Jan Bill, Experimental Archaeology, in: Encyclopaedia 1997, S. 146–148.

Cosack 2001 – Erhard Cosack, „Von der Weser verschlungen". Einer Schiffskatastrophe auf der Spur, in: Im Fluss, Bergung, Konservierung und Präsentation der historischen Weserschiffe, hrsg. von Vera Lüpkes, Tübingen 2001.

Crick 2010 – Monique Crick, Chinese Trade Ceramics for South East Asia from the 1st to the 17th century. Collection of Ambassador and Mrs Charles Müller, Genf 2010.

Däbritz 2002 – Rainer Däbritz, Stumm blieb der Ozean. Ungewöhnliche Schiffsunfälle aus der Zeit der Segelschifffahrt, Rostock 2002.

Dette/Grossmann/Grossmann 1995 – Christoph Dette/Anke Grossmann/Ruprecht Grossmann, Der Teerhof in Bremen. Bremens Insel zwischen Altstadt und Neustadt, Bremen 1995.

Deutinger 2005 – Roman Deutinger, „Rupert von Salzburg", in: Neue Deutsche Biographie, 22, 2005, S. 272f <http://www.deutsche-biographie.de/pnd139529357.html> (abgerufen am 02.09.2014).

Deutscher Seefischerei-Almanach für 1914.

Drescher 1988 – Franz Drescher, Die Münzen von Salzburg 1500-1806, Bd. 1, Bad Reichenhall 1988.

Dromgoole 2013 – Sarah Dromgoole, Underwater Cultural Heritage and International Law, Cambridge 2013.

Ebeling 1935 – Paul Ebeling, Obernkirchener Sandstein, Bückeburg [um 1935].

Edwards 2000 – Hugh Edwards, Treasures of the Deep. The Extraordinary Life and Times of Captain Mike Hatcher, Sydney/Auckland 2000.

Edwards 2001 – Hugh Edwards, Weißes Gold aus blauer Tiefe. Das Leben des Mike Hatcher und sein spektakulärster Coup: die Hebung des Porzellanschatzes der Tek Sing, München 2001 [deutsche Übersetzung von Edwards 2000].

Elia 2007 – Ricardo Elia, Professional Ethics, in: Encyclopaedia 1997, S. 327f.

Elinder/Erixson 2012 – Mikael Elinder/Oscar Erixson, Every Man for Himself. Gender, Norms and Survival in Maritime Disasters, Uppsala 2012.

Encyclopaedia 1997 – Encyclopaedia of Underwater and Maritime Archaeology, hrsg. von James P. Delgado, London 1997.

Festschrift 2002 – Der Schatz der Tek Sing. Eine Festschrift zur „größten Auktion aller Zeiten", hrsg. von Nagel Auktionen, Stuttgart 2002

Fick/Rech 1990/91 – Carl Christian von Fick/Manfred Rech, Untersuchungen am Teerhof 1988-91, in: Bremer Archäologische Blätter, 1, 1990/91, S. 60–63.

Fliedner 2003 – Siegfried Fliedner, Ein Jahrhundertfund in der Weser, in: Bremer Kogge 2003, S. 44–51.

Fliesen 1965 – Fliesen. Sammlung Johann Keller, München (Ausst. Kat. Altonaer Museum), Hamburg 1965.

Freckmann 2013 – Klaus Freckmann, Bauopfer und ähnliche magische Praktiken, in: Verflixt! – Geister, Hexen und Dämonen, hrsg. von Jan Carstensen und Gefion Apel, Münster 2013, S. 75–84.

Freedman 2000 – David Freedman, Das Porzellan der Tek Sing, in: Referenzbuch 2000, S. 58–67.

Frost 1997 – Honor Frost, Bronze Age Stone Anchors, in: Encyclopedia 1997, S. 74f.

Fünfmastvollschiff 2014 – Fünfmastvollschiff Preußen <www.schiffe-und-mehr.com> (abgerufen am 22.07.2014).

Gebhardt 1964 – Ludwig Gebhardt, Heinrich Gätke, in: Neue Deutsche Biographie, 6, 1964, S. 27f.

Gestrandet – Versenkt – Versunken 2014 – Gestrandet – Versenkt – Versunken. Faszination Unterwasserarchäologie, hrsg. von Florian Huber und Sunhild Kleingärtner, Neumünster/Hamburg 2014.

Goddio 1997 – Franck Goddio, Suche und Ausgrabung, in: Die Schätze der San Diego, hrsg. von Jean-Paul Desroches, Gabriel Casal und Franck Goddio (Ausst. Kat. Staatliche Museen zu Berlin, Museum für Völkerkunde), Berlin 1997, S. 72–117.

Gould 1997 – Richard A. Gould, Contextual Relationships, in: Encyclopaedia 1997, S. 108–110.

Green 1997 – Jeremy Green, Excavation, in: Encyclopaedia 1997, S. 144–146.

Greiff/Bach 2000 – Susanne Greiff/Detlef Bach, Eisenkorrosion und Natriumsulfitentsalzung. Theorie und Praxis, in: Arbeitsblätter für Restauratoren, Heft 2, Gruppe 1, Stegen 2000, S. 319–339.

Gröner 1993 – Erich Gröner, Die deutschen Kriegsschiffe 1815-1945, Bd. 8/1: Flußfahrzeuge, Ujäger, Vorpostenboote, Hilfsminensucher, Küstenschutzverbände, Bonn 1993.

Grossmann 1971 – Karl Grossmann, Geschichte der Stadt Vlotho, Vlotho 1971.

Guérin 2014 – Ulrike Guérin, Die UNESCO und der Schutz des Kulturerbes unter Wasser, in: Gestrandet – Versenkt – Versunken 2014, S. 36–47.

Hamecher 1969 – Horst Hamecher, Königin der See. Fünfmast-Vollschiff „Preussen", Hamburg 1969.

Hamecher 1980 – Horst Hamecher, Fünfmast-Vollschiff „Preussen". Königin der See. Der Lebensweg eines Tiefwasser-Seglers, Kassel 1980.

Heinsius 1956 – Paul Heinsius, Das Schiff in der hansischen Frühzeit, Weimar 1956.

Heinsius 1982 – Paul Heinsius, Gutachten zum Bremer Schiffsfund, in: Die Hanse-Kogge von 1380, hrsg. von Klaus-Peter Kiedel und Uwe Schnall, Bremerhaven 1982, S. 15.

Hellenkemper-Salies 1994 – Gisela Hellenkemper-Salies, Der antike Schiffsfund von Mahdia. Entdeckung und Erforschung, in: Das Wrack. Der antike Schiffsfund von Mahdia, hrsg. von Gisela Hellenkemper-Salies, Bd. 1, Köln 1994, S. 5–29.

Helm 1955 – Karl Helm, Bremens Holzschiffbau vom Mittelalter bis zum Ausgang des 19. Jahrhunderts, in: Bremisches Jahrbuch, 44, 1955, S. 175–243.

Herbig 1979 – Rudolf Herbig, Wirtschaft, Arbeit, Streik, Aussperrung an der Unterweser, Wolframs-Eschenbach 1979.

Herold 1990 – Karl Herold, Konservierung von archäologischen Bodenfunden. Metall, Keramik, Glas, Wien 1990.

Historie 2014 – Reederei F. Laeisz Historie <www.laeisz.de/unternehmen/historie> (abgerufen am 22.07.2014).

Hittinger 2008 – Dieter Hittinger, Auswertung der Tuchplombenfunde der Teerhofgrabung, in: Bremer Archäologische Blätter, 7, 2005–2008, S. 111–144.

Höckmann 1985 – Olaf Höckmann, Antike Seefahrt, München 1985.

Hoffmann 2003a – Per Hoffmann, Die Konservierung der Bremer Kogge, in: Bremer Kogge 2003, S. 78–105.

Hoffmann 2003b – Per Hoffmann, Das Faß und der Teer, in: Bremer Kogge 2003, S. 150–153.

Hoheisel 2003 – Wolf-Dieter Hoheisel, Die Kogge hängt, in: Bremer Kogge 2003, S. 73–75.

Homeyer 1870 – C.G. Homeyer, Die Haus- und Hofmarken, Berlin 1870.

Höver 1934 – Otto Höver, Von der Galiot zum Fünfmaster. Unsere Segelschiffe in der Weltschiffahrt 1780–1930, Bremen 1934.

Hüttinger 1970 – Eduard Hüttinger, Der Schiffbruch. Deutung eines Bildmotivs im 19. Jahrhundert, in: Beiträge zur Motivkunde des 19. Jahrhunderts,hrsg. von Ludwig Grote, München 1970, S. 211–244.

International Handbook 2002 – International Handbook of Underwater Archaeology, hrsg. von Carol V. Ruppé und Janet F. Barstad, Boston/Dordrecht/London/Moskau 2002.

Jansen/Vries 1991 – H. Jansen/D.J. de Vries, Werk en Merk van de Steenhouwer, Zwolle 1991.

Jansson 1976 – Jens Jansson, SOS. Schicksale deutscher Schiffe. Weiße Segel über blauen Wogen, Heft Nr. 51: Fünfmastvollschiff „Preussen", Rastatt 1976.

Johnston 1997 – Paul F. Johnston, Treasure-hunting, in: Encyclopaedia 1997, S. 424f.

Kaemmerer 1904 – W. Kaemmerer, Das Fünfmast-Vollschiff „Preussen", erbaut von Joh. C. Tecklenborg A.-G., Schiffswerft und Maschinenfabrik in Bremerhaven Geestemünde, in: Zeitschrift des Vereines deutscher Ingenieure, Berlin 1904, S. 1–6 (Sonderdruck).

Kahanov 2011 – Yaacov Kahanov, Ship Reconstruction, Documentation, and In Situ Recording, in: Oxford Handbook 2011, S. 161–181.

Kaiser 1988 – Reinhold Kaiser, Fälschungen von Beschauzeichen als Wirtschaftsdelikte im spätmittelalterlichen Tuchgewerbe, in: Fälschungen im Mittelalter, Teil 5, Hannover 1988, S. 732–752.

Kastler/Lüpkes 2000 – Die Weser. EinFluss in Europa. Aufbruch in die Neuzeit (Ausst. Kat. Museum Hameln/Weserrenaissance-Museum Schloss Brake, Lemgo/Westfälisches Industriemuseum Glashütte Gernheim/Deutsches Tabak- und Zigarrenmuseum Bünde), hrsg. von José Kastler und Vera Lüpkes, Holzminden 2000.

Keguan 1991 – Bi Keguan, Chinese Folk Painting on Porcelain, Peking 1991.

Keith 1997 – Donald H. Keith, San Diego, in: Encyclopaedia 1997, S. 358.

Keith 2002 – Donald H. Keith, Preservation, in: International Handbook 2002, S. 737-749.

Klein 2002 – Martin Klein, Side Scan Sonar, in: International Handbook 2002, S. 667–678.

Klonk 2003 – Gütha Klonk, Der Schuh, in: Bremer Kogge 2003, S. 146–149.

Knupp 1973 – Christiane Knupp, Heinrich Gätke, ein Marinemaler auf Helgoland, in: Jahrbuch Altonaer Museum, 11, 1973, S. 69–80.

Koldau 2012 – Linda Maria Koldau, Titanic. Das Schiff, der Untergang, die Legenden, München 2012.

Kramer 2001 – Willi Kramer, Die Ausgrabung und Bergung der Weserschiffe, in: Im Fluss. Bergung, Konservierung und Präsentation der historischen Weserschiffe, hrsg. von Vera Lüpkes, Tübingen/Berlin 2001, S. 34–43.

Küchelmann 2007 – Hans-Christian Küchelmann, Ein Walknochen vom Teerhof in Bremen, in: Wissenschaftliches Jahrbuch des Deutschen Schiffahrtsmuseums, hrsg. von Lars U. Scholl, Hamburg 2007, S. 125–140.

Kühn 1981 – Hermann Kühn, Erhaltung und Pflege von Kunstwerken und Antiquitäten, Bd. 1, München 1981.

KUR-Projekt 2012 – Schrumpfendes Holz – wachsendes Eisen. Das KUR-Projekt „Massenfunde in archäologischen Sammlungen" (Ausst. Kat. Archäologische Staatssammlung München/Museum für Antike Schifffahrt Mainz) München/Mainz 2012.

Lahn 1992 – Werner Lahn, Die Kogge von Bremen, Bd. 1: Bauteile und Bauablauf, Bremerhaven 1992.

Lahn 2003 – Werner Lahn, Eine Koggewerft im 20. Jahrhundert, in: Bremer Kogge 2003, S. 66–72.

Lahn/Kiedel 1981 – Werner Lahn/Klaus-Peter Kiedel, Zur Hansekogge von 1380. Beschreibung der ältesten erhaltenen Schiffstoilette. Mit allgemeinen Bemerkungen zur Entsorgung auf mittelalterlichen Schiffen, in: Deutsches Schiffahrtsarchiv 4, 1981, S. 9–16.

Lange 1983 – Werner Lange, Die Untersuchung eines mittelalterlichen Holzteers aus dem Fund der Bremer Kogge, in: Berliner Beiträge zur Archäometrie, 8, 1983, S. 289–298.

Lehmann-Felskowski 1906 – Joh. C. Tecklenborg A.-G. Schiffswerft und Maschinenfabrik, in: Georg Lehmann-Felskowski, Der deutsche Schiffbau 1900–1906, Bremerhaven 1906 (Sonderdruck).

Liste Tecklenborg – Liste der Neubauten von Joh. C. Tecklenborg, Archiv Historisches Museum Bremerhaven <http://www.tecklenborg-werft.de/index.php?id=939> (abgerufen am 04.09.2014).

Lunsingh Scheurleer 1984 – Daniel F. Lunsingh Scheurleer, Delft. Niederländische Fayence, München 1984.

Mainberger/Weski 2014 – Martin Meinberger/Timm Weski, Unterwasserarchäologie. Ein forschungsgeschichtlicher Abriss aus mitteleuropäischer Sicht, in: Gestrandet – Versenkt – Versunken 2014, S. 12–35.

Majewski 1997 – Teresíta Majewski, Ceramic Studies, in: Encyclopaedia 1997, S. 94f.

Martin 1995 – Hanz Günter Martin, Von Skyllias bis Cousteau, in: In Poseidons Reich. Archäologie unter Wasser, Mainz 1995, S. 4–13.

Martin 2001/02 – Hanz Günter Martin, Versunkene Skulpturen, in: Nürnberger Blätter zur Archäologie, 18, 2001/02, 151–168.

Mather/Watts 2002 – Ian Roderick Mather/Gordon P. Watts Jr., Ethics and Underwater Archaeology, in: International Handbook 2002, S. 593–607.

McKee 1983 – Alexander McKee, Die "Mary Rose". Das größte Abenteuer der Meeres-Archäologie, Hamburg 1983.

Meischen 2007 – Uwe Meischen, Tecklenborg und das Fünfmastvollschiff „Preussen", in: 19. Internationales Karton-Modellbau-Treffen 27. bis 29. April 2007 im Deutschen Schiffahrtsmuseum Bremerhaven <http://www.kartonmodell-bautreffen.de/vortraege/meischen_bremerhaven_2007.pdf> (abgerufen am 22.07.2014).

Mertens 1987 – Sabine Mertens, Seesturm und Schiffbruch. Eine motivgeschichtliche Studie, Hamburg 1987.

Möllers/Kenzler 2012 – Sebastian Möllers/Herwig Kenzler, Versunken. Entdeckt. Gerettet. Schiffsfunde aus Mittelalter und Früher Neuzeit (Ausst. Kat. Museen Stade), Stade 2012.

Morrison/Coates/Rankov 2000 – John S. Morrison/John F. Coates/N.B. Rankov, The Athenian Trireme. The History and Reconstruction of an Ancient Greek Warship, 2. Aufl. Cambridge 2000.

Mücke 2009 – Ronja Mücke, Weserlastkähne im archäologischen Befund, Magisterarbeit Westfälische Wilhelms-Universität Münster 2009.

Müller/Shipway 2014 – Johann Müller/Reuben Shipway, Kleines Tier – große Wirkung. Wie Holzbohrmuscheln hölzerne Unterwasserfunde bedrohen, in: Gestrandet – Versenkt – Versunken 2014, S. 64–73.

Neweklowski 1952 – Ernst Neweklowski, Die Schiffahrt und Flößerei im Raume der oberen Donau, Linz 1952.

Ohrelius 1964 – Bengt Ohrelius, Vasa. Das königliche Schiff, Bielefeld 1964.

Ostersehlte 1990 – Christian Ostersehlte, Die Deutsche Gesellschaft zur Rettung Schiffbrüchiger, Bremerhaven 1990.

Otto 2001 – Beate Otto, Unterwasser-Literatur: Von Wasserfrauen und Wassermännern, Würzburg 2001.

Oxford Handbook 2011 – The Oxford Handbook of Maritime Archaeology, hrsg. von Alexis Catsambis, Ben Ford und Donny L. Hamilton, Oxford 2011.

Park 1973 – Sook Hi Park, Chinesisches Auftragsporzellan der Ostasiatischen Handelskompanie in Emden, Aurich 1973.

Parker 1992 – A.J. Parker, Ancient Shipwrecks of the Mediterranean and the Roman Provinces, Oxford 1992.

Pawlik 2008 – Peter-Michael Pawlik, Von der Weser in die Welt, Bd. 3: Die Geschichte der Segelschiffe von Weser und Geeste und ihre Bauwerften 1710 bis 1927, Bremen 2008.

Petri 2006 – Bellinda Petri, Rheinische Keramik, Frechen 2006.

Pickford/Hatcher 2000 – Nigel Pickford/Mike Hatcher, The Legacy of the Tek Sing. China's Titanic – its Tragedy and its Treasure, Chesterton 2000.

Pohl-Weber 2003 – Rosemarie-Pohl-Weber, Unterwasserarchäologie im Strom, in Bremer Kogge 2003, S. 52–63.

Pope 2007 – Frank Pope, Dragon Sea. A Historical Mystery. Buried Treasure. An Adventure beneath the Waves, London 2007.

Pope 2009 – Frank Pope, Das Wrack von Hoi An. Die wahre Geschichte einer abenteuerlichen Schatzsuche, Frankfurt am Main 2009 [deutsche Übersetzung von Pope 2007].

Poppe 1872 – S.A. Poppe, Die Hausmarken Bremens und des Unterweser-Gebietes, in: Bremisches Jahrbuch, 6, 1872, S. 265–319.

Raban 1995 – Avner Raban, Sebastos, der königliche Hafen des Herodes bei Caesarea Maritima, in: In Poseidons Reich. Archäologie unter Wasser, Mainz 1995, S. 14–29.

Raby 2010 – Julian Raby, Foreword, in: Shipwrecked. Tang Treasures and Monsoon Winds, hrsg. von Regina Krahl, John Guy, J. Keith Wilson und Julian Raby, Washington, D.C./Singapur 2010, S. XIIf.

Rauers 1919 – Friedrich Rauers, Schiffs- und Achsengrößen, Zeiten, Kosten und Frachtenbildung im Bremischen Binnenverkehr im 18. und 19. Jahrhundert, Berlin 1919.

Rech 2004 – Manfred Rech, Gefundene Vergangenheit. Archäologie des Mittelalters in Bremen (Ausst. Kat. Focke-Museum, Bremen), Bremen 2004 (= Bremer Archäologische Blätter, Beiheft 3).

Referenzbuch 2000 – Referenzbuch „Tek Sing Treasures", hrsg. von Nagel Auktionen, Stuttgart 2000.

Renner 1995 – Johann Renner, Chronica der Stadt Bremen, ed. von Lieselotte Klink, Bremen 1995.

Rhein 1990 – Der Rhein und die westdeutschen Kanäle. Informationen der Wasser- und Schiffahrtsdirektion West, Münster 1990.

Schmiedke 2005 – Daniel Schmiedke, Die „Tek Sing". Das Schicksal einer chinesischen Hochseedschunke, in: Deutsches Technikmuseum. Informationen der Freunde und Förderer des Deutschen Technikmuseums (e.V.), 45, 2005, S. 28–31.

Schnack 1992 – Christiane Schnack, Die mittelalterlichen Funde aus Schleswig. Ausgrabung Schild 1971-1975, in: Ausgrabungen in Schleswig. Berichte und Studien, 10, 1992, S. 31, 85-89, 135f.

Schulenburg/Simon 2002 – Stephan Graf von der Schulenburg/Rainald Simon, Feuergeburten. Frühe chinesische Keramik im mak.frankfurt (Ausst. Kat. Museum für Angewandte Kunst Frankfurt), Heidelberg 2002.

Schulze 1922 – Erich Edgar Schulze, Das Marinekorps in Flandern 1914-1918, in: Marine-Rundschau, 1922, Heft 8–10, S. 379–389.

Schwabedissen 2004 – Tim Schwabedissen, Gestrandet. Schiffsunglücke vor der Nordseeküste, Hamburg 2004.

Schwerdt 2012 – Wolfgang Schwerdt, Seefahrt. Aspekte von der Frühzeit bis zum 19. Jahrhundert, Hessisch Lichtenau 2012.

Sciallano/Sibella 1994 – Martine Sciallano/Patricia Sibella, Amphores. Comment les identifier?, 2. Aufl. Aix-en-Provence 1994.

Sheaf/Kilburn 1988 – Colin Sheaf/Richard Kilburn, The Hatcher Porcelain Cargoes. The Complete Record, Oxford 1988.

Shope 1997 – Steven Shope, Magnetometer, in: Encyclopaedia 1997, S. 253f.

Sjostrand 2007 – Sten Sjostrand, The Wanli Sphipwreck and its Ceramic Cargo, [Kuala Lumpur] 2007.

Spengemann 1935 – Friedrich Spengemann, Von Vegesacker Reedern, ihren Schiffen und Kapitänen, Bremen 1935.

Steilen 1926 – Diedrich Steilen, Der Sandsteinfund bei Dörverden (Das Steinschiff von Niederboyen), in: Heimat-Blatt für die Grafschaft Hoya, Diepholz und Wölpe, Diepholz 1926.

Sténuit 1982 – Robert Stenuit, The Eastindiaman The Witte Leeuw, in: The Ceramic Load of the Witte Leeuw (1613), hrsg. von C.L. van der Pijl-Ketel, Amsterdam 1982, S. 15–28.

Struckmeier 2011 – Sabine Struckmeier, Die Textilfärberei vom Mittelalter bis zur Frühen Neuzeit, Münster 2011.

Stüwe/Rinke 2008 – Klaus Stüwe/Stefan Rinke (Hrsg.), Die Politischen Systeme in Nord- und Lateinamerika. Eine Einführung, Wiesbaden 2008.

Tauchgang 2004 – Tauchgang in die Vergangenheit. Unterwasserarchäologie in Nord- und Ostsee, hrsg. von Friedrich Lüth, Thijs J. Maarleveld und Flemming Rieck, Stuttgart 2004.

Tchernia/Pomey/Hesnard 1978 – André Tchernia/Patrice Pomey/Antoinette Hesnard, L'épave romaine de la Madrague de Giens, Var. Campagnes 1972–1975, Paris 1978.

Termote 2003 – Tomas Termote, S.M.S. „Prangenhof". De Vorpostenflottille Flandern 1914-1918 aan de hand van professionele berging en maritiem archeologisch onderzoek, Voormezele 2003.

Töbe 2008 – Tanja Töbe, Gläser aus der Kloake unterm Stern-Kino, in: Bremer Archäologische Blätter, 7, 2005–2008, S. 76–80.

Türkay/Kröncke 2004 – Michael Türkay/Ingrid Kröncke, Eine Insel unter Wasser: die Doggerbank, in: Natur und Museum, Bericht der Senckenbergischen Naturforschenden Gesellschaft, 134, 2004, Heft 9, S. 261–277.

Tuttle 2011 – Michael C. Tuttle, Search and Documentation of Underwater Archaeological Sites, in: Oxford Handbook 2011, S. 114–132.

UNESCO Convention 2009 – The UNESCO Convention on the Protection of the Underwater Cultural Heritage, 2009, <www.unesco.org/en/underwater-cultural-heritage> (abgerufen am 31.07.2014).

Vlierman 1996 – Karel Vlierman, „van Zintelen, van Zintelroeden ende Mossen". Een breeuwmethode als hulpmiddel bij het dateren van scheepswrakken uit de Hanzetijd. Scheepsarchaeologie, 1. Flevobericht 386, Lelystad 1996.

Vogtmann 2007 – Rita Vogtmann, Mein Preußen-Abenteuer, in: Deutsche Schiffahrt, 2, 2007, S. 17–22.

Warnke 2014 – Ursula Warnke, Das Pilotprojekt „Bedrohtes Bodenarchiv Nordsee" am Deutschen Schifffahrtsmuseum (DSM) in Bremerhaven, in: Berichte zur Denkmalpflege in Niedersachsen, Nr. 1/2014, S. 6–9.

Warnke/Belasus 2012 – Ursula Warnke/Mike Belasus, Maritime Archaeology in the North Sea. From Stone Age Landscapes to Shipwrecks, in: Recent Impulses to Marine Science and Engineering. Youmares 3 Conference Book, Bremen/Hamburg/Lübeck 2012, S. 82f.

Warnke/Hepp/Mörz 2014 – Ursula Warnke/Daniel A. Hepp/Tobias Mörz, An der Mündung der Urems, in: Spektrum der Wissenschaft, Nr. 8/2014, S. 16–18.

Wille 2002 – Hans Wille, Vor hundert Jahren lief die „Preussen", das erste Fünfmastvollschiff der Welt, vom Stapel. Wer sie sah, schwieg, in: Berliner Zeitung, 06.05.2002.

Wittkop 1979 – Justus Franz Wittkop, Europa im Gaslicht. Die hohe Zeit des Bürgertums 1848 bis 1914, Zürich 1979.

Yalçin 2005 – Unsal Yalçin, Ein Schiff macht Geschichte, in: Das Schiff von Uluburun. Welthandel vor 3000 Jahren, hrsg. von Unsal Yalçin, Cemal Pulak und Rainer Slotta (Ausst. Kat. Deutsches Bergbau-Museum Bochum), Bochum 2005, S. 19–24.

Zwick 2010 – Daniel Zwick, Neues vom ‚Beluga Schiff'. Ein Bremer Klinkerwrack aus dem 15. Jahrhundert, in: Nachrichtenblatt Arbeitskreis Unterwasserarchäologie (NAU), 2010, S. 62–71 <www.researchgate.net/publication/254115537> (abgerufen am 18.12.2013).

Bildnachweis

Institutionen/Fotografen

akgimages Berlin/Nimatallah: S. 29
Archäologisches Landesmusem Schloss Gottorf, Schleswig: S. 18
Matthias Berghahn: S. 70, 82, 98
CORBIS/Claude Salhani: Kat. Nr. 1.10
CORBIS/Ralph White: S. 13
Deutsches Schifffahrtsmuseum, Bremerhaven (DSM): S. 31, 32, 34, 56–58, 62, 64, 66–69
DSM/MARUM: S. 33
DSM/Pieter Nijdeken: S. 15
dpa Picture-Alliance/ Greek Ministry of Culture: S. 35
dpa Picture-Alliance/Jaakko Avikainen, Lehtikuva Oy, Kat. Nr. 1.11
dpa Picture-Alliance/Mast Irham: S. 20
Dreamstime/Topdeq: Kat. Nr. 1.12
Flickr.com/Gary Bembridge: S. 50, Abb. 5; Flickr.com/Hugh Llewelyn: S. 50, Abb. 4; Flickr.com/Nick Long: S. 14; Flickr.com/Sarah Murray: S. 51, Abb. 7; Flickr.com/Gulsen Ozcan: S. 51, Abb. 6; Flickr.com/Son of Groucho: S. 52, Abb. 10; Flickr.com/Titanic Belfast: S. 52, Abb. 8; S. 53; Flickr.com/VFR Rider: S. 52, Abb. 9

Réjane Gyssens, Ostende: S. 104, Abb. 10; S. 105, Abb. 11 und 13, S. 106f
Historisches Museum Bremerhaven (HMB): S. 91–97; S. 100–103; S. 105, Abb. 12
HMB/Vivian Harwart: Kat-Nr. 6.1–6.8
Kreismuseum Nienburg: S. 80, Abb. 11
Landesarchäologie Bremen: S. 37–41; S. 43–45; S. 80, Abb. 12
Landesarchäologie Bremen/Focke-Museum, Bremen: S. 42, Abb. 10
LWL-Industriemuseum, Dortmund: Martin Holtappels, Annette Hudemann, Julia Marx, wie folgt:
Annette Hudemann, Kat. Nr. 1.13–1.17, 1.22, 1.24, 4.2–4.3,
4.4 a, 4.5, 4.7, 4.9 a-b, 4.10 a–b
Martin Holtappels, Kat. Nr. 1.18–1.19, 1.20 a,1.20 e, 1.23,
1.25 a–b, 1.26–1.35, 1.36 a-b, 1.39, 1.41–1.47, 2.2, 2.3–2.14,
3.1 a-b, 3.2, 3.5–3.15, 5.1, 5.3–5.8
Julia Marx, Kat. Nr. 1.21, 1.40, 2.1, 4.1, 4.4 b, 4.6, 4.8 a-b, 4.11.
Nagel Auktionen, Stuttgart: S. 83, 86–89
Archiv Ognina: S. 26
Roland Obst: S. 16
Mathias Orgeldinger: S. 27
Stiftung Deutsches Technikmuseum Berlin/Clemens Kirchner: S. 84
Vasamuseet, Stockholm (VM): S. 48, Abb. 2
VM/Anneli Karlsson: S. 48, Abb. 3
VM/Karolina Kristensson: S. 47, Abb. 1
Wasser- und Schifffahrtsamt Verden: S. 74
Weserrenaissance-Museum Schloss Brake, Lemgo (WRM): S. 72
WRM/Eckehard Deichsel: S. 77–78; S. 79, Abb. 9; S. 80, Abb. 13; Kat. Nr. 3.4
WRM/Claudio Hils: S. 75f; Kat. Nr. 3.12 (Fundsituation)
WRM/Willi Kramer: S. 73
WRM/Axel Stoffers: S. 79, Abb. 10
WZ-Bilddienst, Wilhelmshaven: S. 104, Abb. 9

Publikationen

Pickford/Hatcher 2000, S. 101: S. 85, Abb. 4
Rhein 1990, S. 106: S. 60, Abb. 5

Leihgeber und Danksagung

Wir bedanken uns bei unseren Leihgebern:

Berlin, Stiftung Deutsches Technikmuseum
    Arda Akkus
    Claudia Schuster
Bremen, Landesarchäologie
    Dr. Dieter Bischop
Bremerhaven, Deutsches Schifffahrtsmuseum
    Thomas Ammermann
    Mike Belasus
    Dr. Ursula Warnke
    Anna-Luisa Lutz
Bremerhaven, Historisches Museum Bremerhaven
    Dr. Anja Benscheidt
    Vivian Harwart
    Dr. Alfred Kube
    Peggy Marx
Lemgo, Weserrenaissance-Museum Schloss Brake
    Eckehard Deichsel
    Dr. Vera Lüpkes

Außerdem bedanken wir uns bei:

Mainz, Zeitschrift „Antike Welt"
    Holger Kieburg
Ostende,
    Capt. Réjane Gyssens
Schleswig, Archäologisches Landesmuseum
Schloss Gottorf
    Dr. Thorsten Lemm
    Ronja Mücke
Schwerin, Landesamt für Kultur und Denkmalpflege
Mecklenburg-Vorpommern
    Dr. Detlef Jantzen
Stade, Museum Schwedenspeicher
    Dr. Sebastian Möllers
Stuttgart, Nagel Auktionen
    Rainer Kämmerer

Autorinnen und Autoren

Dr. Dieter Bischop

ist Archäologe bei der Landesarchäologie Bremen mit Zuständigkeitsbereich Bremer Altstadt und Bremerhaven. Er studierte Ur- und Frühgeschichte in Münster und Perugia, nahm an diversen Auslandsausgrabungen u. a. in Griechenland und der Türkei teil und promovierte über die Römische Kaiserzeit und Völkerwanderungszeit zwischen Weser und Hunte. Ausgrabungen verschiedener Hafenbereiche vom Frühmittelalter bis zur Frühen Neuzeit in der Altstadt von Bremen. Vorstandsmitglied der Bremer Gesellschaft für Vorgeschichte und der Historischen Gesellschaft Bremen. Arbeitsschwerpunkte: Römische Kaiserzeit und Stadtarchäologie.

Dr. Anja Benscheidt (AB)

ist Direktorin am Historischen Museum Bremerhaven. Sie studierte Volkskunde, Kunstgeschichte und Publizistik in Münster. Nach der Promotion arbeitete sie an Museen in Kommern, Mannheim und Lüneburg. Einer ihrer Forschungsschwerpunkte ist die Hochseefischerei.

Eckehard Deichsel (ED)

ist seit 1988 Restaurator für Gemälde und Kunsthandwerk am Weserrenaissance-Museum Schloss Brake in Lemgo. 1999 war er an der Ausgrabung der Weserkähne beteiligt. Im Anschluss an die Bergung hat er ihre Konservierung durchgeführt und sich darüber hinaus mit der Konstruktion und Geschichte der Weserböcke beschäftigt.

Dr. Kristin Kube

ist seit 2014 in der Fachgruppe Volkskunde des Freilichtmuseums Hessenpark als wissenschaftliche Mitarbeiterin tätig. Sie studierte Volkskunde/Europäische Ethnologie, Neuere/Neueste Geschichte und Soziologie in Münster und promovierte über das Thema „Die Lebenswelt der Hochseefischer. Alltag und Wahrnehmung eines maritimen Berufsstandes aus biografischer Perspektive". Sie arbeitete an Ausstellungsprojekten des Historischen Museums Bremerhaven und des LWL-Freilichtmuseums Detmold – Westfälisches Landesmuseum für Volkskunde mit und absolvierte von 2012 bis 2014 ein wissenschaftliches Volontariat am LWL-Industriemuseum Schiffshebewerk Henrichenburg. Ihre Arbeitsschwerpunkte sind u. a. Arbeits- und Lebenswelten, Schifffahrtsgeschichte sowie mediale Vermittlungsformate.

Dr. Vera Lüpkes (VL)

ist seit 1995 Leitende Museumsdirektorin des Weserrenaissance-Museums Schloss Brake in Lemgo. Sie studierte Kunstgeschichte, Archäologie, Sozialpsychologie und Pädagogik in Köln und Wien. Von 1986 bis 1989 arbeitete sie beim Rheinischen Museumsamt, ab 1989 leitete sie Museen in Rheinland-Pfalz (Eisenkunstguss-Museum in Bendorf/Rh.) und Nordrhein-Westfalen (Kalkar, Kempen). Ihre Forschungsschwerpunkte: Interkulturelle Beziehungen in der Frühen Neuzeit sowie Wirtschafts- und Kulturgeschichte. Sie hält Lehrveranstaltungen an der Universität Paderborn und der Seniorenuniversität, ist Sprecherin des Arbeitskreises Bildende Kunst des Kultursekretariats Gütersloh und Mitglied u.a. bei CODART und im Stiftungsrat der NRW-Stiftung.

Dr. Hanz Günter Martin

ist seit 1999 bei der „Deutschen Gesellschaft zur Förderung der Unterwasserarchäologie e.V." (DEGUWA) aktiv, überwiegend als Vizedirektor; außerdem ist er Chair des Steering Committee der „Internationalen Konferenz für Unterwasserarchäologie" (IKUWA). Er studierte Klassische Archäologie, Germanistik und Griechisch an der Universität Heidelberg, absolvierte ein einjähriges DAAD-Stipendium in Rom und promovierte über römische Tempelkultbilder. 1983/84 war er Reisestipendiat des Deutschen Archäologischen Instituts in Rom. Von 1985 bis 1997 lehrte er an der Freien Universität Berlin. Von 2001 bis 2005 leitete er das Museum für Unterwasserarchäologie in Sassnitz auf Rügen. Unterwassersurveys und -grabungen hat er u.a. in Sardinien, Sizilien und Korsika durchgeführt.

Dr. Arnulf Siebeneicker (AS)

ist seit 2011 Leiter des LWL-Industriemuseums Schiffshebewerk Henrichenburg. Er studierte Geschichte, Germanistik und Rechtswissenschaften in Bonn, Köln und Berlin, promovierte über die Sozialgeschichte der Königlichen Porzellanmanufaktur Berlin (1763–1880) und absolvierte ein museumspädagogisches Volontariat am Deutschen Technikmuseum Berlin. Mitarbeit u. a. bei den Ausstellungen „Auftrag: Kunst 1949–1990. Bildende Künstler in der DDR zwischen Ästhetik und Politik“ (1995) und „Die zweite Schöpfung. Bilder der industriellen Welt vom 18. Jahrhundert bis zur Gegenwart“ (2002) im Deutschen Historischen Museum in Berlin sowie „König Lustik!? Jérôme Bonaparte und der Modellstaat Königreich Westphalen“ (2008) für die Museumslandschaft Hessen Kassel. Von 2008 bis 2011 leitete er das Stadtmuseum Hildesheim.

Dr. Ursula Warnke (UW)

ist seit 2006 Direktorin am Deutschen Schifffahrtsmuseum in Bremerhaven. Vorher war sie in der DASA in Dortmund, im Kulturhistorischen Museum Osnabrück, im Niedersächsischen Freilichtmuseum Cloppenburg und im Westfälischen Museum für Archäologie in Münster tätig. Ihr Studium der Ur- und Frühgeschichte, Kunstgeschichte und altorientalischen Archäologie absolvierte sie in Münster und Marburg. Seit 2007 ist sie Lehrbeauftragte an der Westfälischen Wilhelms-Universität Münster. Seit 2011 leitet sie das Forschungs-Projekt „Bedrohtes Bodenarchiv Nordsee“.

Mathias Wagener (MW)

ist seit 2014 wissenschaftlicher Volontär am LWL-Industriemuseum Schiffshebewerk Henrichenburg. Er studierte Geschichte/Ur- und Frühgeschichte und Archäologische Wissenschaften in Bochum und Turku/Finnland. Während des Studiums und nach dem Magisterabschluss arbeitete er in verschiedenen Museen, wie dem Umspannwerk Recklinghausen – Museum Strom und Leben.

Linda Wilken (LW)

ist wissenschaftliche Mitarbeiterin am LWL-Industriemuseum Schiffshebewerk Henrichenburg. Sie studierte Volkskunde/Europäische Ethnologie, Deutsche Philologie und Religionswissenschaft in Göttingen und Münster. Während ihres Studiums arbeitete sie an Ausstellungsprojekten im Museumsdorf Cloppenburg und im Freilichtmuseum am Kiekeberg. Nach dem Magisterabschluss war sie als Kulturvermittlerin am Emslandmuseum Schloss Clemenswerth in Sögel tätig und absolvierte von 2011 bis 2013 ein wissenschaftliches Volontariat am Historischen Museum Bremerhaven.

Ausstellungsteam

Idee:
Arnulf Siebeneicker

Konzept und Recherche:
Kristin Kube, Arnulf Siebeneicker

Ausstellungstexte:
Arnulf Siebeneicker, Mathias Wagener, Linda Wilken

Gestaltung und Grafik:
Arndt & Seelig, Bielefeld

Bauten:
Dirk Daume-Jäger, Britta Köllmann, Alexander Töws, Michael Wolters

Leihverkehr:
Linda Wilken

Aufbau:
Georg Kappelhoff, Mathias Wagener, Karl-Heinz Zubel

Restaurierung, Objektmontage und Transporte:
Sven Jüttemeier, Renate Uphoff

Besucherservice:
Gabi Ahrendt-Walther, Vera Ehmer, Dagmar Fischer, Cornelia Hoyer, Sabine Jung, Barbara Kröger, Georg Kappelhoff, Margrit Meuser, Axel Ptaschinski, Anne Westhoff

Verwaltung:
Andrea Deutschland, Heinz Gelking, Christiane Hundrup, Barbara Middeldorf, Volker Merkert, Christa Pryk, Eva Rofall, Andrea Wagner